죽도록 먹고 마시는 심리학

The Psychology of Eating and Drinking

죽도록 먹고 마시는 심리학

알렉산드라 W. 로그 지음
박미경 옮김

생각 없이
먹고 마시는
당신을 위한
실험 심리학

The
Psychology
of
Eating
and
Drinking

행복한숲

내가 먹고 마시는 주제를 선택한 이유

나는 한두 살 때 빵과 우유만 빼고 다른 것은 먹지 않았다. 여러 해 동안 내 식단은 나아지지 않았다. 열다섯 살에는 주로 고기, 우유, 감자, 빵, 오렌지주스, 디저트를 먹었고, 외국 음식으로 생각한 피자, 스파게티 같은 음식은 일체 먹지 않았다. 탄산음료도 마시지 않았고 과일은 바나나, 채소는 콩, 당근, 근대(사탕무우)만 먹었으며 치즈는 치즈를 넣어 구운 미국식 샌드위치만 먹었다. 생선류는 아예 해로운 것으로 여겼다(참고로 저자는 커피나 맥주를 마시지 않는다).

　부모님은 이런 나를 대수롭지 않게 생각했다. 특이한 음식 선호는 우리 집안 내력이었다. 어머니는 집에서 과일이나 생선을 절대 자진해서 내놓지 않았다. 간은 아버지가 좋아하는 음식이었지만 어머니가 싫어하는 것이라 절대 나오지 않았다. 아버지는 언제나 가장 싫어하는 음식을 제일 먼저 먹었다. 나는 아버지가 샐러드나 콩을 먼저 먹고 구운 감자나 스테이크를 먹는 것을 여러 번 보았다. 내가 어렸을 때 어머니는 자신의 할아버지가 초콜릿 컵케이크를 어떻게 드셨는지 자주 이야기해주었는데, 할아버지가 컵케이크는 드시면서도 같은 반죽으로 만든 케이크는 절대 드시지 않았다고 했다. 케이크는 소화불량을 일으킨다고 했다는 것이다.

우리 부모님은 내게 비타민 알약을 주었고 기본적으로 내가 원하는 것을 먹도록 내버려두었다. 하지만 집이 아닌 다른 곳에서 내가 매우 싫어하는 것이 나올 때 갈등을 겪었다. 생일파티에서 나만 빼고 모든 사람이 즐겨 먹고 마시는 탄산수나 피자가 나오는 것을 상상해보라.

사실 어린 시절 내 음식 문제는 음식 혐오만이 아니었다. 음식 선호 또한 문제였다. 싫어하는 음식이 많았지만 좋아하는 것은 시도 때도 없이 먹었다. 할머니는 닭튀김, 매시드 포테이토, 버터로 흠뻑 적신 뜨거운 비스킷을 원할 때마다 만들어주셨다. 그래서 적당한 몸무게를 유지하는 것이 쉽지 않았다. 내게 가장 위험한 장소는 사우스캐롤라이나의 큰아버지 농장이었다. 그곳에서 저녁식사를 할 때면 내가 매우 좋아하는 것들이 무한정 나왔다. 그중 소에서 직접 짠 우유만 예외였다. 배달되어 온 우유는 즐겨 마셨지만 소에서 직접 짠 우유는 완전히 받아들일 수 없었다(큰아버지가 그것을 저온살균했음에도 말이다).

음식을 많이 가려먹는 건강하지 못한 식성이 변한 두 가지 요인은, 바로 남편과 실험 심리학이라는 내 연구 분야다. 남편은 어릴 때부터 식성이 왕성하고 까다롭지 않아 인간 흡입기로 유명했다. 그는 40여년 결혼생활 동안 나를 설득하고 달달볶으면서 야채나 과일, 그리고 다른 민족 음식을 규칙적으로 먹게 했다.

그리고 실험 심리학은 나의 당혹스런 취향을 연구에 대한 열정으로 이끌었다. 대학원생이었을 때 나는 '먹고 마시는 행동 연구'에 끝없이 매료되었다. 때로 내 특이한 식습관에 기초한 가설을 세워 연구하기도 했다. 이후 많은 심리학이 먹고 마시는 데 초점이 맞춰져 있는 것을 깨달았다. 하버드대학원 과정을 이수하면서 나는 계속 연구할 용기를 얻었다. 연구의 일부로 2학년 심리학 전공자들을 위한 세미나 강의를 했다. 일 년간 가르칠 주제를 찾다가 '먹고 마시는' 주제를 선택했다. 이후 뉴욕주립대학교 스토니 브룩에서 새로운 강의 과정을 개설했다. 바로 '먹고 마시는 심리학'이었다. 필수과목이 아닌 상급자과목이었음에도 해마다 점점 더 인기를 얻었다. 해가 지날수록 다른 전공자들 수백 명이 몰렸다. 불운하게도 그들을 모두 수용할 수 없었다. 이 과정이 처음 생겼을 때 그동안 학생들은 오리지널 논문만을 읽었다. 유일한 교재는 배고픔이나 알코올중독 같은 주제뿐이었다. 강의 주제에 맞는 책이 없었다. 그래서 조교들과 학생들의 열정에 힘입어 《죽도록 먹고 마시는 심리학》을 저술하게 된 것이다.

이 책과 관련하여 나는 폴 로진을 언급하지 않고 지나갈 수 없다. 그는 당시 최고의 음식 심리학자였고, 나는 펜실베이니아대학교에서 그를 처음 만났다. 그는 사람들이 왜 칠리고추를 먹는지 연구했다. 그의 아내이자 요리 저자이자 요리 역사가인 엘리자베스와의 만남, 그리고 그들의 부엌에서 함께 보낸 시간이 '먹고 마시는 심리학'에 대한 내 관심을 촉발시켰고 그 관심은 여전히 유효하다. 그녀의 첫 저서인 《풍미 원리 요리책*The Flavor-Principle Cookbook*》은 내가 정말 좋아하는 책이고 앞으로도 달라지지 않을 것이다.

여기에 기술된 내용을 이해하기 위해 심리학과정이나 과학과정을 듣지 않아도 된다. 독자들이 이 책을 읽고 즐기는 데 필요한 것은 심리학을 과학으로 접근하는 것이다. 행동 연구에 과학적 방법을 적용시키면 정말 많은 것을 알아낼 수 있다.

독자들은 이 책 전체를 읽어도 되고 특정한 장만 골라 읽어도 된다. 나는 잘 연구되어 있고 흥미로운 먹고 마시는 심리학의 일부만을 다뤘다. 그것마저도 한정된 범주만 다룰 수밖에 없었다. 먹고 마시는 심리학 전반을 모두 다루면 결코 책 한 권으로 되지 않는다. 이 책은 도입부 정도에 불과할지도 모른다. 그럼에도 독자들이 직접 보고 판단할 수 있도록 연구 과정과 결과를 가능한 볼 수 있도록 해놓았다.

또한 이 책은 먹고 마시는 것과 관련된 섭식장애를 다룬다. 하지만 누군가의 먹고 마시는 문제를 정확하게 진단하고 치료하는 방법은 말하지 않는다. 원칙 몇 가지는 기술하지만 진짜 문제는 전문가의 도움을 받아 해결해야 한다.

_ 알렉산드라 w. 로그

Contents

The
Psychology
of
Eating
and
Drinking

Chapter 01

우리는
언제
배고프고
언제
배부른가

배고픔과 포만감의 심리학

"음식 없이 살 수 있는 동물은 없다"

_ 존 재거리 영 (영국 식물학자)

　　　　　　　　　　　　　　나는 상당수 사람이 체
중 조절에 관심 있다고 확신한다. 우리를 먹게 하고, 중단하게 하는 것을
이해하는 것만큼 체중 조절에 도움이 되는 것은 없다. 배고픔과 포만감
을 일으키는 기본 요인을 알면 너무 많이 먹거나, 혹은 너무 먹지 않을
때 잘못된 점을 이해하고 어떻게 섭취량을 바꿀지 생각할 수 있다. 흔히
섭취량에 영향을 미치는 요인으로 알고 있지만 실제로는 그렇지 않은
경우가 많다. 음식을 먹기 전에 물을 많이 마시면 섭취량이 줄어든다고
생각하지만 실제로는 그렇지 않다.

　　21세기는 배고픔과 포만감에 영향을 미치는 인체의 여러 측면에
대한 연구가 눈부신 결과로 나타나고 있다. 나는 이 장에서 지난 100여

년 동안 연구된 배고픔과 포만감의 중요한 결과를 정리했다. 이 실험 결과를 말하기에 앞서 몇 가지 명심해야 할 원칙이 있다.

첫째, 인간을 포함한 많은 동물은 계속 먹지 않는다. 음식 섭취를 하는 시간이 따로 있다. 바로 식사시간이다. 그래서 먹기를 시작하고 끝나게 하는 것이 무엇인지 살펴볼 것이다. 먹는 시간이 길면 짧을 때보다 섭취량이 더 많다. 따라서 배고픔과 포만감을 유발하는 원인 연구는 '먹는 양을 결정하는 것이 무엇인가'에 대한 답을 준다.

둘째, 섭취량 조사는 전통적으로 두 유형으로 분류되었다. 단기조절, 장기조절이 그것이다. 단기적인 것은 에너지 요구를 충족시키기 위해, 장기적인 것은 지속적인 체중 유지를 위해 먹는 양이다. 장기적인 체중 유지가 별것 아니라고 코웃음 치기 전에 한번 생각해보라. 요구되는 양보다 매일 2퍼센트 더 많은 칼로리를 섭취한다면, 대략 버터나 마가린 한 조각 정도인데 1년 동안 매일 추가로 섭취하면 1년 후 2킬로그램이 증가한다. 만약 해마다 체중이 1킬로그램 정도 증가한다면 현재 체중 유지를 위해 인체 요구량에 가깝게 먹고 있는 것이다.

단기조절이나 장기조절이나 우리 인체는 가정용 자동온도조절기와 비슷한 방식으로 작동한다. 자동온도조절기는 특정 온도가 설정되어 있다. 만약 기온이 너무 높거나 너무 낮으면 에어컨이나 난방기가 가동되면서 설정 온도로 맞춘다. 배고픔과 관련된 많은 이론은 최적의 생리학 특성이 인체에 설정되어 있다고 주장한다(예를 들면 이용 가능한 에너지, 저장된 지방 등). 인체가 최적 상태를 벗어날 때마다 다시 최적 상태로 돌아가게 만든다. 20세기 초 미국 심리학자 월터 캐논은 이런 과정을 '항상성'이라고 일컬었다.

마지막으로 유념해야 할 점이 있다. 몇몇 실험에서 연구자들이 사람들에게 얼마나 배가 고픈지, 혹은 얼마나 먹었는지를 보고하게 한다. 그런데 진술이 얼마나 신빙성이 있는지는 학자들마다 약간의 이견이 있다. 배고픔의 정도와 먹는 양이 밀접한 상관관계가 있을까? 그들이 얼마나 먹는지 정확히 보고할까?

사람들의 보고가 반드시 실제 행동과 일치하는 것은 아닐 것이다. 실제로 먹은 것보다 훨씬 더 적게 먹었다고 보고할 때도 있고 훨씬 더 많이 먹었다고 보고할 때도 있을 것이다. 또 꽤 정확할 때도 있을 것이다. 그럼에도 불구하고 사람들의 셀프 보고가 섭식 행동을 예측하는 데 도움을 준다면 실험자는 사람들의 셀프 보고를 계속 사용할 것이다.

배고픔이 우리를 정말 먹게 만들까?

누군가가 거실에서 텔레비전을 보고 있다고 하자. 그가 부엌으로 가서 식탁 위에 놓인 초코케이크 조각을 먹게 하는 요인은 무엇일까? 케이크를 생각하는 것만으로도 안락한 소파에서 일어날 수 있을까? 또 그의 배에서 꼬르륵 소리가 난다고 가정해보자. 많은 사람이 배에서 꼬르륵 소리가 나면 배고픔과 동의어이고 그렇지 않으면 포만감과 동의어라고 믿는다. 이런 믿음은 과학자들이 배고픔과 관련해 '위 수축 이론'을 세우게 했다. 위 수축을 기준으로 섭취의 시작과 끝을 예측할 수 있다는 주장이다. 한 마디로 배가 꺼지는 사람이 먹을 가능성이 더 높고 그렇지 않은 사람이 먹을 가능성이 낮다는 말이다. 위 수축 이론은 실험으로 뒷받침된 배고픔에 관한 최초의 이론이었고 수 년 동안 지배적인 이론이었다. 하지만 더 정교한 실험 방법의 등장으로 배고픔과 위 수축의 연결 고리는 극도로 약한 것이 밝혀졌다.

거실에서 부엌으로 가야 하는 일이 아직 남았다. 배고픔이 그를 부엌으로 가게 하지 못한다면 무엇이 가능성을 높일까? 추정해보건대, 그는 텔레비전 채널을 돌리다가 한 채널에서 완벽한 초코케이크를 만드는 요리쇼를 보고 부엌 식탁 위에 있는 케이크 조각을 먹지 않고는 못 배길지도 모른다. 당신은 음식 냄새, 요리 소리, 그냥 요리하는 것을 바라볼 뿐인데도 배고픔을 느낀 경험이 있을 것이다. 그는 의식적으로 상상하지 않는다. 그의 반응은 파블로프의 개에게 일어난 그것과 비슷하다. 파블로프의 개는 음식과 연관된 것을 듣거나 보기만 해도 침을 흘린다. 그 또한 개와 비슷하게 음식과 관련 있는 것을 듣고 보고 냄새 맡으면 침을 흘린다. 이런 경우 인체 반응은 침 분비로 그치지 않는다. 음식을 만지지 않아도 췌장에서 인슐린이 분비되고, 인슐린은 혈당 수치를 낮추고 배고픔을 느끼게 한다.

침과 인슐린 분비 반응이 일어나는 방식을 이해하면 라마단 기간에 이슬람 남자들과 여자들의 배고픔 차이를 이해하는 데 도움이 된다. 라마단은 독실한 이슬람인들이 일출에서 일몰까지 단식을 하는 달이다. 연구자들은 라마단이 시작되면 처음 며칠간은 여자들이 남자들보다 배고픈 것을 더 느낀다고 보고했다. 하지만 라마단이 진행될수록 여자들은 남자들과 대략 같은 수준의 배고픔을 보고했다. 라마단 기간에 남자들은 대개 집에 머물지 않지만 주로 집에 있는 여자들은 아이들에게 먹일 음식을 준비하거나 어른들이 일몰 후에 먹을 것을 준비한다. 여자들이 남자들보다 음식과 관련된 냄새와 소리, 그리고 시각적으로 더 많이 노출된다. 하지만 이 기간이 길어질수록 낮에 여성들이 여러 가지 음식 관련 신호에 노출되어도 섭취가 뒤따르지 않았다. 인체는 이런 신호가 음식 섭취와 연관이 없다고 받아들인 것이다. 이는 침이나 인슐린 분비를 중단시키고 결과적으로 배고픔을 감소시킨다.

주변 온도가 배고픔에 영향을 미친다

그는 벌떡 일어나 부엌으로 들어갔다. 케이크가 바로 눈앞에 있으면 인슐린 분비가 더 왕성해지고 배고픔이 더 느껴진다. 하지만 부엌 에어컨이 고장 난 상태다. 한창 더운 7월이라 밖은 기온이 35도고 부엌은 순식간에 후덥지근해진다. 갑자기 구미가 당기지 않는다.

이처럼 주변 온도는 배고픔에 영향을 준다. 만약 부엌이 후덥지근하면 시원할 때보다 부엌에 있는 사람은 덜 먹는다. 이것은 날씨가 추우면 인체는 37도의 체온 유지를 위해 더 많은 연료를 필요로 한다는 데 근거를 두고 있다. 어떤 동물이든 열을 발생시키는 주요 원천은 음식 섭취이다. 따라서 음식 섭취의 시작과 끝은 최적 효율성의 체온을 유지하는 것과 관련 있다. 이 말을 듣고 항상성이란 말을 떠올린다면 정확하다.

배고픔 온도 이론은 1940년대 후반에 나왔다. 그 이후 쥐와 사람을 대상으로 한 실험이 이 이론을 뒷받침한다. 동물들은 추운 환경에서 훨씬 더 많이 먹었다. 실험 결과도 동물이 추운 환경에 노출되면 음식이 위에서 장으로 빠르게 이동했다. 당연히 위 속의 음식이 어떤 식으로든 감소해야 많이 먹을 수가 있다. 이것은 동물들이 왜 추울 때 더 많이 먹는지를 설명해준다.

가짜 섭취가 음식을 많이 먹게 한다

그가 초콜릿케이크를 입 안에 넣을 정도로 배가 고프다고 가정해보자. 입 안의 음식 자극이 배고픔과 포만감에 영향을 미칠까? 이것을 밝혀내기 위해 50여년 전 연구자들은 특이한 수술을 개발했다. 식도창냄술(식도에 구멍이나 창을 내는 수술)이라는 수술이다. 이 용어가 어렵고 불쾌하게 들릴 수도 있다. 이 수술은 입의 요인과 위의 요인이 각각 배고픔과 포만감에 영향을 미치는지 따로따로 살펴보는 것이 가능하다. 먼저 실험대상의 목에서 식도를 꺼내 구멍을 낸다. 만약 이 수술을 받은 동물이 음식을 먹으면 섭취된 음식이 위로 내려가지 못하고 목을 통과할 뿐이다. 어떻게 보면 가짜 섭취이다. 가짜 섭취를 한 동물은 입 안에서 음식 섭취를 경험하지만 위에 도달하는 것은 느끼지 못한다.

두 과학자 헨리 제노위츠와 엠 아이 그로스맨이 이 수술 기술을 사용한 최초의 연구자들이었다. 그들은 가짜 섭취를 한 개들이 결국 먹는 것을 중단했다고 보고했다. 하지만 보통 때보다 훨씬 더 많은 음식을 섭취한 후에 멈췄다. 많은 사례에서 가짜 섭취를 한 경우 음식 섭취량이 증가했다. 일단 동물들은 입 안 음식이 위에 도달하지 않는다는 것을 알면 입 속의 음식으로 포만감을 느끼지 못한다. 따라서 입 안의 요인은 섭취를 중단시킬 수 있지만 섭취량을 정확하게 조절하지는 못한다.

Tip 01.

껌을 씹는 것은 배고픔과 먹는 것에 영향을 미칠까

껌을 씹는 것(무가당이나 보통의 것), 혹은 음식을 입에서 더 많이 씹는 것은 배고픔과 먹는 것에 영향을 미친다. 껌을 씹는 것은 배고픔을 실제보다 덜 느껴지게 만들어 먹는 양을 감소시킨다.

당도 높은 음식을 먹으면 배고픔을 더 느낄까

가짜 섭취가 아니라면 음식의 어떤 특성이 배가 고프거나 고프지 않은지에 영향을 줄까? 이 점에 관해 광범위하게 연구된 음식 특성은 당도이다. 칼로리 수치가 같다 하더라도 쥐와 사람 모두 달지 않은 것보다 단 음식을 더 많이 먹었다. 칼로리가 낮은 감미료로 음식이 만들어졌다고 해도 사람들은 달지 않은 것보다는 단것을 더 먹었다. 음식이 달 때 그렇지 않은 경우보다 인슐린 분비가 더 왕성하게 일어나 혈당이 더 낮아지고 배고픔을 더 느끼기 때문이다. 또 우리가 단 음식을 먹을 때 인체는 더 많은 양을 저장하고 즉시 사용할 수 있는 양을 적게 남겨둔다. 그러므로 단 음식을 먹을 때 당장 많은 에너지를 써야 하는 사람은 비교적 많은 양을 먹어야 힘을 쓸 수 있다. 맛이 좋은 음식일수록 더 많이 먹는다는 사실도 마찬가지로 설명할 수 있다.

무엇이 포만감을 들게 할까?

그는 케이크 조각을 씹어 삼켰다. 이제 케이크는 장으로 내려가는 길목에 있는 위장에 있다. 위장관(식도에서 장까지 음식이 내려가는 통로) 내의 음식이 배고픔이나 포만감에 영향을 미칠까? 대학생들을 대상으로 조사한 결과 대부분 먹는 것을 그만두는 이유는 포만감 때문이었다. 위장관에 대한 조사는 복잡하다. 대개 음식이 입에서 위장관을 통해 내려가기 때문이다. 따라서 위장관의 음식 효과는 입 안 자극이나 위장관 자극 중 하나 때문일 수도 있고 둘 다 때문일 수도 있다.

연구자들은 입 안 요인을 따로 실험한 것처럼 위장관을 분리시켜 실험했다. 예를 들어 식도창냄술 후에 입의 요인을 건너뛰고 위 속으로 바로 음식물을 주입했다. 또 위에 구멍을 만들어 음식물이나 부푼 풍선 같은 물질을 위로 주입했다. 이것을 '위내 섭식'이라고 한다. 제노위츠와 그로스맨을 포함한 가짜 섭식 연구자들은 개의 섭식 행동에 위내 섭식이 어떤 영향을 미치는지 조사했다. 그들은 음식과 물질(이 경우에는 풍선)의 다른 양을 위 속으로 직접 주입했다. 그 결과 풍선이 너무 부풀면 매스꺼움과 구역질이 일어나는 것 빼고는 섭식에 별다른 영향이 없었다. 개들은 위내 섭식을 하면 덜 먹는 것을 학습했다.

위내 섭식이 더 많은 포만감을 주는 정확한 이유는 아직 밝혀져 있지 않다. 음식물의 점도나 섬유질 양이 음식물의 영양분 흡수나 위장관 통과 속도에 영향을 미칠 수도 있다(흡수되거나 위장관을 빠르게 통과할수록 포만감이 덜하다). 게다가 칼로리 수치가 동일해도 음식물 부피가 더 큰 것이 더 큰 포만감을 준다. 그 음식이 약간의 칼로리라도 함유한 경우에 말이다. 유능한 탐정이라면 이 모든 증거 조각을 종합하여 꽤 타당성이 있는 결론을 도출할 수 있다. 그것은 위가 확장되도록 어떤 것을 넣을 때 포만감을 느끼는 영양분이 없다면 섭취량에 큰 영향을 미치지 않았다. 물을 많이 마시거나 부푼 풍선을 위 속으로 집어넣어도 섭취량 감소에는 효과가 없다는 말이다. 그 물질이 위를 늘어나게 해도 영양분이 없다면 그것은 포만감을 증가시키지 못했다.

섭취의 시작과 종료에 기여하는 많은 요인을 통해 우리 몸이 얼마나 절묘한 구조인지 알았으면 좋겠다. 적절한 양의 음식 섭취는 생존에 절대적이다. 우리 인체에 적절한 양의 음식을 섭취하게 만드는 많은 메커니즘이 발달한 것이 놀랍지 않다. 이 메커니즘 중 하나가 작동하지 않으면 굶어죽지 않도록 또 다른 메커니즘이 작동한다. 이렇게 여러 다른 메커니즘들이 공동으로 작용하여 기본적으로 먹는 것이 정상 범위 내에서 이루어지도록 만든다.

뇌의 명령으로 우리는 먹는다

과학자들이 섭식의 시작과 종료에 영향을 미치는 중추신경계의 영향을 조사한 이후로, 뇌가 제일 먼저 몸의 안팎에서 일어나는 일의 정보를 받고 인체에 조치를 취한다는 것을 발견했다. 최초의 실험들은 이런 중심 기능을 맡고 있는 뇌의 개별적인 부분을 확인하려고 했다. 뇌의 각 부분은 수백만 개의 뉴런으로 이루어져 있다. 최근 배고픔, 포만감과 관련한 중추신경계 역할 조사는 훨씬 더 복잡해졌다. 최근 조사에는 뇌의 몇몇 부분에서 일어나는 활동의 효과뿐만 아니라 뇌에 존재하는 다양한 화학 물질의 효과도 포함되어 있다. 다음은 1900년경 뇌하수체 종양으로 비만이 된 사춘기 남자아이의 유명한 사례다.

"한 소년이 1887년에 태어났다. 날씬했던 이 아이는 1899년 3월 이후 빠른 속도로 살이 찌기 시작했다. 1901년 왼쪽 시력이 약해진 이후 오른쪽 시력 또한 약해졌다. 아이가 심각한 두통을 호소하고 시력이 빠르게 약화되면서 수술이 필요했다. 1907년 6월 21일 본 에이젤버그는 비강 경로nasal route로 수술했다. 나비뼈 부비강(콧구멍이 인접해 있는 뼈 속 공간) 깊숙한 곳에 개암만 한 크기의 희끄무레한 막에 둘러싸인 낭종이 있었다. 그는 그것의 중간선을 절개해 묵은 피 같은 플루이드를 몇 스푼 빼냈다. 손가락으로 측정하고 엑스레이로 비교하니 이 플루이드가 차 있는 곳이 뇌하수체 부근이었다(뇌하수체는 시상하부 옆에 있으며 서로 연결되어 있다). 그는 시신경 교차나 경동맥에 손상을 입히지 않고 파인 부분의 벽을 최대한 제거했다. 수술 경과는 좋은 편이었고 상태가 상당히 좋아졌다."

이 사례는 시상하부가 포만과 관계 있음을 시사한다. 시상하부의 손상이 과식과 비만의 결과를 낳았다. 1940년경 과학은 A.W. 해더링톤, S.W. 랜슨 같은 과학자들이 뇌의 생리적 연구와 섭식 조절에 관한 연구를 할 정도로 발전했다. 그들은 마취시킨 쥐의 뇌에 작은 전극을 삽입했다. 구체적으로 뇌의 시상하부 부분이었다. 전극이 적절한 곳에 놓였을 때 전류가 흘렀고 주변 세포가 파괴되었다. 쥐의 뇌에 몇 군데 작은 손상이 생겼지만 쥐들은 수술 후에 회복되었고 꽤 정상으로 돌아온 것 같았다. 하지만 먹이를 과도하게 먹고 비만이 되었는데 '이상 식욕 항진증 hyperphagia(과도하게 병적으로 먹으려는 욕망이 강하여 적정량 이상으로 섭취하는 증상)'이었다.

손상이 되면 비만으로 이어질 확률이 가장 높은 곳은 복내측 시상하부VMH였다. 연구자들은 복내측 시상하부VMH가 포만중추와 관련 있다는 결론을 내렸다. 그러나 복내측 시상하부VMH를 자극하면 섭식이 억제되었다(여기서 자극은 전류로 세포를 활성화시키는 것이다). 이는 복내측 시상하부VMH가 포만중추의 기능을 한다는 걸 확인시켜주었다. 과학자들은 복내측 시상하부VMH가 포만을 통제하는 위치라면 시상하부 내 배고픔과 관련된 위치가 있을지도 모른다고 추론했다. 생리학자 발 K. 아난드와 존 R. 브로벡은 1951년 외측 시상하부LH에서 바로 그런 곳을 찾아냈다. 쥐의 시상하부에서 외측 시상하부LH를 손상시키자 쥐가 두 번 다시 먹지 않으려고 했고 결국은 굶어 죽었다. 게다가 외측 시상하부^{LH}를 자극하면 쥐는 먹었다.

시상하부 부위	손상(세포 파괴)	자극(세포 활성화)
복내측 시상하부(VMH)	섭식 증가	섭식 감소
외측 시상하부(LH)	섭식 감소	섭식 증가

〈표 1-1〉

이 증거에 근거하여 1954년 엘리엇 스텔라는 복내측 시상하부^{VMH}는 뇌의 포만감 중추, 외측 시상하부^{LH}는 배고픔 중추라고 정식으로 제시했다. 그에 따르면 본질적으로 이 중추들은 시상하부에 있는 다양한 감각 수용기를 사용하여 체온, 혈당에 관한 정보를 모으고, 이 정보를 종합하여 인체에 뭘 하라는, 이를테면 음식을 먹으라는 지령 같은 것을 내린다. 또 뇌의 중추를 정보를 통합하는 뇌 속의 주요 위치로 보았지만, 시상하부와는 다른 뇌의 부위가 섭식의 시작과 종료에 관련 있는 것을 확인했다.

그러나 많은 연구 결과가 스텔라의 가설에 문제를 제기했다. 가장 큰 문제는 많은 데이터를 수집하기 위해 사용된 방법이었다. 그의 실험은 뇌의 특정 부분 손상이나 자극을 사용했다. 하지만 손상이나 자극으로 특정 행동 반응이 영향을 받는지 정확히 확신하는 것은 매우 어렵다. 모든 행위(행동 조치)는 많은 구성 행위로 이루어져 있기 때문이다.

부모에게 포크로 콩을 먹으라는 지시를 받은 아이가 해야 하는 행동은 지시를 듣고 이해하고, 콩을 보고, 콩을 찍어 포크를 입으로 가져가고, 콩을 입에 담고, 콩을 씹고 삼키는 것을 포함한다. 콩 먹는 것을 방해하는 뇌 손상이나 뇌 자극은 콩 먹는 행동을 구성하는 한 가지 혹은 몇 가지 구성 요소에 지장을 주면서 콩 먹는 일을 중단하게 할지 모른다.

심리학자들은 뇌의 매우 작은 부분처럼 보이는 것에 문제가 생기면 일반적인 각성이나 복잡한 감각 기능에 깊은 효과를 미칠 수 있다는 것을 이제 안다. 따라서 배고픔의 뇌 중추 이론은 뇌의 손상이나 자극이 배고픔이나 포만감이 아니라 운동 행위나 감각 행위에 영향을 미치는 걸 보여준다.

먹는 것을 억제하는 화학물질

섭취의 시작과 종료에 단지 뇌해부학만이 영향을 미치는 것은 아니다. 뇌에 존재하는 화학물질 또한 영향을 준다. 섭식에 미치는 뇌화학의 효과는 흥미롭다. 섭식과 관련된 뇌 화학물질을 이해하면 식욕 부진이나 과식에 매우 효과적인 약물 개발이 가능하기 때문이다. 광범위한 연구로 밝혀진 신경전달물질은 '도파민'과 '세로토닌'이다. 수년 동안 이 두 가지 신경전달물질은 섭식을 억제한다고 알려졌다. 최근 연구에서는 두 물질이 공동 작용하는 방식을 조사했다. 몇 가지 연구에서 데이터 검토 결과, 외측 시상하부의 세로토닌과 도파민은 동물들이 먹는 '음식 섭취량 크기'에, 복내측 시상하부^{VMH}의 세로토닌과 도파민은 '섭취 빈도'에 영향을 미쳤다. 이것들이 식사량과 빈도를 결정하는 유일한 메커니즘은 아니지만 중요하다.

뇌 속에는 섭식의 시작과 종료에 영향을 미치는 화학물질이 또 있다. 그중 하나는 뉴로펩티드 Y$^{neuropeptide\ Y}$이다. 이 물질은 신경전달물질의 효과를 조절한다. 최종적으로는 시상하부에 영향을 미쳐 섭식을 증가시킨다. 과도한 뉴로펩티드 Y가 어느 기간 동안 존재할 때 상당한 과식과 비만으로 이어졌다. 대조적으로 뉴로펩티드 Y의 비활성화는 섭식을 억제했다. 또 아포리포단백질 A-IV$^{apolipoprotein\ A-IV}$는 중추신경계 내 플루이드에 자연적으로 존재하는데, 이 단백질이 뇌의 세 번째 뇌실에 주입될 때 섭취량이 감소했다.

식사의 기억을 높이면 식사 후 섭취가 감소한다

지금까지 섭식 행동과 관련해 많은 이야기를 했다. 그런데 주변 환경의 영향 역시 빼놓을 수 없다. 음식이나 음식 관련된 것들의 존재 유무가 지금까지 말한 모든 인체 반응의 궁극적인 원인이 된다. 뿐만 아니라 먹는 행위나 먹지 않는 행위는 주변 세계와의 상호작용을 포함한다. 현재 환경뿐만 아니라 과거의 환경이 배고픔과 포만감에 상당한 영향을 미친다. 다른 환경에서 비슷한 기억과 학습과정을 경험했다면 이 또한 섭식의 시작과 종료에 영향을 준다. 예를 들어 이전 식사로 무엇을 얼마나 먹었는지 기억하는 것이 다음 식사에 영향을 미친다. 1분 전의 일을 기억하지 못하는 뇌 손상 환자들은 점심식사 후 10분이 지나면 두 번째 식사를 할 것이다. 하지만 뇌 손상이 없는 사람들은 그렇게 하지 않는다.

그렇다면 완전한 기억과정이 섭취량에 영향을 미칠까? 수잔느 히그즈와 제시카 도노후는 일부 여자 대학원생들에게 점심을 먹는 동안 음식의 감각에, 다른 대학원생들에게는 음식 관련 신문기사에 집중하라고 했다. 그리고 세 번째 그룹에게는 그냥 점심만 먹으라고 했다. 히그즈와 도노후는 그들이 그날 오후 늦게 점심을 먹고 이후에 먹은 쿠키 양을 각각 측정했다. 그 결과 음식에 집중한 세 번째 그룹이 다른 두 그룹보다 쿠키를 훨씬 더 적게 먹었다. 식사한 것을 잘 기억하는 것이 식사 후에 먹는 간식 양을 감소시켰다.

또 앞서 음식과 연관된 냄새, 소리, 그리고 모양이 인체의 변화에 어떤 영향을 미치는지 이미 설명했다. 음식 섭취가 인슐린 분비를 유발하듯이 음식과 관련된 주변 환경도 그것을 유발한다. 라마단 중에 남녀의 배고픔 차이는 각각 서로 다른 환경에 노출되어 있는 것과 인체의 학습 반응 때문이었다.

만약 쥐들이 아몬드나 제비꽃 향기 같은 특정 냄새와 고칼로리 탄수화물 용액과의 연관성을 학습했다면, 다른 탄수화물 용액에서 그 냄새가 날 때 섭취량을 줄였다. 쥐들은 그 냄새가 자신들이 많이 섭취한 것과 관련 있다는 것을 분명히 알았다. 따라서 냄새 연관 학습은 식사량 조절에 도움이 된다.

마지막 예로, 심리학자 린 벌치와 동료들은 미취학 아동들을 대상으로 실험을 했다. 그들은 아이들에게 회전하는 붉은 전등이 보이고 어떤 노래가 들리는 특정한 위치에서 스낵을 반복적으로 주었고, 전경이 다르고 다른 노래가 들리는 위치에서는 주지 않았다. 이후에 아이들은 먹은 지 얼마 되지 않았더라도 붉은 전등이 보이고 노래가 들리면 먹을 가능성이 더 높았다.

배고픔도 학습이다

정신 역동 이론가로 알려진 몇몇 심리학자들은 배고픔이 생리학적 기반을 두고 있어도 학습의 영향을 받고, 또 어릴 때 섭식 경험을 근거로 에너지 요구에 따라 섭취량을 적절히 조절하는 법을 배운다고 믿는다.

인생 초년기에는 먹는 것이 부모의 관심이나 따뜻함과 같다. 따라서 사랑과 음식이 애초에 별개라고 할지라도 연관성은 있다. 정신 역동 이론은 음식이 많은 것과 상징적인 연관성이 있어 부적절하게 나타날 수도 있다고 주장한다. 아이가 두려움이나 외로움을 느낄 때 먹는 음식이 안전과 어머니의 사랑을 연상시킨다는 점이 그렇다. 그래서 초기에 아이를 돌보는 사람들이 아이에게 현명하게 음식을 먹이고 아이의 생물학적 요구에 적절한 반응을 보이면 음식은 정말 필요할 때 먹는 것이라고 아이들은 배울 수 있다.

The
Psychology
of
Eating
and
Drinking

Chapter 02

우리는
언제
목마르고
언제
마실까

갈증의 심리학

"목마르기 전에 우물을 파라"

_ 격언

프랭크 허버트의 과학 소설 《듄Dune》이 인기를 얻을 수 있었던 것은 동물들이 음식을 먹지 않고 살 수 없는 것처럼 물 없이도 살 수 없다는 점 때문이다. 처음 이 소설을 읽었을 때 나는 주인공인 폴과 다른 인물들이 아라키스라는 황량한 행성의 모래사막을 가로지르는 동안 심한 갈증을 여러 번 느꼈다. 물이 매우 귀한 세계를 기술하는 허버트의 흡입력 강한 산문은 물과 갈증이 인간의 삶에 얼마나 큰 역할을 하는지를 알려준다. 충분한 물을 마시는 것은 단지 생명 유지 차원을 넘어 건강한 몸을 유지하는 데 필수적이다. 또한 운동 유발성 천식, 요로 감염증, 고혈압 같은 많은 질병 예방에도 중요하다.

우리가 물과 갈증의 중요한 역할을 자각하지 못하고 사는 데에는 몇 가지 이유가 있다. 첫째, 물은 누구나 쉽게 또 풍부하게 이용할 수 있다. 학교, 직장, 공원에는 물 분수가 있다. 가게나 노점에서는 생수나 갈증 해소 음료를 판다. 음식점에 가면 물을 먼저 내놓고, 모든 집과 아파트에는 수도시설이 있다. 둘째, 많은 음식에 약간의 수분이 들어 있어 갈증 해소에 도움이 된다. 예를 들어 상추를 많이 먹고 나면 갈증이 거의 느껴지지 않는다. 상추는 96퍼센트가 물이다. 따라서 인간에게 물이 얼마나 필요한지, 갈증이 얼마나 무서운지 우리는 자각하지 못한다. 우리는 극도의 갈증 상태에 도달할 일이 거의 없기 때문이다.

　　그럼에도 불구하고 우리는 빠르게 물 부족 상태가 될 수 있다. 예를 들어 우리가 땀을 흘릴 때 흔히 시간당 1쿼트의 플루이드(약 0.946리터 정도)가 배출되는데 이것은 우리 몸에 있는 총 플루이드의 약 2퍼센트이다. 이 사실과 더불어 물이 생명 유지에 필수적이고 자연에서 언제 어디서나 이용할 수 있는 것이 아니라는 점을 고려하면 인체가 진화하면서 반드시 적정량의 물을 마셔야 하는 강력한 메커니즘을 발달시켰을 것이라는 예상이 가능하다. 그렇다면 인간과 동물은 언제 물이 필요해서 마시고 언제 다른 이유로 마실까? 갈증 이론으로 설명할 수 있는 '마시는 행동'은 무엇일까?

　　여러 면에서 갈증은 배고픔보다 연구하기 쉽다. 한 가지 물질 섭취와 관련 있기 때문이다. 이런 단순성에도 불구하고 놀라울 정도로 많은 물 마시기 행동이 있다. 크게 '항상성 유지를 위한 마시기'와 '비항상적인 마시기'가 있다. '항상성 유지를 위한 마시기'는 동물의 몸에 있는 수분이 최적 상태가 아닐 때 수분 균형을 복구하는 역할을 말하고, '비항상적인 마시기'는 그 외에 모든 형태의 마시기를 말한다. 갈증의 종합 이론은 항상적인 것과 비항상적인 것 두 가지 모두를 대상으로 한다.

언제 갈증이 날까

항상성 유지를 위한 물 마시기 뒤에는 인체가 최적 상태에서 조금이라도 벗어나면 설정값 복구를 위해 변화를 모색한다는 개념이 있다. 항상성 유지를 위한 물 마시기 행동에는, 예를 들어 음식을 먹을 때 물을 같이 마시는 것이 있다. 보통 음식 섭취를 제한하면 물을 덜 마신다. 같은 이치로 물을 제한하면 음식을 덜 먹는다. 음식과 물 섭취는 상호의존적인데, 내장 기관에서 '음식 무게 VS 물 무게'가 일정한 비율을 유지해야 한다. 쥐의 경우 이 비율이 위에서는 1대1이고 장에서는 1대3이다. 소화와 영양분 흡수에 최적의 비율이다. 따라서 인간을 포함한 동물의 경우 음식을 적게 먹으면 물도 적게 마신다. 이것은 최적의 인체 상태, 즉 위장관에서 음식과 물의 설정값을 유지하는 데 도움이 된다.

또 혈장(혈액 속 적혈구, 혈소판 등을 제외한 액체 성분)의 용량 유지와 혈장 농도를 한정된 범위 내에서 유지하기 위한 마시기 행동이 있다. 그 양이 최적 상태에 미달되거나, 물질 농도가 정상보다 높을 때 물 마시기가 증가한다. 인체의 두 가지 주요 플루이드 구획 중 한 곳에서 수분이 감소하면 설정값 이탈이 일어난다. 이 두 곳은 '세포 내 수분'과 '세포 밖 수분'이다. 후자는 세포 간 수분과 혈장 수분으로 이루어진다. 수분 감소는 한쪽에서만 일어나는 경우도 있고 같이 일어나는 경우도 있다. 예를 들어 교통사고로 갑작스런 출혈이 생기면 세포 밖의 플루이드가 감소한다. 이런 경우 의료진은 정맥주사로 플루이드를 투여한다. 만약 플루이드를 투여하지 못하거나 출혈로 인한 혈액 상실blood loss이 10퍼센트 혹은 그 이상이면 갈증이 심해진다.

또 다른 예로 세포 밖 플루이드의 염분 농도가 높을 때는(짠 음식을 많이 먹었을 때) 세포 내 수분이 밖으로 빠져나가며 수분 감소가 일어난다. 세포 내 수분은 1~2퍼센트만 부족해도 갈증이 난다. 물을 제대로 마시지 않는 경우에도 세포 안팎에 수분이 부족해 갈증이 나고 물을 마시면 수분 복구가 이루어진다. 하지만 아무것이나 마신다고 수분이 복구되는 것은 아니다. 알코올이나 카페인이 함유된 액체를 마시면 콩팥의 소변 생산만 증가한다. 술이나 커피는 수분을 복구하는 최선의 방법이 아니다.

왜 우리는 식사 중에 물을 마실까

수분 부족은 인간과 동물이 많은 물을 마시는 것만으로 완전히 해결되지 않는다. 쥐가 마시는 물의 양은 물이 필요한 때와 별개로 시간에 따라 매우 다르다. 쥐는 낮에 음식의 50퍼센트를 먹지만 같은 시간에 물은 약 25퍼센트만 마신다. 쥐는 먹이를 먹지 않는 밤에 대부분의 물을 마신다. 우리가 물을 마실 때마다 체크해보면 대부분 식사 중에 물을 마신다는 걸 알게 된다. 물이 음식 소화에 도움이 될 뿐만 아니라 위장관에서 음식과 물의 비율을 최적 상태로 유지해야 하기 때문이다. 또 짠 음식을 먹고 나면 수분 보충이 필요하기 때문이다. 두 가지 모두 부분적으로 옳다. 식사 중에 물을 마시면 식사 후 몇 시간이 지날 때까지 물을 마실 필요가 없다. 그래서 누군가가 식사 중에 물을 마신다면 그것은 앞으로 물 부족이 발생하지 않도록 당장 이용가능한 물을 마셔놓는 것이다. 마치 '목마르기 전에 우물을 파라'는 격언처럼 실제 욕구가 생기기 전에 미리 마셔둔다. 이것은 심각한 수분 부족이 일어나는 것을 예방하는 탁월한 방법이다. 이런 선제적 마시기의 또 다른 예가 있다. 사막을 여행하는 사람이 물을 들고 가지 못하는 경우, 오아시스를 발견하면 다음 행선지로 떠나기 전에 가능한 한 많은 물을 마실 것이다. 일반적으로 물이 귀하면 목이 마를 때만 마시지 않고 이용할 수 있을 때마다 미리 많이 마셔둔다.

알고 보면 꽤 흥미로운 또 다른 종류의 물 마시기도 있다. '일정이 유도하는 목마름SIP; Schedule-Induced Polydipsia'이다. 이것은 어떤 일정에 따라 보상이 지속적으로 주어질 때 과도한 양의 물을 마시는 것을 말한다. 예를 들어 쥐에게 물은 마음대로 마실 수 있게 하고 먹이를 제한하다가, 먹이는 3시간 동안 1분에 한 번꼴로 주고 물은 계속 마실 수 있게 하면, 먹이는 합리적인 양을 먹지만 물은 체중의 반만큼이나 섭취한다. 이것은 쥐의 생리적 요구량보다 훨씬 많은 양이다.

'일정이 유도하는 목마름'은 인간의 행동에서도 나타난다. 실험실 사람들은 90초마다 슬롯머신에서 많은 돈이 나왔을 때, 30분간 약 1.2컵의 물을 마셨다. 이들에게는 물이 부족하지 않았고 당장 먹을 수 있는 음식이 있는 것도 아니었지만 상당히 많은 물을 마셨다.

입 안이 축축하기만 해도 갈증은 줄어들까?

1920년경 월터 B. 캐넌은 주변 신호에 근거한 갈증 이론을 세웠다. 그 결과 갈증의 '입 안 건조 이론'은 수년 동안 이 분야 연구를 지배했다. 이 이론에 따르면 동물들은 입 안이 건조한 느낌이 들 때 물을 마시고 입 안이 축축하면 물을 마시지 않았다. 상당히 많은 연구가 이 이론을 뒷받침하기도 했고 공격하기도 했다. 누구랄 것도 없이 대부분은 입 안 건조 이론의 가장 강한 증거를 직접 경험했을 것이다.

갈증이 많이 날 때 침이 더 적게 나오는 것을 알아차린 적이 없는가? 그럴 때 입 안이 텁텁하고 끈끈한 느낌이 들었을 것이다. 침의 흐름은 수분 제한과 밀접하다. 수분을 제한하면 침이 적게 나온다. 중학교 때였던가. 나는 몇 시간 동안 뙤약볕에서 필드하키를 한 후에 아무것도 마시지 않고 치과에 간 적이 있다. 의사 선생님의 손이 실제로 내 입 안에 닿았는데 그는 지금까지 이렇게 끈끈한 침은 본 적이 없다고 말했다. 예상을 능가했다는 치과의사 선생님의 말에 잠시 우쭐했지만 나를 칭찬하는 말은 아니었다.

그 외에도 입 안 건조 이론을 뒷받침하는 증거는 많다. 어떤 방식으로든 입 안에서 건조한 느낌이 사라지면 갈증 느낌도 줄어든다. 예를 들어 수술을 기다리는 환자들은 물을 마시지 못한다. 하지만 액체로 입 안을 헹구거나 입술을 살짝 적시기만 해도 갈증은 감소한다. 또 사람이나 개의 입에 코카인을 살짝 바르면 입 안이 마비되면서 갈증이 감소한다. 사막에 사는 사람들의 경우, 때로 산성 과일이나 암석 조각을 소량 입 안에 넣어 침이 많이 나오게 해 갈증을 줄인다.

입 안 건조 이론을 뒷받침하는 추가적인 증거는 쥐와 낙타의 연구 결과에서도 나왔다. 연구자들이 반 온스(약 14그램)의 물을 쥐의 위로 직접 주입하면 쥐는 위 속에 물이 들어오지 않은 것처럼 연이어 물을 마셨다. 반대로 쥐에게 반 온스의 물을 정상적으로 마시게 한 후에, 물을 마시게 하면 훨씬 덜 마셨다. 또 낙타의 경우 탈수가 심하면 10분 만에 몸무게의 30퍼센트 이상의 물을 마셨다. 낙타는 많은 물이 장으로 흡수되기 전에 마시는 것을 멈추는데, 이 결과는 물이 입을 통과하면 갈증 해소에 도움이 된다는 것을 시사한다. 따라서 갈증이 감소하려면 입 안이 축축해야 하는 것은 맞다.

가짜 마시기는 갈증이 해소되지 않는다

캐넌의 '입 안 건조 이론'과 반대되는 증거들 또한 많다. 심리학자 바바라 롤스와 에드먼드 롤스는 갈증을 주제로 쓴 책에서 한 가지 사건을 기술했다.

1925년 한 남자가 목을 베어 자살을 기도했다. 하지만 관상동맥과 정맥이 아닌 식도가 손상을 입어 결과적으로 식도창냄술(식도에 구멍을 내는 시술)이 필요했다. 수술 후 물을 마셔도 물이 위에 도달하지 않았고, 그는 극도의 갈증 상태에 있었다. 하지만 식도로 물을 주입하자 갈증이 감소했다. '입 안 건조 이론'과 반대되는 분명한 증거다. 이것은 현실에서 가짜 마시기로 알려져 있다.

가짜 마시기는 가짜 섭식과 비슷하다. 가짜 마시기는 실험 참여자가 물을 마시지만 물이 위에 도달하지 않는다. 수술을 통한 가짜 마시기의 결과 가짜 섭식과 비슷하게 물 섭취에 제동이 걸리지 않았다(정상적인 마시기를 하면 갈증이 해소되면서 섭취량이 점차 줄어드는데 그런 효과가 나타나지 않았다). 실험 참여자들은 정상적인 마시기보다 훨씬 더 많은 물을 마셨다. 입 안이 지속적으로 촉촉해도 갈증이 해소되지 않았다.

또 입 안 건조 이론에 반하는 추가적인 증거는 침샘이 없는 인간이나 동물 사례에서도 나타난다. 이 동물들도 비교적 정상적인 양의 물을 섭취한다. 동물의 침샘을 제거한 후에 실험한 결과도 그렇고, 유아기 때부터 침샘이 없는 인간의 임상 케이스도 마찬가지다. 두 경우 모두 입이 축축하지 않아도 갈증 기능이 정상적으로 작동했다. 입 안이 건조한 결과 갈증이 증가하는 것이나, 입 안이 축축한 결과 갈증이 감소하는 건 주로 항상적인 마시기와 관련 있다.

그러나 이 이론은 비항상적인 마시기, 음식을 먹을 때 물을 같이 마시는 비항상적인 마시기를 설명하지 못한다. 우리는 음식을 보거나 냄새를 맡으면 파블로프의 개처럼 침을 흘린다. 하지만 입 안이 축축해도 음식을 먹을 때 여전히 물을 많이 마신다. 따라서 음식을 먹을 때 물을 같이 마시는 것은 앞에서 설명한 것처럼 필요로 인한 부분도 있지만 입 안 건조 이론과 모순되게 입이 축축할 때도 일어난다. 현재 과학자들은 대체로 입 안 건조가 갈증의 원인이 아니라 갈증의 신호라는 데 동의한다. 입 안이 축축해지면 일시적으로 갈증이 감소한다. 갈증 감소가 지속되려면 물이든 짠물이든 마시는 것이 위에 도달해야 한다. 위장관에 도달하는 물의 양이 수분 섭취량에 중요하다는 연구가 있다. 다시 말해 물이 입 안에만 있는 것이 아니라 목구멍을 타고 내려가는 것이 어느 정도 물을 마시는지에 중요하다.

🖉 Tip 02.

순간적 갈증 해소에는 차가운 물이 훨씬 도움이 된다

우리는 매우 목이 마를 때 차가운 음료를 마시는 경향이 있다. 정말 차가운 음료가 따뜻한 음료보다 갈증 해소에 더 좋을까? 밝혀진 것처럼 찬물을 마시는 것이 따뜻한 물을 마시는 것보다 훨씬 더 갈증을 감소시킨다. 비록 이 효과가 단지 몇 분간 지속될 뿐이라고 해도 말이다. 그 순간만 지나면 갈증은 얼마나 많은 물을 마셨는지에 영향을 받는다. 그래서 찬물이 갈증을 해소시키는 최고의 방법이라고 한다면 마신 직후 잠깐 동안은 맞는 말이다. 장시간 갈증을 해소시키는 최고의 방법은 물을 많이 마시는 것이다.

수분이 부족하지 않아도 마신다

지금까지 이야기한 갈증 이론은 기본적으로 항상적인 마시기이다. 하지만 인간은 많은 비항상적인 마시기를 한다. 동물들은 수분이 부족한 경우가 아니어도 자주 마신다. 심리학자 존 폴크는 동물들이 식욕은 있지만 먹을 수 없을 때 '일정이 유도하는 목마름증^{SIP}'을 보여준다고 말했다. 식욕이 만족감을 주는 또 다른 충동, 즉 또 다른 동기로 대체되는데 이 경우는 갈증이다. 그런 식의 대체가 동물들이 야생에서 얻을 수 있는 모든 것의 활용 가능성을 높인다는 것이다. 하지만 실험실 조건에서 '일정이 유도하는 목마름증'은 적합하지 않은 행동으로 이어진다. 바로 과도한 양의 물을 마시는 것이다.

선제적 마시기는 어떠한가? 과학자들은 선제적 마시기의 원인이 무엇인지 정확히 모르지만 미주신경(뇌에서 시작하여 안면과 가슴 부위를 거쳐 복부에 이르는 신경)이 생성하는 히스타민이라는 물질과 관련 있다고 설명한다. 히스타민은 식사시간에 음식이 흡수되거나 위로 들어가기 전에 만들어져 물을 마시게 한다.

또한 식사 중에 분비되어 혈당을 감소시키는 인슐린 또한 갈증을 유도한다는 연구가 있다. 우리 인체에는 자동반사 운동처럼 선제적 마시기를 하게 만드는 몇 가지 메커니즘이 있다. 하지만 사막을 가로지르기 전에 상당량의 물을 마시는 선제적 마시기는 학습 효과이다. 실험에서도 시각적 자극, 소리, 냄새는 정상적인 물 마시기를 유발하지 못하지만, 물에 대한 욕구와 연계시켜 반복적으로 노출시키면 물 마시기로 이어졌다. 이 경우 동물들은 수분 부족으로 심각한 손상을 입기 전에 물을 마셨다. 적응 행동이다.

아직까지는 비항상적인 마시기나 항상적인 마시기를 통일하는 이론은 없다. 과학자들은 특정 유형의 항상적, 혹은 비항상적 마시기에 대한 이론 확립을 그만두고 마시는 행동에 영향을 미치는 다양한 생리적, 비생리적 요인들을 통합하여 복합 모델을 세우는 일에 힘써야 한다.

수분 조절이 필요한 사람들

갈증과 수분 조절은 모든 사람에게 동일하게 적용되지 않는다. 많은 노인이 탈수나 열기 노출, 혹은 음식 섭취 후에 수분 감소를 보충할 충분한 물을 마시지 않는다. 그들은 잠재적으로 위험한 수분 부족 상태가 될 수 있다. 탈수가 없어도 인체의 수분 총량은 나이가 들면서 감소한다. 노인들이 물을 충분히 마시지 않으면 대개 젊은 사람들의 경우보다 더 심각한 결과로 이어진다. 그 결과 노인들이 먹는 약이나 다른 해로운 물질의 인체 농도가 높아진다. 내가 노년의 어머니가 술 마시는 것을 끊임없이 걱정하는 것도 이것 때문이다. 어머니의 인체 알코올 농도는 한해 전에 같은 양을 마셨을 때보다 더 높을 수 있다.

수분 조절에 특히 신경을 써야 하는 그룹은 비만인 그룹이다. 비만은 인체의 수분 조절과 혈압에 영향을 미치기 때문이다. 이처럼 갈증 연구는 학문적으로는 이론 정보를 주고 실질적으로는 우리 건강에 이로움을 준다.

The
Psychology
of
Eating
and
Drinking

Chapter 03

우리의
미각과
후각은
먹고
마시는 것을
결정한다

맛과 냄새의 심리학

"음식 맛에 관한 한 우리 모두는 다른 혀로 말한다.
사람들은 서로 다른 맛의 세계에 거주한다"

_ 린다 바토슉 (심리학자)

당신은 거창한 뷔페가 차려진 식당에 있다. 배가 고파 죽을 지경이다. 그렇다고 맨 앞에 있는 음식이 무엇이든 차례로 먹을까? 아닐 것이다. 우리는 뷔페에서 제일 맛있는 것부터 선택할 것이다. 이 장은 우리가 먹고 마시는 것을 선택할 때 고려하는 몇 가지 중에서 제일 첫 번째 것이다.

선택을 하려면 다양한 음식과 마실 것을 구별할 수 있어야 한다. 우리는 미각과 후각을 사용하여 구별한다. 사실 미각과 후각은 우리가 음식을 먹고 마실 때 가장 많이 사용하는 감각이다. 나는 이 장에서 미각과 후각이 어떻게 작동하는지 과학자들이 발견한 정보를 말하려고 한다. 모든 사람의 미각과 후각이 동일하지 않다는 사실을 알면 놀랄지도 모른다. 위에 언급된 린다 바토숙의 인용구처럼 우리는 서로 다른 맛의 세계에 산다. 미각과 후각이 우리 일상을 풍요롭게 하는 다양한 방식은 놀랍다. 우리는 코와 입으로 들어오는 것에 상당한 영향을 받는 동물이다.

미각과 후각은 생존에 도움을 준다

미각과 후각은 우리가 화학적 감각이라고 부르는 것이다. 아주 미세한 양의 화학물질만 있어도 미각과 후각은 그것을 감지해낸다. 미각으로 알려진 맛 감각은 액체에 용해된 입자를 감지한다. 후각으로 알려진 냄새 감각은 공기 중의 입자를 감지한다. 미각과 후각 둘 다 인간의 생존에 도움이 되는 방식으로 설계되어 있다.

우리는 개가 강력한 후각을 가지고 있고 아장거리는 아이조차 때로 식별이 가능한 미각이 있음을 인정하면서도, 남자와 여자가 극도로 민감한 미각과 후각을 가지고 있다는 사실을 깨닫지 못할 때가 많다. 보통 사람은 4리터 물에 소금이 3분의1 티스푼만 들어 있어도 맛을 감지한다. 또 적당한 크기의 집에 누군가가 향수 한 방울만 공중으로 발산해도 냄새를 감지한다. 하지만 햄버거 같은 음식을 먹을 때는 맛과 냄새를 따로 구분하지 못한다. 대신 그 음식이 주는 식감, 온도, 통증뿐만 아니라 맛과 냄새의 결합으로 이루어진 전체적 풍미를 판단한다.

맛과 냄새는 별개가 아니다. 맛에 영향을 주는 화학물질은 냄새에도 영향을 미칠 수 있고 그 반대도 마찬가지다. 예를 들어 우리가 음식을 씹으면 화학물질이 입 안에서 퍼져 나가며 입 안쪽을 통해 코에 닿을 수 있다. 하지만 맛과 냄새는 똑같이 작용하지 않는다. 이 두 가지는 다소 다른 방식으로 인체에 도움을 주고 인체를 보호한다.

자연에서 잡식성 동물들에게 필수과제는 섭취하기에 안전한 좋은 먹거리를 찾는 것이었다. 잡식성 동물들은 독이 있는 음식을 피하고 최고의 영양가가 있는 먹거리를 찾는 일이 어려웠다. 맛과 냄새는 영양물질을 확인하고 독성물질을 가려낸다는 점에서 매우 중요한 역할을 한다. 진 M. 아우엘은 이 과정의 일부를 자신의 역사소설《동굴곰의 씨족 The Clan of the Cave Bear》에서 이렇게 기술했다.

> 모든 여성이 유전적으로 타고나는 부분은 익숙하지 않은 식물을 시험하는 방법을 아는 것이었다. 아이자는 스스로 실험했다. 테스팅 절차는 간단했다. 그녀는 처음 보는 것을 살짝 한입 베어 물었다. 맛이 별로면 즉시 뱉었다. 맛이 괜찮으면 한 조각을 입 안에 넣어 씹어보고 입 안이 얼얼하거나 화끈거리는 느낌은 없는지, 맛의 변화는 없는지 조심스럽게 살폈다. 만약 어떤 반응도 없다면 그것을 삼키고 결과를 보려고 기다릴 것이다. 다음 날 다시 한 입 더 크게 베어 물고 똑같은 절차를 밟는다. 세 번째 시도 후에 안 좋은 결과가 나타나지 않으면 이 새로운 것은 먹거리로 간주되었다.

먹을 것이나 마실 것이 사람들의 위 속으로 들어가면 제거하기 어렵다. 독성이 있는 것을 삼키면 사람들은 대개 토해낸다. 하지만 그것의 일부는 인체에 남는다. 쥐는 구토에 필요한 근육이 없어 독성물질을 삼키면 토해낼 수가 없다. 그래서 독이 위 속에 들어간 후에 처리하기보다 위 속에 들어가기 전에 뱉어내는 것이 여러모로 이득이다. 이럴 때 미각이 도움이 된다. 맛 수용체가 혀 위에 있다는 사실은 좋지 않은 음식이 위로 들어가는 것을 예방하는 데 도움이 된다. 게다가 인간을 포함한 대부분의 미각은 구역질 그리고 구토 반사신경과 연결되어 있다. 아이스크림 속에 숨긴 서양 고추냉이 조각을 먹으면 곧장 뱉어내는 것이 이런 이유 때문이다.

후각 또한 미각과 비슷하게 구토 반사신경과 연결되어 있고 음식이 인체에 괜찮은지 아닌지 식별한다. 웨이터가 포도주를 가져오면 우리는 코르크 냄새를 맡고 그것이 이상하면 피한다. 상한 우유에서 특유의 냄새를 탐지하면 피한다. 우리 인체는 우리가 어떤 물질을 수용하는지 판단하고, 먹기 전에 몇 가지 테스트 과정을 거치도록 진화했다. 이 테스트 과정의 양쪽 부분에 미각과 후각이 자리 잡고 있다. 냄새는 전방에 있고 맛은 후방에 있다.

맛과 냄새의 코딩

앞에서 왜 맛과 냄새가 중요한지, 그 기능에 장애가 오면 우리가 어떤 해를 입을 수 있는지 이해했다. 작은 것이라도 예방하거나 없애려면 맛과 냄새가 어떻게 작동하는지, 공기와 액체에 있는 화학물질이 어떻게 특정한 냄새와 맛으로 감지되는지, 그것들이 인체에 닿을 때 무슨 일이 생기는지, 그리고 그것의 메시지가 어떻게 뇌에 도달하는지 알아야 한다. 과학자들은 이 프로세스를 코딩(자극을 받아 뇌로 전달하는 프로세스)이라고 부른다. 이런 코딩은 비밀이 아니라고 해도 해독이 쉽지 않다.

맛이나 냄새가 다른 것과 전혀 섞이지 않고 따로 분리된 채 전달되는 것은 어렵다. 또 구체적인 맛과 냄새를 구성하는 화학물질은 한 가지만 있는 것이 아니라 많은 방식으로 다양하게 존재한다. 예를 들어 단맛이 나는 화학물질은 한두 가지가 아니다. 마지막으로 사람들에게 맛과 냄새의 감각 비교는 어렵다. 두 사람이 각각 적절히 강한 맛을 경험하고 있다고 말할 때 그들이 같은 것을 경험하고 있는지 알기란 쉽지 않다. 이런 요인 때문에 화학물질의 한 측면이 구체적인 냄새나 맛을 가진 특정 물질이 되는지 이해하는 건 어려울 수 있다.

맛과 냄새 코딩의 구체적인 조사 이후로 과학자들은 주요 맛과 냄새를 확인하려고 애썼다. 이것은 모든 맛과 냄새를 기술하는 데 사용하는 최소한의 기본적인 맛과 냄새이다. 주요 맛이 단맛, 신맛, 쓴맛, 그리고 짠맛으로 구성되어 있다면 햄버거 맛을 기술할 때 이 네 가지 맛이 다양한 비율로 결합되었을 거란 기술이 가능하다.

맛을 바꾸는 특이한 식물들

맛 코딩을 이해하기 위해 몇 가지 매우 구체적이고 특이한 경우를 한번 보자. 예를 들어 김네마산(gymnemic acid)이라는 물질을 혀의 표면에 바르면 어떤 일이 일어날까? 김네마산은 인도가 원산지인 식물 잎에 있는 화학물질로, 이것의 효과는 1847년 과학 문헌에 기록되어 있다. 영국 장교 캡틴 에지워스는 린네 협회(박물학 관계의 잡지 출판을 하는 영국 협회)에 이 식물의 잎을 씹고 차를 마시면 차에 넣은 설탕의 단맛이 전혀 느껴지지 않는다고 보고했다. 분명히 김네마산을 혀에 바르면 고색신경이 다른 맛에는 반응을 해도 단 물질에는 반응을 하지 않았다. 김네마산의 영향으로 단 물질에만 반응하지 않는 것은 혀가 맛 감지에 전문화된 메커니즘이 있다는 증거이다. 김네마산이 단맛 수용체의 반응을 차단한 것이다. 이 식물의 잎 속에 있는 화학물질이 나머지 식사의 즐거움은 그대로 두면서 디저트의 즐거움(단맛)을 선택적으로 감소시켰다.

다른 한편으로 서부아프리카에서 기적의 과일로 알려진 포도알 크기의 작은 열매가 있다. 이 과일은 1930년대에 서부아프리카로 탐사를 떠났던 미국인 데이비드 페어찰드 덕분에 처음 과학자들의 주목을 받았다. 이 기적의 과일은 김네마산과 정반대이다. 그 자체로 맛이 특별히 좋지 않지만 신맛이나 쓴맛(이를테면 레몬이나 대황)을 단맛으로 느껴지게 한다. 이 기적의 과일에 들어 있는 활성물질은 미라쿨린(miraculin)이다. 말 그대로 기적이다. 이 물질을 혀에 대면 김네마산과 비슷하게 단맛에만 선택적인 영향을 미친다. 이 역시 혀가 단맛을 감지하는 데 전문화된 메커니즘이 있다는 것을 시사한다. 미라쿨린을 먹고 나면 많은 음식이 얼마나 끌릴지 생각해보라. 미라쿨린은 내가 진정으로 멀리하고 싶은 과일이다.

이제 쓴맛으로 가보자. 증류수의 맛을 본 적이 있는가? 증류수는

H2O 외에 어떤 불순물도 없는 물이다. 증류수는 자주 쓴맛이 난다. 우리 침 속에 소금 성분인 소듐 같은 다양한 물질 때문이다. 우리 혀는 지속적으로 그 물질에 적응되어 약한 반응이 일어난다. 그 결과 H2O뿐인 증류수에는 적응 효과가 없어져 침이 있을 때보다 더 쓴맛이 난다. 미네랄 농도가 다른 액체를 번갈아 마실 때 쓴맛이 나는 효과는 혀가 쓴맛을 탐지하는 전문화된 메커니즘이 있음을 시사한다. 최근에 과학자들은 맛 세포가 쓴맛을 어떻게 탐지하는지 정확하게 밝혀내는 데 상당한 진전을 이루었다. 그들의 증거는 실제로 많은 다른 타입의 쓴맛이 있을지 모른다는 것을 시사한다.

Tip 03.

맛을 바꾸는 특이한 식물들

침 속의 물질에 혀가 적응되어 있다는 건 우리가 마시는 맑은 물pure designer water이 왜 말 그대로 순수하지 않은지를 설명한다. 가장 비싼 브랜드 물조차도 소듐(나트륨) 같은 소량의 미네랄을 포함해야 한다. 그렇지 않으면 물은 쓴맛이 날 것이다.

지금까지 우리는 주요한 맛은 네 가지뿐이라고 가정했다. 하지만 최근에는 5번째 맛이 있다는 데 많은 사람들이 동의한다. 과학자들이 우마미umami라고 부르는 맛이다. 우마미는 감칠맛을 뜻하는 일본 말이다. 우마미는 MSG를 포함한 많은 음식에 존재하는 아미노산인 글루타민산염의 맛이다.

맛 탐지 논의에서 사람들이 좋아하는 지방이 어떻게 탐지되는지 알고 싶은 사람들이 있을지도 모르겠다. 일부 맛 세포는 특별한 방식으로 유리 지방산$^{free\ fatty\ acids}$에만 반응한다. 하지만 지방산의 탐지에는 냄새와 식감 단서가 매우 중요하다. 인간에게 지방을 탐지하는 온갖 종류의 단서가 있어 그것을 쉽게 찾고 먹게 만드는 것은 정말 멋진 일이 아닌가?

여자들은 남자들보다 냄새에 강하다

지금까지 미각과 후각에 대한 모든 것은 대부분의 포유동물을 포함하여 꽤 많은 사람에게 적용된다. 하지만 미각과 후각에서만큼은 우리 모두 같은 능력을 가지지 않았다. 어떤 사람의 맛과 냄새 민감도는 다양한 요인으로 바뀐다. 때로 같은 조건에서 맛을 보고 냄새를 맡아도 사람들마다 민감도가 다르다. 무엇보다도 미각과 후각의 민감도는 종에 따라 다르다. 이렇게 차이가 나기에 같은 지리적 장소에서 한 종 이상의 생존이 가능하다. 종마다 섭취하는 것이 조금씩 다르기 때문이다.

모기는 인간이 발산하는 냄새, 즉 이산화탄소^{CO_2}(사람들의 호흡에서 나오는 것), 젖산(사람들의 땀에서 나오는 것) 같은 것을 능숙하게 탐지하고, 그것을 이용해 자신들에게 가장 좋은 먹이(사람 피)를 찾는다. 모기를 쫓는 데 흔한 디트^{DEET}(방충제)의 효과는 모기가 인간 냄새를 탐지하지 못하도록 모기의 냄새 수용체 세포 반응을 차단시킨 결과이다. 이 정보는 모기에 물려 생기는 가려움을 예방하는 법을 개발하는 데 유용하다. 종마다 미각과 후각 민감도에 차이가 있지만 같은 종의 개체 사이에서도 차이가 있다(특이한 후각 상실은 일부 사람들에게만 존재한다).

사실 사람들의 맛과 냄새 민감도가 서로 얼마나 다른지 파악하기는 쉽지 않다. 1986년 〈내셔널 지오그래픽〉에서 맘모스 시도^{mammoth attempt}라는 냄새 설문 조사를 한 적이 있었다. 이 잡지에서는 이 이슈와 관련해 '긁어서 냄새 맡는 후각 테스트'를 잡지 안에 넣어 독자들에게 패치를 긁어서 냄새를 맡고 몇 가지 질문에 답하게 했다. 물론 참여한 사람들 중 미국인들이 가장 많았지만 나라를 불문하고 많은 나라에서 참여했다. 세계적으로 더 다양한 샘플을 확보했다면 결과는 훨씬 더 다양했을 것이다. 그 결과 여자와 남자 간에, 그리고 다른 나라 출신들 간에 냄새 민감도와 냄새 선호에 중요한 차이가 있었다. 어느 나라 할 것 없이 평균적으로 여자들이 남자들보다 냄새에 더 강했다. 그리고 바나나, 페퍼민트, 레몬, 바닐라 향은 거의 모든 나라 사람들이 선호했다. 반면 그 외 다른 냄새는 나라마다 선호가 달랐다. 예를 들어 정향 냄새(열대성 정향나무의 꽃을 말린 것. 향신료로 쓰인다.)는 아시아인들보다 미국인들의 선호가 높았다.

같은 사람이 상황에 따라 맛과 냄새 민감도가 달라지는 경우도 있었다. 이 경우 맛을 보면서 다른 일을 할 때 맛 민감도가 감소했다. 또 남자들이 배가 고플 때보다 배가 부를 때 맛에 대한 뇌 활동성이 떨어졌다. 그렇다면 사람들마다 맛을 보고 냄새를 맡는 측면이 서로 어떻게 다를까? 이와 관련해서 내 개인적인 경험을 이야기하겠다.

쓴맛에 특히 민감한 사람들, 초미각자

이 이야기는 먹고 마시는 심리학 전반에서 내가 매우 선호하는 주제다. 비록 어른이 될 때까지 깨닫지 못했지만 이것은 내가 심리학과 음식에 상당한 관심을 가진 계기가 되었다. 흔히 맛에 대한 혀의 민감도를 테스트할 때 전문가들은 페닐티오카바미드^{phenylthiocarbamide}(PTC로 알려진 시약)와 6-N-프로필티오우라실^{6-N-Propylthiouracil}(PROP로 알려진 시약)'을 주로 사용한다(이 물질을 혀에 묻혔을 때 쓴맛을 느끼지 못하면 미맹으로 분류한다). 독자들은 이렇게 반문할지도 모른다.

"페닐 뭐라고? 6N 프로가 어떻다고? 그것이 무슨 상관이야?"

일부 사람들은 PTC나 PROP의 아주 낮은 농도에도 쓴맛을 느낀다. 그들은 많은 먹거리 중에서 사카린, 카페인, 맥주, 자몽주스, 방울 양배추 같은 진녹색 채소의 물질에 유독 쓴맛을 느낀다. 좀 더 구체적으로 분류를 나누면 대략 세 그룹으로 나뉜다. PTC나 PROP의 매우 낮은 농도에도 맛을 느끼는 사람들, 다소 농도가 높아야 맛을 느낄 수 있는 사람들, 그리고 농도가 아주 높아야만 맛을 느낄 수 있는 사람들. 이 세 그룹은 각각 초미각자, 미각자, 미맹자로 알려져 있다. 자신이 초미각자인지, 미각자인지, 미맹자인지는 유전자 44가 결정한다. 북유럽인들 약 3분의 1이 미맹자다. 다른 집단의 미맹자 비율은 이보다 훨씬 더 적다. 중국 대학생들 중에서 미맹자는 약 10퍼센트이다.

만약 서문에서 읽었던 것이 기억난다면 내가 어떤 그룹에 속하는지 어렵지 않게 짐작할 것이다. 그렇다. 나는 초미각자이다. 이것이 내가 왜 채소, 맥주, 커피(심지어 커피 아이스크림조차), 자몽주스나 사카린을 싫어하는지 설명하고도 남는다. 나는 방울 양배추도 매우 싫어한다. 다른 많은 사람에게 크게 쓴맛으로 느껴지지 않는 이 모든 것이 나에게는 매우 쓴맛으로 느껴진다.

연구 결과를 보면 초미각자는 입 안 통증에 더 민감하게 반응한다. 이것은 내가 어릴 때부터 왜 탄산음료를 좋아하지 않았는지 설명이 된다. 기포가 터질 때 입 안에 상처가 생기는 느낌이 들었다. 나는 생과일을 그대로 먹는 것도 좋아하지 않았는데 너무 산성이어서 역시 입 안에 상처가 나는 느낌을 받았다. 단 한 가지 예외는 바나나였다. 나는 언제나 바나나를 좋아했다. 또한 대부분의 미국인이 좋아하는 매우 차가운 물이 아닌 실온의 물을 좋아했다.

내가 초미각자인지 알게 된 배경은 한번 들어볼 만하다. 1980년대 후반, 나는 퀴진느 그룹의 일원이었다. 이 그룹은 심리학자, 역사가, 인류학자, 그리고 음식과 요리에 관심이 있는 사람들로 구성된 소규모의 비공식 그룹이었다. 이 그룹을 만든 사람은 당시 펜실베이니아대학교 교수였던 음식 심리학자 폴 로진이었다. 한 달에 한 번 토요일, 당시 뉴욕대학교 교수였던 바바라 킴블릿의 맨해튼에 있는 고층 아파트에서 모임을 가졌다. 대개 우리는 점심시간에 모였는데 각자 자신이 잘 먹는 점심거리를 가져왔다. 우리 멤버들은 하나같이 음식에 관심이 많았다. 누가 어떤 음식을 가져오건 아무리 이상한 것이라도 먹어보는 것을 좋아했다. 누가 이상한 것을 가져오기라도 하면 그들은 내게 그것을 먹여보려고 안간힘을 썼다(그들은 늘 허탕 치기 일쑤였다). 그리고 우리는 토론을 하고 간식을 즐겼고 강의를 했다. 오후가 될 즈음에는 밖으로 나가 흥미로운 장소에서 저녁을 먹었다.

모임 때마다 주제가 있었다. 어느 날 모임에 심리학자인 린다 바토숙(당시는 예일대학교 이비인후과 교수였지만 지금은 플로리다대학교 교수로 맛에 관한 한 세계 최고의 전문가)이 작은 맛 테스트 용지를 들고 왔다. 얼핏 보기에는 주변에서 흔히 볼 수 있는 하얀 종이 같았다. 그것은 PROP에 적신 것이었다. 그녀는 우리에게 그것을 한 장씩 주고는 맛을 보라고 했다. 다른 사람들은 아무렇지도 않게 그것을 입에 넣고 씹었다. 나는 혀를 PROP 용지의 한쪽 모퉁이에 살짝 대보았다. 그런데 어이쿠! 맛이 끔찍하게 썼다. 린다는 즉석에서 내가 초미각자라는 진단을 내렸다. 나는 집에 가서 남편을 테스트해보려고 여분의 용지를 얻었다. 앞에서 말한 것처럼 내 남편은 어렸을 때 먹는 것은 뭐든 가리지 않았던 인간 흡입기였다. 그날 밤 나는 남편에게 그 종이 맛을 한번 보라고 했다. 그는 한쪽 모퉁이에 혀를 대보더니 이렇게 말했다.

"맛은 무슨 맛, 그냥 종이 맛이지."
"그럼 입 안에 한번 넣어봐요."
내가 채근했다. 그는 내 말대로 했고 다시 이렇게 말했다.
"그냥 종이 맛인데 왜?"

이런 세상에, 하늘과 땅 만큼 차이 나는 이런 천생연분도 있나? 음식 선호가 나와 달라도 너무 다른 사람이 내 짝이 되어 있었다. 그는 미맹자였다! 지금 나는 그것이 유전적인 것임을 안다. 천만다행으로 우리는 아들이 내 남편과 내가 위치한 양극단 사이의 중간에 있는 미각자라는 것을 알고 안도했다.

몇 년 전에 나는 PTC 시약 테스트 정보를 실용적으로 이용한 적이 있었다. 내 친구들인 리즈와 리치는 수년 동안 사귀었지만 결혼에 이르기가 쉽지 않았다. 리즈가 리치에게 불평하는 것은 그가 편식이 매우 심하다는 것이었다. 그는 채소 같은 음식을 좋아하지 않았다. 리즈는 리치의 편식이 그가 까다로운 이기주의자임을 나타내는 증거라고 생각했다. 리즈의 이런 생각은 리치를 매우 화나게 했다. 어느 날 밤 우리가 함께 외식했을 때 나는 리치에게 음식 선호에 대해 물었고, 그의 답이 PTC/PROP 시약의 초미각자 패턴과 딱 맞는 것을 알아차렸다. 나는 리즈와 리치에게 초미각자를 설명했고, 그제야 리즈는 이해했다. 그녀는 음식 선호로 그에게 짜증내는 것을 즉시 그만두었다. 그 후 얼마 지나지 않아 그들은 결혼을 결정했고, 지금 세 아이의 부모가 되어 뉴저지에서 행복하게 살고 있다.

초미각자는 한때 대중의 관심을 받았다. 1991년 린다 바토슉은 동부심리학 협회 대표로 연간 모임에서 연설했는데, 그 주제는 내가 좋아하는 'PTC/PROP 시약 테스트'에 관한 것이었다. 린다가 초미각자에 대한 가장 최신 정보를 이야기할 때 청중에게 내 이야기를 반복적으로 했다. 2002년 음악 그룹 '데이 마이트 비 자이언츠They might be Giants'는 노래 〈존 리, 초미각자〉를 불러 초미각자를 영원히 노래했다(웹사이트 pickyeatingadults.com, wickipedia.com에는 초미각자에 대한 정보가 있다. 미국의 인터넷 신조어 사이트 워드 스파이The Word Spy(www.wordspy.com)에도 초미각자가 등재되었다).

기분이 좋을 때는 좋은 맛이 더 기억에 남는다

냄새나 맛을 알아차리고 그것의 근원지를 정확히 찾는 능력은 사람들마다 상당히 다르다. 우리가 냄새나 맛을 얼마나 잘 기억할 수 있는지는 이전에 그것을 경험한 상황에 달려 있다. 마르셀 프루스트처럼 말이다.

> 내가 한때 숙모가 내게 주곤 했던 홍차에 젖은 마들렌 조각의 맛을 알아차리자… 즉시 거리에 내 방이 있던 오래된 잿빛 집이 극장 무대처럼 떠올랐다. 그리고 그 집과 함께 아침부터 저녁까지, 눈이 오나 비가 오나 그 가운데 서 있던 소도시가, 내가 점심식사 전에 갔던 스퀘어 광장이, 내가 심부름을 할 때 달렸던 거리가, 날씨가 좋을 때 산책했던 시골 길이, 그리고 바로 그 순간 우리 정원과 M. 스완의 공원 꽃들이, 비본느에 있는 수선화가, 마을의 좋은 사람들과, 작은 거주지들과 교구 교회와 콩브레이 전체 모습과 주변 배경과…

피리딘pyridine, 부탄올butanol, 아세톤acetone 같은 화학물질은 사람들이 냄새를 확인할 때 아무리 많은 행동 습관과 피드백을 받아도 22가지밖에 기억하지 못한다. 하지만 일상친화적인 초콜릿, 고기, 베이비파우더 같은 냄새들이라면 사람들은 평균 36가지 물질 냄새를 구분할 수 있다. 일반적으로 사람들이 자주 접하는 것이라면, 또 그 냄새가 오랫동안 특정 이름과 연관 지어져 있다면, 그리고 확인할 때 피드백이 주어진다면 구분하는 것은 더 쉽다. 이런 원리는 우리가 때로 어디에선가 같은 냄새를 맡은 기억이 있지만 그 상황을 정확히 기억하지 못하는 이유를 설명한다. 대개 그런 냄새는 우리가 이전에 맡았을 때 이름을 붙이지 않았던 것들이다.

냄새와 맛과 연관된 기억은 감정의 영향을 받기도 한다. 한 예로 한 대학생이 기분이 좋을 때 몇 가지 이유식을 시식해보았다고 치자. 어떤 것은 맛있고 어떤 것은 그렇지 않다. 그 대학생은 다양한 이유식 중에서 맛이 좋지 않았던 것보다 맛이 좋았던 이유식을 더 쉽게 골라낼 것이다. 반면에 대학생이 이유식을 시식할 때 기분이 좋지 않은 일이 있었다면 맛이 좋은 것보다 맛이 좋지 않은 것을 더 쉽게 골라낼 것이다. 다시 말해 기분이 좋을 때 경험하면 좋은 맛이 더 기억에 남는다. 기분이 좋지 않을 때 경험하면 나쁜 맛이 더 쉽게 기억에 남는다.

나이가 들면 후각 민감도가 떨어진다

미각과 후각 능력은 나이의 영향을 받는다. 나이가 들면 농도가 낮은 화학물질에 미각과 후각 능력이 떨어지고 다양한 화학물질을 식별하는 능력이 감퇴한다. 80세 이상이 되면 후각의 75퍼센트 이상이 손상된다.

게다가 70~80대 사람들은 음식의 짠맛을 감지하는 능력이 청년과 중년보다 떨어진다. 나이가 들면서 후각 민감도가 떨어진다는 사실은 젊은 사람들보다 낯선 냄새나 불쾌한 냄새가 나는 음식을 더 많이 먹는 경향을 설명한다.

미각과 후각 능력의 감퇴는 동시에 일어나지는 않는다. 나이가 들면 미각 민감도보다 후각 민감도가 먼저 감퇴될 가능성이 높다. 사실 후각 능력은 50대에 접어들면 이미 감퇴한다는 증거도 있다(나이가 들었지만 후각 능력의 감퇴를 보여주지 않는 노인들 또한 많다).

우리는 나이가 들면서 무엇이 미각과 후각 능력의 감소를 유발하는지 잘 모른다. 어쩌면 노화과정에 따른 불가피한 부분일 수도 있고, 나이가 들수록 발생하는 신체적 트라우마나 질병 때문일 수도 있고, 미각이나 후각 능력에 손상을 입히는 유독한 환경물질을 경험할 가능성 때문일 수도 있다. 분명한 것은 나이에 따른 미각과 후각 능력의 감소는 노인들의 건강 지표가 된다. 노인들이 맛과 냄새에 둔감해지면 이전만큼 음식을 즐기지 못해 결과적으로 균형 잡힌 식사를 하지 못한다. 섭취에 동반되는 침 분비 같은 반사 반응이 잘 나타나지도 않는다. 이 반사 반응은 소화에 도움이 되는데, 노인들이 건강에 문제가 생기면 소화에 문제가 생기는 것이 그런 이유다. 게다가 맛과 냄새를 잘 맡지 못하면 연기나 가스 냄새를 탐지하는 능력이 저하되어 화재나 가스 유출에 피해를 더 입기도 한다. 노인들이 그런 위험을 피할 수 있도록 가족들과 건강전문가들이 잠재적 위험을 인지해야 한다. 예를 들어 노인 부부가 사는 집의 화재경보기가 제대로 작동하는지 점검해야 한다.

노인들의 건강을 유지하기 위해서는 노인들의 식사에 여분의 맛을 더 가미하는 방법이 있다. 하지만 짠맛은 역효과를 낳는다. 한 연구에서 69~87세 사이의 노인들에게 짠맛을 느끼게 하려면 18~30세 사람들에 비해 토마토수프에 소금을 두 배 이상 넣어야 했다. 이는 건강에 해로운 염분을 과다 섭취하는 결과로 이어진다.

사실 미각과 후각의 손상은 노화의 결과가 아니더라도 생길 수 있다. 후각 능력은 감기만 걸려도 저하된다. 하지만 이 부분을 정확하게 아는 사람은 잘 없다. 험멜과 동료들은 감기에 걸린 남자와 여자의 후각 능력을 검사했다. 예상대로 후각 손상이 있었고, 피실험자들은 의사 처방이 필요 없는, 옥시메타졸린이 함유된 코충혈 완화제 스프레이를 사용했다. 그 결과 점막 분비(콧물)가 상당히 감소되었음에도 감기에 걸리지 않았을 때보다 냄새를 잘 맡지 못했다. 이것은 감기가 코 막힘과 별개로 후각에 악영향을 미친다는 것을 시사한다. 결과적으로 감기에 걸렸을 때 코충혈 완화제를 사용해도 냄새 감지 능력이 좋지 않을 수 있다.

먹고 마시는 것을 결정하는 것은 미각과 후각

미각 장애로 대중의 관심을 받은 사례가 있다. 미국 심리학 협회 수석 연구관인 레이먼드 포울러는 어느 날 갑자기 맛을 느낄 수가 없었다. 음식의 좋은 맛을 느끼지 못했을 뿐만 아니라 어떤 음식도 외국음식 같아서 입 안에 넣는 것을 좋아하지 않았다. 결과적으로 그는 거의 먹지 못했다.

주치의는 그의 병이 무엇인지 단서를 얻지 못했다. 최종적으로 포울러는 최고의 맛 전문가인 린다 바토숙을 찾아갔다. 그녀가 그의 혀에 옅은 푸른 용액을 바르고 맛 검사를 하는 동안 다양한 부분에 마취를 하고 비디오 촬영까지 모든 검사를 했다. 이 검사 후에 바토숙은 포울러의 증상은 호흡기 바이러스가 내귀inner ear를 침입해 고색신경을 손상시켰기 때문이라고 밝혔다. 다행히 얼마 지나지 않아 포울러의 미각 장애는 저절로 회복되었다.

우리는 풍요로운 음식의 맛과 냄새로 둘러싸인 세상에서 살고 있지만 모든 사람이 동일하게 누리지는 못한다. 음식 맛을 보고 냄새를 맡을 수 있는 능력은 먹고 마시는 데 매우 중요한 역할을 한다. 어떤 것을 먹고 마실지 결정하는 것은 주로 미각과 후각이다. 맛과 냄새는 우리가 먹을 것과 마실 것을 가려낼 때 인체가 필요로 하는 중요한 정보를 제공한다.

The
Psychology
of
Eating
and
Drinking

Chapter 04

우리의
음식 선호는
유전일까?

음식 선호의 심리학

"나는 어렸을 때는 언제나 우유를 먹었어요.
하지만 지금은 거의 먹지 않아요. 왜 이렇게 변한 걸까요?"

"아내는 달거나 짭짤한 스낵이 건강에 안 좋다는 것을 알면서도
왜 탐식할까요?"

"5년 전에 나는 핫도그를 먹고 몇 시간 후에 크게 배탈이 난 적이
있어요. 지금은 핫도그를 생각만 해도 싫어요. 이런 생각이 언젠
가 바뀔까요?"

"우리 아들은 절대 채소를 먹지 않아요. 나머지 가족은 먹어요.
어떻게 이런 일이 있는 거죠? 어떻게 하면 되죠?"

어딘가에서 한 번 정도 들어본 질문이 아닌가? 거의 모든 사람이 도무지 알 수 없는 기원을 가진 음식 선호나 음식 혐오가 있고 때로 바꾸고 싶어 한다. 부모는 아이들의 식성 때문에 고민한다. 어른들 또한 자신의 음식 선호를 우려한다. 이 모든 걱정에는 그만한 이유가 있다.

균형 잡힌 식사는 좋은 영양과 같은 말일 뿐 아니라 음식 섭취가 많은 병의 발생과 진행에 영향을 주기 때문이다. 올리브오일, 견과류, 채소, 생선, 콩 등으로 이루어진 지중해식은 심혈관계 고위험군 사람들의 심장마비와 뇌졸중을 줄일 수 있다. 음식 선호와 음식 혐오는 사회적 결과만이 아니라 의학적 결과로 이어진다. 앞 장에서 인간과 동물이 먹거리(먹고 마시는 것)를 어떻게 구별하는지 설명했다. 동물들이 먹거리를 구별하고 어렵지 않게 얻을 수 있다고 가정할 때, 동물들이 선호하는 것과 싫어하는 것은 무엇이며 그 이유는 뭘까? '단것 선호' '짠 것 선호' 그리고 '우유 선호'를 통해 음식 선호와 관련한 모든 연구의 공통 주제와 문제를 살펴볼 것이다. 세 가지 음식 선호를 선택한 것은 누구나 삶의 어느 지점에서 위 세 가지를 선호하기 때문이다. 사람들이 성장하는 환경이 다르고 다양함에도 불구하고 이런 선호가 보편적이라는 말은 유전적인 영향이 상당하고 그 선호가 생존에 도움이 된다는 것을 시사한다.

사람들 대부분은 단맛을 좋아한다

단맛 선호는 다른 맛 선호보다 강하고 일반적이다. 당신이 누구든 태생이 어떻든 단것이 들어갈 자리는 언제나 남아 있다. 심지어 식사를 만족스럽게 끝낸 후에도 말이다. 인간 외에도 많은 종이(말, 곰, 개미를 포함하여) 다른 맛에 비해 단맛을 유달리 좋아하는 편이다. 실험실에서 연구자들끼리 흔히 하는 이야기가 있다. 쥐에게 레버를 누르게 하는 것이 어려우면 레버 위에 밀크초콜릿을 약간만 묻히면 문제가 쉽게 해결된다는 것이다.

많은 종이 단맛을 찾는 일은 놀랍지 않다. 단 음식과 단 음료에는 고농도의 당분이 있고, 따라서 칼로리가 들어 있다. 칼로리는 에너지를 제공하고 인체의 기능에 필요하다. 인간을 포함한 대다수의 종이 주변의 자연환경에서 때를 가리지 않고 칼로리를 마음껏 얻는 것은 불가능했다. 따라서 농축된 칼로리에 대한 선호는 동물의 생존에 도움이 된다. 한 가지 예가 잘 익은 과일인데, 당분 외에도 인체의 기능과 성장에 필요한 많은 비타민과 무기질이 들어 있다. 우리 조상들이 단맛을 선호하고 잘 익은 과일을 구할 수 있을 때 수시로 섭취하는 것은 생존에 매우 유익했다.

이제는 진보된 산업 기술 덕분에 선진국 사람들은 값이 싸고 즉시 구할 수 있고, 당밖에 들어 있지 않은 다양한 음식과 마실 것에 의존한다. 사람들은 컵케이크, 콜라, 캔디에서 허니스맥스 시리얼까지 주 영양가가 칼로리뿐인 식품을 언제 어디에서나 접할 수 있다. 결과적으로 우리는 단백질과 칼슘이 풍부한 우유 같은 건강식품 대신 칼로리뿐인 음식과 음료를 자주 섭취한다. 값싸고 쉽게 손에 넣을 수 있는 달콤한 음료 선호가 미국인들이 여분으로 섭취하는 엄청난 칼로리의 원흉이라는 비난을 받는다. 칼로리 일일권장량의 평균 15퍼센트이다. 영양이 결핍된 이런 당분 칼로리는 심혈관계 질환, 비만, 그리고 당뇨병을 촉진한다. 건강을 생각한다면 달콤한 먹거리를 선호하게 만드는 것, 그리고 그런 선호에 영향을 미치는 요인이 무엇인지 반드시 이해해야 한다.

단맛은 아기까지 미소 짓게 한다

단맛 선호가 주로 유전자 때문인지, 아니면 경험의 결과인지 구별하는 방법은 인간이 단맛을 처음 접했을 때 어떤 반응을 보이는지 살펴보는 것이다. 테레사 모안과 동료들은 갓 태어난 아기들에게 두 종류의 젖꼭지를 빨게 했다. 당분이 들어 있는 젤라틴 젖꼭지와 표준 라텍스 젖꼭지였다. 아기들이 당분 젖꼭지를 빨면 소량의 설탕물-단맛이 느껴지는 정도-이 아기들의 입 속으로 들어갔다. 그 결과 태어나서 입으로 먹을 것을 받아본 적이 없는 아기들까지 설탕물 젖꼭지를 더 강하게, 더 자주, 그리고 더 많이 빨았다. 이 결과는 단것 선호가 경험보다는 태생적이라는 강한 정보를 준다.

비슷한 접근으로 단것 선호가 태생적인지 알아보는 방법은 신생아에게 단것과 그렇지 않은 것을 주고 얼굴 표정 반응을 살피는 것이다. 과학자 야콥 스테이너는 아기들이 모유수유나 젖병 수유를 하기 전에 단맛이 나는 액체를 맛보게 했다. 그러자 아기들은 어른들이 단것을 먹을 때와 매우 비슷한 표정을 지었다. 이 단맛 자극은 '만족감'을 나타내는 얼굴의 이완으로 이어졌다. 이 표정에는 옅은 미소와 윗입술을 핥고

쪽쪽 빠는 움직임이 자주 동반되었다. 입술을 핥고 빠는 이런 움직임은 '소리가 들릴 만큼' 강했다. 사진 관찰자들은 당 자극을 받은 이런 얼굴 움직임에 '감사, 좋아함, 혹은 즐거움'이라는 라벨을 붙였다.

쥐들 또한 혀에 달콤한 물질이 닿으면 만족스런 표정을 짓는다. 정상적인 쥐들도 그렇고 뇌 일부가 없는 쥐들도 그렇다. 단맛과 관련한 이런 특징적인 반응은 누구든 단것을 입에 넣으면 삼키게 만든다. 단 물질을 수용하고 섭취하는 것은 의식적인 자각 없이 일어나는 태생적인 반사신경이다.

단것을 처음 접한 문화권 사람들이 보여준 반응도 있다. 단것과 마실 것이 부족했던 문화와 그것을 규칙적으로 섭취한 문화의 접촉 사례가 기록에 남아 있다(단맛이 아주 약한 우유는 예외로 한다). 단것을 접해보지 못한 문화권 사람들이 다른 문화권의 단 음식과 마실 것을 접했을 때 거부한 적이 없었다. 북부알레스카 에스키모족은 이렇게 단것 섭취 문화에 적응한 사람들이다. 이 결과 또한 단것 선호가 경험의 결과가 아니라 태생적인 것임을 말해준다.

경험이 단것 선호를 바꿀까?

나이가 들고 성적으로 성숙해지면 단맛 선호에 변화가 있을까? 단맛 선호가 시작된 지점으로 한번 돌아가 보자. 어떤 사람들은 출생 초기에 아기들에게 단맛을 보게 하는 것이 이후에 단맛을 선호하게 한다고 추정한다. 단맛의 초기 노출은 많은 문화권에서 '수유 전 섭식'이라고 하는 식이 형태로 나타난다. 신생아에게 먹이는 수유 전 식이는 대개 물에 설탕을 탄 것으로 모유나 우유보다 더 달다. 이 수유 전 식이가 훗날 단맛 선호로 이어질까? 설탕물을 먹은 생후 6개월 아기가 그렇지 않은 아기보다 단맛을 더 좋아하는 것은 맞다. 하지만 여러 가지 이유 때문이다. 설탕물을 먹은 생후 6개월 된 아기들이 단맛을 더 좋아하는 것은 훨씬 더 친숙하기 때문일 수도 있다.

우디스 워터맨과 리처드 워터맨의 쥐 실험은 이런 점에서 유익하다. 그들은 태어난 지 16~30일 된 새끼쥐들에게 영양은 똑같지만 당분만 각각 0퍼센트, 12퍼센트, 48퍼센트인 음식물 중 하나를 먹였다. 동시에 태어난 지 31일과 61일이 된 쥐들(태어날 때 당분에 노출되지 않은 쥐들)에게도 이 세 종류의 먹이를 주었다. 그 결과 당분의 총 섭취는 출생시의 노출 여부에 따라 달라지지 않았다. 쥐들에게는 당분의 초기 노출이 단것 선호에 영향이 없었다.

경험이 단것 선호를 바꿀 수 있는지 알기 위해 다른 접근을 해보자. 단것을 접한 경험이 뒤이어 단것을 더 선호하게 만든다면 나이가 들수록 단것 선호가 증가해야 하지만 실제로는 그 반대다. 사람이나 쥐나 어릴수록 단맛을 선호하고, 나이가 들수록 그 반대다. 경험의 결과로 설명할 수 없는 이런 변화는 다른 설명이 필요하다. 아직 입증되지 않았지만 한 가지 가능성은 어린 동물일수록 단 물질을 선호하는데 이것은 성장기에 많은 칼로리가 요구되기 때문이다. 그렇다면 나이에 따라 단맛 선호에 변화가 있을까? 사람과 쥐를 대상으로 각각 사춘기 전후 단맛 선호를 비교한 결과 나이로 인한 단맛 선호 변화는 사춘기 호르몬과 관련 있었다.

아파도 단맛만큼은 포기하지 못한다

단맛 나는 음식을 섭취하게 하는 생리학적 측면은 단맛을 좋아하는 원인과 관련이 있을까? 앞 장에서 혀에 단맛을 감지하는 특별한 메커니즘이 있다고 했다. 인간에게는 단맛 선호에 중요한 맛 수용체의 유전적 결정이 몇 가지 있다. 게다가 혀에 맛을 뇌로 전달하는 고색신경에는 다른 맛보다 단맛에 민감한 섬유소가 많다. 이 결과는 단맛이 다른 어떤 맛보다 인체에 중요하고, 또 단맛 선호가 유전적이라는 가설을 뒷받침한다. 하지만 일찍 단맛에 노출되는 것은 고색신경 섬유소의 단맛 민감도를 영구히 증가시키고, 다른 맛보다 고색신경에 단맛 섬유소가 더 많은 원인이 될 수 있다.

태어난 지 얼마 안 된 쥐들을 어떤 냄새에 노출시키면 그 냄새의 신경 반응이 증가한 것처럼 단맛의 이런 가능성을 없애려면 단맛을 접하지 않은 신생아나 다른 사람들의 고색신경 민감도를 조사하는 실험이 필요하다.

단맛 선호가 유전 때문인지, 아니면 경험의 결과인지 알 수 있는 생리학적인 측면이 있다. 어떤 사람들은 과당이라고 불리는 특정한 당을 소화시키지 못한다. 이것은 주로 과일과 벌꿀에 함유된 당으로 이를 소화시키지 못하는 사람들은 구토와 경련을 일으킨다. 이를 '과당 불내증'이라고 한다. 과당이 자당(설탕)의 소화 산물 중 하나이기 때문에 과당 불내증이 있는 사람 몇몇은 설탕이나 과일을 먹을 수 없다. 누군가가 쿠키나 사과를 먹을 때마다 심한 몸살을 앓는다고 상상해보라. 과당 불내증이 있는 사람은 자당과 과당의 섭취를 줄이는 것을 학습한다. 그럼에도 불구하고 그들 중 일부는 그것을 감수하고 과당과 자당을 소량이나마 먹으려고 애쓴다. 적어도 과당 불내증이 있는 사람들 몇몇은 단것 섭취를 줄여도 단맛의 본질적 선호는 줄이지 못한다. 단맛에 대한 태생적인 선호의 힘이 너무 강해 병적 증상이 생겨도 단것의 섭취를 여전히 선호한다.

단맛 선호 유전자는 보편적 유전자

단맛 선호에 기여하는 유전자의 역할이 있을까? 직접적인 연구 몇 가지를 살펴보자. 한 가지 연구는 당도가 다른 단맛 선호도를 가진 동물의 품종을 만들어내는 것이다. 연구자들은 쥐들을 대상으로 당도가 다른 단맛 선호도를 가진 쥐의 품종을 만들었다. 단맛 선호가 제일 높은 쥐와 제일 낮은 쥐의 품종을 만드는 데 성공했다. 이는 쥐의 유전자가 단맛 선호에 역할을 할 수 있다는 걸 시사한다. 하지만 인간의 유전자가 같은 역할을 한다고 할 수는 없다.

　인간에게 유전자가 어느 정도 영향을 미치는지 평가할 때 가장 전통적으로 하는 연구는 쌍둥이 연구이다. 쌍둥이 연구는 일란성 쌍둥이와 이란성 쌍둥이를 비교하는 것이다. 흔히 알려진 것처럼 이란성 쌍둥이는 두 개의 난자가 각각 다른 정자와 수정되어 생긴다. 평균적으로 다른 형제들처럼 절반 정도의 공통 유전자를 가지고 있다. 반면에 일란성 쌍둥이는 한 개의 정자와 난자가 수정된 후에 두 개의 배아로 나누어진 것이다. 따라서 일란성 쌍둥이는 유전자가 완전히 같다. 만약 어떤 특성이 유전적 요인으로 발생한다면 일란성 쌍둥이가 이란성 쌍둥이에 비해 더 큰 유사성을 보일 것이다. 하지만 단맛 선호에 있어서 쌍둥이 연구는 일란성 쌍둥이가 이란성 쌍둥이에 비해 더 큰 유사성을 보이지 않았다. 그렇다면 단맛 선호는 유전자와 관련이 없는 걸까?

로렌스 그린, 데소, 그리고 오웬 밀러의 연구를 한번 살펴보자. 이 연구에서 일란성 쌍둥이와 이란성 쌍둥이는 다른 당도에 선호 점수를 매겼다. 일란성 쌍둥이들의 점수는 이란성 쌍둥이의 것과 크게 다르지 않았다. 모두 같은 평가를 했다면 어떤 쌍이 다른 쌍보다 더 유사성이 있다고 말하기 힘들다. 하지만 그린과 동료들은 일란성 쌍둥이에게서 더 큰 유사성을 발견하지 못한 것이 유전자와 단맛 선호가 상관이 없기 때문이라고 생각하지 않았다. 이 결과는 모든 사람이 단맛에 비슷한 선호를 학습한다는 말로 설명된다. 단맛 선호에 보편성이 있다는 것은 오히려 단맛 선호가 강한 유전적인 뒷받침을 받고 있음을 시사한다. 단맛 선호 유전자는 사람들 간의 변수가 거의 없는 유전자이다. 최근에 나온 증거는 훨씬 더 확정적이다. 과학자들은 단맛 민감도와 관련된 구체적인 유전자를 확인했다.

유전자가 단 음식과 마실 것의 섭취에 중요한 역할을 한다는 것은 의문의 여지가 없다. 유전적인 영향으로 단맛에 강한 선호를 보이는 것은 놀랍지 않다. 앞에서 언급한 것처럼 단맛은 칼로리를 얻으려고 할 때 좋은 지표이다. 인간의 진화는 결과적으로 유전자의 강한 영향을 받았을 뿐만 아니라 변수가 거의 없는 단맛 선호를 낳았다. 이는 단것 선호를 줄이는 것이 얼마나 어려운지를 말해준다.

물론 경험의 결과에 따라서도 단맛 선호는 바뀐다. 대개 쥐들은 다른 쥐들의 선호 먹이를 보고 그것을 따라 배우고, 아이들은 다른 사람들이 좋아하는 음식을 보고 그 음식에 대한 선호를 배운다. 게다가 아이들은 어른들이 먹을 것을 상으로 주거나 따뜻함이 느껴지는 음식을 먹을 때면 그것을 점점 더 좋아한다. 이런 영향이 단맛 선호의 부분적 원인이지 않을까? 부모가 자신의 아이에게 이렇게 말하는 것을 많이 들어보았을 것이다.

"네가 잘하면 사탕 줄게."

쥐와 인간의 경험을 이런 식으로 조종하면 단맛 선호를 바꿀 수 있을까? 어쩌면 단것 선호는 더 이상 강해질 수 없을 정도로 강한 것인지도 모른다. 한 나라의 경제가 발달하면 1인당 당분 소비가 증가한다. 이것은 환경 또한 단맛 선호에 영향을 미친다는 증거이다. 하지만 그들의 당분 섭취 증가가 설탕 선호 증가 때문이라고 말할 수는 없다. 한 나라의 경제가 발달하면 식품 구입이 늘어나고 당연히 당분이 든 식품이 늘어나지만, 이 섭취량의 변화는 그 나라 사람들의 단것 선호와 상관이 없다.

몇몇 과학자들은 경험이 단맛 선호에 큰 영향을 미친다고 가정한다면, 단맛 그 자체로써가 아니라 인간이 선호하는 당도로 만들어진 특정 음식 때문이라고 생각한다. 사람들은 팟로스트pot roast(약한 불에서 천천히 찜을 한 쇠고기 요리)나 달걀프라이를 설탕투성이로 만들어 먹지 않는다. 하지만 팟로스트나 달걀프라이보다 아이스크림이나 케이크를 더 자주 먹고 싶어 한다. 문화마다 요리 방식이 조금씩 다르지만 어떤 음식이 단 음식인지는 그 문화권에 사는 사람들이라면 누구나 예상이 가능하다. 예를 들어 초콜릿은 미국에서 대개 달지만 전통적인 맥시코에서는 그렇지 않다. 어른이 된 후에 단맛 선호는 흔히 설탕 선호가 아니라 달달한 음식 선호를 통해서이다.

아들이 어렸을 때 나는 아이가 단것에 손을 대지 못하게 했고, 단 음식과 음료를 선호하지 않게 하려고 상당히 애썼다. 나는 아이가 태어난 후부터 단 음식과 마실 것을 멀리하게 했다. 외출할 때에도 가능하면 이 원칙을 지켰다. 아이가 쿠키, 아이스크림, 사탕, 그리고 탄산음료를 저절로 알 나이가 될 때까지 일체 접하지 못하게 했다. 나 역시 그런 것을 절대 입 밖에 꺼내지 않았다. 아이들이 너무 어려 그런 음식이 무엇인지도 모를 때 부모가 사주는 이유를 알 수 없었다. 아이들이 그것을 먹으면서 행복한 표정을 지어도 결과적으로 건강에 좋지 않을 수 있다. 아이들의 행복한 표정을 보고 싶어서 그렇게 하는 것이라면 차라리 아이와 놀아주는 것이 훨씬 더 나은 방법이 아닐까 생각했다.

다시 내 아들 이야기로 돌아오면 집에서 아이가 당분 함량이 높은 음식이나 음료를 마시지 못하게 할 때 탄산음료는 큰 문제가 되지 않았다. 남편도 나도 별로 좋아하지 않아 집에서 마실 일이 없었기 때문이다. 하지만 쿠키, 아이스크림, 케이크, 사탕은 달랐다. 나는 그것들을 매우 좋아했고 집에서 자주 먹었다. 나는 집에 쿠키 상자를 놓아두고 식사 후에 몇 개씩 꺼내 먹었다. 아들은 두 살이 되자 내가 식사 후에 뭔가를 혼자 먹는다는 것을 알아차리기 시작했다. 내가 캐비닛에서 쿠키를 꺼내 먹으면 아이는 그것을 지켜보곤 했다. 그리고 아이는 내게 질문할 만큼 성장하자 내가 먹는 것이 무엇인지 계속 물어보았다. 나는 "갈색"이라고 대답했고 내 말에 아이는 "응"하고 대답했다.

이것이 애니메이션 〈세서미 스트리트〉와 〈쿠키몬스터〉 때문에 한 두 해는 효과가 있었지만, 아이는 내가 먹는 갈색의 것에 또 다른 이름이 있다는 것을 알았다. 그 후부터 나는 그것을 높은 선반에 올려 감췄고 아이가 없을 때만 몇 개씩 꺼내 먹었다. 불운하게도 몇 년 후에 아이는 나보다 키가 더 자랐고, 묻는 것이 더 많아졌고 내가 먹는 모든 것을 따라 먹으려고 했다. 그리고 친구들과 뉴욕 시티를 다니면서 용돈으로 군것질을 했다. 아이가 단것을 접하지 못하도록 통제한 날들은 이미 끝난 지 오래다. 아이는 다른 사람들만큼 단것을 좋아한다. 실험이라면 엄청난 실험이 아닐 수 없다.

살기 위해 소금을 선호하다!

짠맛 선호 또한 단맛 선호처럼 매우 강하고 보편적이다. 신생아를 제외한 모든 사람과 동물들이 소금을 선호한다. 게다가 인간과 동물은 처음 짠맛을 보는 순간 강한 선호를 보인다. 신생아는 짠맛을 느끼지 못하는 것처럼 보이는데 소금에 대한 맛 메커니즘이 발달하지 않았기 때문이다. 하지만 생후 4개월이 지나면 이야기는 매우 달라진다. 다른 사람들이나 다른 종처럼 맹물보다 소금물을 선호한다.

칼로리처럼 소금은 우리 몸의 적절한 기능에 필수적이다. 이것은 다른 많은 종도 마찬가지다. 다양한 인체 기능이 소금과 소금의 특정 농도에 달려 있다. 혈액 속의 소금 농도는 일정 수준을 유지해야 한다. 소금은 땀이나 콩팥 기능을 통해 지속적으로 배출된다. 만약 소금 섭취가 지속적이지 않으면 인체는 혈액의 소금 농도를 최적으로 맞추기 위해 수분을 배출한다. 그러면 최악의 경우 탈수로 죽게 된다.

야생에서 소금을 구하는 것은 쉽지 않았다. 산업화가 되기 전 사람들은 소금을 충분히 구하지 못해 상당한 어려움을 겪었다. 많은 종의 동물이 충분한 소금을 찾아 끊임없이 유랑했다. 그렇다보니 염분에 대한 태생적 선호는 극도로 유용했다.

인간과 동물이 염분 섭취를 하지 못할 때 소금을 어떻게 찾았을까? 염분 섭취를 제대로 하지 못하면 혈관을 수축시키는 물질인 안지오텐신angiotensin이 분비된다. 안지오텐신은 물을 마시지 않을 때 분비되며 결과적으로 물을 많이 마시게 한다. 동물이 염분 섭취를 하지 못하면 동물의 몸이 혈중 염분 농도를 최적 상태로 맞추기 위해 수분을 배출한다. 이것이 동물의 수분 부족을 유발하고 안지오텐신의 분비로 이어지게 한다. 안지오텐신이 염분 선호를 증가시키는 가능성은 경험과는 별개로 완전히 자동 생리학적 과정에 근거한다.

Tip 04.

왜 가끔 동물들은 마을로 내려올까

왜 어떤 시기만 되면 시골길 주위로 작은 동물들이 자주 모습을 드러내는지 궁금한 적이 없는가? 살아 있거나 죽었거나 말이다. 한 가지 예로 뉴욕주 캐츠킬 산의 도로 주변에는 여름만 되면 호저porcupine가 출현한다. 이것은 소금에 대한 요구 때문이다. 이 호저들이 건강을 유지하려면 체내에 포타슘(칼륨)과 소듐(나트륨)을 같은 양으로 유지해야 한다. 하지만 캐츠킬의 여름 식물은 포타슘 대 소듐이 대략 300대 1 정도로 포타슘이 많이 함유되어 있다. 호저의 몸이 과도한 포타슘을 제거하려고 하면 소듐도 같이 제거된다. 충분한 양의 소듐이 호저의 체내에 있을 수 없다. 따라서 호저는 소금이 있는 곳과 포타슘이 들어 있지 않은 소금을 찾는다. 그런 소금이 있을 만한 곳이 두 곳인데 한 곳은 겨울이 지난 이후의 도로 가장자리고, 다른 한 곳은 헛간 옆에 있는 목재이다. 이 두 곳은 모두 호저가 소금을 구하기에 극도로 위험하다. 도로는 차에 치이기 십상이고, 헛간은 분노한 농부의 총에 맞아 죽을 수 있다. 그럼에도 대다수의 호저는 소금을 찾아 인가로 내려온다.

소금 섭취를 제한하면 왜 더 선호할까?

심리학자 로버트 J. 콘트레라스와 마리온 프랭크는 동물의 소금 섭취를 제한하면 왜 염분 선호가 증가하는지 실험했다. 그들은 먼저 쥐의 소금 선호가 증가하도록 10일 동안 쥐에게 소금을 주지 않았다. 그리고 나서 염분의 농도를 다르게 한 고색신경의 뉴런 섬유소가 각각 어떤 반응을 하는지 측정했다. 결과적으로 염분을 제한한 전만큼 활기찬 반응을 보려면 염분의 농도가 더 높아야 했다. 마찬가지로 염분에 반응하는 뇌의 뉴런 또한 염분 제한 후에 훨씬 약한 반응을 보였다. 이 두 가지 결과 모두 쥐에게 염분 섭취를 제한하면 쥐들은 비교적 염분 농도가 높은 먹이를 선호했다. 이 메커니즘은 염분 선호 증가가 동물의 경험과는 별개로 자동 생리학적 과정에 근거한 것을 보여준다. 생리적 상태의 영향으로 염분 선호가 증가한 증거는 인간에게도 관찰된 적이 있다. 1940년 윌킨스와 C.P. 리히터는 부신 종양으로 염분 이상 선호를 보인 아기의 부모가 보내온 글을 출간했다.

> "아이가 돌이 지날 무렵부터 크래커에 묻은 소금을 온통 빨기 시작했고 언제나 더 달라고 보챘다. 이 무렵에 아이는 말을 하지 못했지만 모든 것을 소리로 표현했고 자신이 원하는 것을 우리에게 알리는 방법이 있었다. …아이는 크래커를 입에 넣기 시작했다. 하지만 소금기가 없어질 때까지 입에서 우물거리다가 뱉어내곤 했다. 베이컨으로도 같은 행동을 했다. 하지만 아이는 그것을 삼키지 않았다. 우리는 아이가 삼킬 정도로 좋아하는 음식을 찾아보자는 실용적인 접근으로 아이에게 모든 것을 한번 맛보게 했다. 우리는 아이가 생후 18개월 즈음 저녁식사 중에 소금 용기를 들고 음식 위에 조금씩 뿌렸다. 아이 역시 소금을 달라고 했다. 우리는 아이에게 소금 알갱이를 약간 주고 맛보게 하면서 별로 좋아하지 않을 것이라고 생각했다. 하지만 아이는 그것을 먹고는 더 달라고 했다. 그것만으로도 아이는 소금 용기에 무엇이 들어 있는지를 알았다. 며칠 후 나는 점심시간에 아이에게 음식을 먹이고 있었다. 아이는 테이블 위에 없는 것을 찾아 계속 보채고 울었다. 그리고 선반을 계속 가리켰다. 나는 아이가 찾는 것이 소금일 것이라고는 생각하지 못했다. 그래서 아이를 안아들고 선

반 앞으로 가서 아이가 원하는 것을 잡게 했다. 아이가 집어든 것은 소금 용기였다. 나는 아이가 그것으로 뭘 하는지 보기 위해 아이가 먹도록 내버려두었다. 아이는 그것을 조금 부어 손가락으로 찍어 먹었다. 이 이후로 아이는 소금 없이는 어떤 음식도 먹지 않으려고 했다. 나는 의도적으로 그것을 테이블에서 멀리하고 감추어 놓았다가 의사에게 물어보았다. …하지만 내가 의사에게 물었을 때 그는 말했다.

"먹게 하세요. 먹여도 아이에게 해롭지 않아요."

그래서 우리는 아이에게 소금을 주었고 완전히 멈추는 시도를 하지 못했다. 소금 없이는 아침이나 저녁을 먹지 않으려고 했다. 아이는 소금을 달라고 울고 보챘고 그것을 먹지 않으면 안 되는 사람처럼 행동했다. 생후 18개월이 되었을 때 아이는 서툴지만 말을 조금씩 하기 시작했다. 그런데 아이가 배운 몇 안 되는 단어 중에 소금이 들어 있었다. 우리는 그가 좋아하는 것이 크래커, 프리첼, 포테이토칩, 올리브, 피클, 싱싱한 생선, 절인 고등어, 바삭바삭한 베이컨, 그리고 소금을 조금 더 넣은 대부분의 음식과 채소처럼 하나같이 짭짤한 맛이 나는 것임을 발견했다."

안타깝게도 이 아이는 병원에서 죽고 말았다. 병원 식단이 아이가 그토록 갈망하고 아이의 몸이 요구하는 소금을 주지 않았기 때문이다. 인체의 요구로 소금 선호가 증가하는 몇 가지 특수 상황이 있다. 예를 들어 9~15세까지의 아이들은 성인보다 염도가 높은 음료를 선호한다. 이 결과는 단맛이 그렇듯 인간 진화의 역사와 관련 있다. 역사적으로 성장기 아이들의 소금 요구는 높은 편이었다. 인체의 자동 메커니즘이 미래세대로 이어지도록 인간의 생존 가능성을 높여 높은 염분을 선호하게 만들었기 때문이다. 전통적인 베두인 여성들은 다른 여성들보다(도시 베두인 여성들을 포함하여) 염분을 약 50퍼센트 더 섭취한다. 사막에 사는 여성들에게는 소금이 더 필요하기 때문이다.

운동과 염분 선호에 관한 연구는 특히 더 흥미롭다. 나는 체력 단련을 아주 좋아하고 운동하면서 꽤 많은 땀을 흘린다. 그래서 염분을 땀으로 배출하면 염분 선호에 영향을 미치는지 언제나 궁금했다. 심리학자인 레스헴, 압부불, 그리고 에일론은 남자 대학생들이 1시간 운동한 직후에 다른 학생들보다 토마토수프를 더 짜게 먹는 걸 발견했다. 대학생들에게 수프에 소금을 넣고 싶은 만큼 넣게 했는데 운동한 학생들이 다른 학생들보다 소금을 50퍼센트 더 많이 넣었다. 그들은 운동을 한 후 12시간이 지나도록 수프를 더 짜게 먹었다. 사람들은 경험을 통해 운동 중에 염분이 많은 음료를 마시는 법을 배운다. 다른 종도 마찬가지지만 인체의 염분이 일정 부분 배출되면 염분을 보충하는 일을 다들 능숙하게 해낸다.

사회적 상호작용이 염분 섭취에 영향을 미친다

염분은 생리적 요구가 있어야만 섭취하는 것은 아니다. 염분에 대한 요구가 없을 때도 섭취한다. 인간이 달달한 음식이나 짭짤한 음식을 구하기는 예전보다 지금이 훨씬 더 쉽다. 가격도 저렴하다. 결과적으로 염분 선호는 인간이 인체에 필요한 양 이상으로 염분을 과다 섭취하게 하는 결과를 낳았다. 미국 성인의 경우 염분 일일권장량이 2,300밀리그램인데 매일 최소한 3,450밀리그램을 섭취한다. 해법에 대해서 약간의 이견이 있어도 염분의 과다 섭취는 고혈압에 일조한다.

사람들은 염분 선호를 바꾸어 염분 섭취를 줄이는 것이 가능한지 상당히 관심이 많다. 염분 선호도 당분 선호와 마찬가지다. 두세 살만 되면 아이들은 음식에 간이 되어야 한다는 것을 알고 있다. 그들은 음식에 일정한 간이 되어 있지 않으면 먹지 않는다. 그렇다면 어른들의 경우, 음식에 넣는 소금 양을 바꿀 수 있을까?

당분 선호와는 대조적으로 염분 선호는 바뀔 수 있다는 증거가 있다. 소금 제한을 받아온 쥐가 소금 제한을 받지 않은 쥐들과 근래에 상호작용을 해왔다면 염분이 높은 먹이를 덜 먹었다. 사회적 상호작용이 쥐의 염분 선호에 영향을 미쳤다. 성인들의 경우에도 염분 선호는 바뀔 수 있다. 만약 사람들이 저염분 식사를 수주 간 이어간다면 다소 싱거운 음식을 선호한다. 음식을 싱겁게 먹는 남자와 여자에게 소금 알약을 먹게 한 후에 간이 안 된 토마토주스를 주면 더 싱겁게 먹는다.

또 다른 증거는 바로 직전의 음식과 관련 있다. 예를 들어 남자와 여자가 고염도의 점심(치즈샌드위치에 짭짤한 치킨 누들 수프)을 먹은 직후에 야채수프를 먹을 경우 싱겁게 먹었다. 이런 몇 가지 증거는 경험이 염분 선호를 바꿀 수 있음을 보여준다. 당분과는 달리 염분 선호는 감소할 가능성이 존재한다.

우리가 가게에서 구입하는 식품의 염분이 낮으면 염분 섭취를 줄이는 데 도움이 된다. 염분 섭취의 가장 큰 원천 중 하나는 빵이다. 그리고 피자 한 조각에는 염분 일일권장량보다 더 많은 염분이 들어 있다. 많은 식품 제조자들이 염분 함량을 낮추려고 최대한 노력하지만 소비자들이 저염도 식품을 선호하지 않아 잘 팔리지는 않는다. 염분 섭취를 줄이고자 한다면 음식을 먹을 때 짜지 않게 먹는 것과 동시에 염분 선호를 감소시키는 노력이 병행되어야 한다.

음식 선호에 유전자가 작용한다

지금까지 유전자를 음식 선호의 중요한 원인으로 암시했다. 앞 장의 내용을 상기해보면 알겠지만 PTC/PROP의 아주 낮은 농도에도 맛을 느끼게 하는 건 유전자이다. 그래서 PTC/PROP 초미각자들은 다른 사람들보다 쓴맛에 더 민감하고 사카린, 카페인, 맥주, 자몽주스, 그리고 진녹색 채소를 싫어한다. 최근에 과학자들은 PTC/PROP 시약으로 한 초미각 테스트를 음식 선호의 여러 추가적인 면과 연결시켰다. 초미각자들은 실제로 갑상선 독성물질thyroid toxin이 함유된 채소에 선호가 낮았다. 이런 채소에는 물냉이, 겨자, 순무, 브로콜리, 서양 고추냉이 같은 것이 있다. 이런 선호 패턴이 과학적으로 입증되지 않은 채소로는 라디치오radicchio(약간 쓴맛이 나는 보라색 양배추)가 있다.

초미각자와 소금 섭취 선호와는 강한 연관성이 있다. 빵이 우리 식단에서 염분의 주된 원천이라는 사실과 이 정보를 결합하면, PTC/PROP 시약테스트에서 초미각자 진단을 받았던 내가 평생 빵과 그 비슷한 음식을 엄청나게 좋아하고, 유월절passover에 양상추를 전혀 먹지 않고, 앞에 나온 목록의 채소를 좋아하지 않았다는 사실이 전혀 놀랍지 않다(어렸을 때 나는 빵과 비슷한 것으로 소금이 뿌려진 크래커와 짭짤하고 작은 오이스터 크래커를 먹으면 매우 행복했다). 또 샐러드에 라디치오가 들어 있으면 좋아하지도 않았지만 크게 개의치 않았다. 얼핏 보기에 유별나 보이는 이런 행동의 몇몇 원인에 유전적인 바탕이 있었다는 것을 과학이 정확히 설명하니 정말 경이로울 따름이다.

다음으로 넘어가기 전에 쓴 것과 관련된 증거를 하나 더 보자. 아기들이 쓴 것을 맛볼 때 표정을 생각해보자. 쓴 액체를 아기 입에 살짝 넣어주면 자극을 받은 아기의 윗입술이 살짝 올라가고, 전형적인 활 모양의 각도로 입이 벌어지고, 혀는 평평하게 밖으로 나온다. 이 표정은 주로 얼굴의 입 부분에서 일어난다. 그리고 뱉어내거나 토하려는 전형적인 예비 동작으로 이어진다. 어른들은 이런 표정을 짓는 아기들의 반응을 거절 반응으로 여겼다. 얼굴 표정은 쥐들이 혐오스러운 먹이를 먹을 때와 비슷했다. 이 정보는 단맛에 특징적인 얼굴 반응이 있고, 더불어 인체에 두 가지 뚜렷한 맛 반응 시스템이 있음을 시사한다. 수용 시스템과 거절 시스템이 그것이다. 이 두 시스템은 두 종(인간과 쥐)에 분명히 존재하고 다른 종에도 존재한다. 그리고 맛과 유전적으로 연결되어 있다. 또 처음 맛을 경험하는 신생아가 칼로리를 제공하는 것은 먹고, 독성이 있는 것은 먹지 못하게 할 가능성을 높인다.

음식 선호에 유전자가 작용한다는 증거는 계속 나오고 있다. 신 음식에 대한 선호 또한 그 증거 중의 하나이다. 과학자인 아우티 톤월과 동료들은 일란성 쌍둥이와 이란성 쌍둥이의 신맛 선호를 비교했다. 실험 참여자들은 시트릭 산citric acid(구연산)을 첨가해 신맛의 정도가 다른 오렌지주스를 마시고 점수를 매겼다. 그리고 신 정도가 다른 21가지 음식이 취향에 맞는지 설문지에 점수를 매겼다. 21가지 음식에는 레몬, 바나나, 플레인요거트, 그리고 맛이 좋은 달콤한 요거트가 있었다. 주스 테스트와 설문조사 양쪽 모두 일란성 쌍둥이의 점수가 이란성 쌍둥이보다 훨씬 유사했다. 일란성 쌍둥이의 유사성 증가는 유전적 요인이 상당하다는 뜻이다. 신맛 선호가 많은 과일을 선택해서 먹을 수 있고, 또 과일 섭취가 건강에 상당한 기여를 한다는 점을 고려하면 이 연구 결과는 건강한 섭식 행동의 원인을 이해하는 데 도움이 된다.

새로운 것을 좋아하면 매운 음식을 더 선호한다

마지막으로 '감각 추구'라는 개인의 성격 특성과 음식 선호 간의 관계에 대해 말해보겠다. 감각 추구 연구는 심리학자 마빈 주커맨이 개척했다. 그는 감각 추구를 새롭거나 특이한 경험을 추구하는 경향성이라고 기술했다. 어느 정도 감각 추구 성향이 있는지 확인하려면 "나는 거칠고 금기가 없는 파티를 좋아한다"와 "나는 좋은 대화를 하는 조용한 파티를 좋아한다" 같은 진술 중에서 선택하면 측정 가능하다.

몇 가지 연구에서 감각 추구와 음식 선호 간의 연관성이 높았다. 마이클 스미스와 내가 연구한 바에 따르면 감각 추구 점수가 높으면 매운 음식을 더 선호하고, 감각 추구 점수가 낮으면 밍밍하고 단 음식을 선호했다. 감각 추구 점수가 높으면 잘못 먹으면 병이 날 수 있는 술과 조개류, 그리고 갑각류 같은 것을 선호했고, 감각 추구 점수가 낮으면 병과 거의 무관한 빵과 옥수수 같은 음식을 선호했다. 게다가 일란성 쌍둥이와 이란성 쌍둥이를 대상으로 감각 추구와 음식 선호를 연구한 주커맨은 감각 추구에도 유전성이 있다고 주장했다. 주커맨의 연구는 강한 맛이 나는 음식 선호에 유전적 영향이 작용한다는 가능성을 높였다.

내가 퀴진느 그룹의 일원이었다는 이야기를 한 것이 기억날 것이다. 언젠가 모임이 있었을 때 나는 모두에게 감각 추구와 관련한 설문지를 돌렸다. 나는 가장 낮은 점수를 받은 사람들 중 하나였고 다른 사람들은 (거의 어떤 것이나 먹을 수 있는 사람들은) 매우 높은 점수를 받았다. 결국 나는 유전적으로 식성이 까다로울 수밖에 없는 두 요인을 모두 가진 셈이다. 하나는 PTC/PROP 시약 테스트로 초미각자인 것과 또 이상할 정도로 감각 추구 점수가 낮은 것이다. 정말 이중고다.

인간이 진화한 세계에서는 단것과 짠것을 먹는 것이 실제로 우유를 마시는 것만큼 인체에 좋았다(우유를 소화할 수 있는 경우에 말이다). 사람들이 그것을 발견하는 즉시 섭취하는 것은 생존에 도움이 되었고, 그것을 선호하고 유전자의 강한 지원이 뒷받침되면 생존 가능성은 한층 더 높았다.

지금 우리는 이런 물질이 홍수처럼 쏟아져 나오는 시대에 살고 있다. 광고주들은 건강에 좋지 않은 것들을 사서 먹게 하려고 모든 것을 총동원한다. 심지어 대학교에 비치된 자동판매기에도 당분이 두 배나 함유된 음료를 팔고, 거의 온갖 것들이 고당도, 고염도, 그리고 고칼로리 먹거리이다. 한때 인간에게 도움이 되었던 유전적 경향성이 앞으로 우리를 큰 어려움 속에 빠트릴 수 있다. 불운하게도 음식 선호와 혐오가 경험으로 교정될 수 있다고 해도 이상적인 섭식을 한다는 걸 의미하지는 않는다.

The
Psychology
of
Eating
and
Drinking

Chapter 05

우리는 어떤 맛을 좋아하고 어떤 맛을 싫어할까?

음식 선호와 음식 혐오의 심리학

"인간에게 성욕을 제외하면
먹는 것에 대한 아이디어만큼
거추장스러운 기본 행동 요소는 없다."

_ **시드니 W. 민츠 (1996)**

앞에서 우리는 음식 호
불호에 유전자가 강하게 영향을 미친다는 걸 확인했다. 하지만 그것이
전부가 아니다. 식성에는 유전자뿐만 아니라 다양한 변수가 작용한다.
식충(곤충을 먹는 것)을 예로 들어보자. 많은 곤충이 매우 영양가가 있고
많은 곳에서 곤충을 먹거리로 이용한다. 단백질, 철분, 그리고 비타민 일
일권장량을 얻으려면 애벌레 100그램만 먹으면 된다. 캄보디아와 멕시
코의 음식 메뉴에는 수십 가지 곤충이 올라온다. 미국에서도 식충을 공
식적으로 승인한다. 미약품 의약국FDA에서는 땅콩버터 100그램당 30가
지 곤충 일부, 머리, 몸 등등을 허용한다. 그럼에도 불구하고 미국에서는
대부분이, 아니 어느 나라 출신의 이민자라도 곤충 섭취를 역겹게 생각

한다. 왜 먹거리 선호에 그런 엄청난 차이가 있을까? 음식 선호의 차이가 인간과 동물의 생존에 도움이 될까?

어떤 사람이 문명의 혜택이 전혀 없는 야생에 산다고 가정해보자. 인간이 진화한 시절의 환경이다. 그가 먹거리로 선택하는 것은 무엇일까? 아마도 입에 넣어 삼킬 만한 동물과 식물일 것이다. 어떤 것이 맛이 좋고 어떤 것이 그렇지 않을까? 또 건강을 지켜주는 것과 아닌 것은 무엇일까? 어떻게 배합해야 필요한 영양분이 모두 충족될까?

만약 그가 확 트인 사바나에서 음습한 산림지대로 이주한 사람이라면 이용할 수 있는 음식 선택이 완전히 달라질 것이다. 새로운 환경에서 우리는 무엇을 먹을지 어떻게 결정할까?

인간은 자신에게 결핍된 영양을 찾아 먹을까?

인간은 태어나면 젖만 먹는다. 하지만 대개 걸을 수 있는 나이가 되면 다양한 것들을 먹는다. 부모가 없다는 가정 하에 어린아이들이나 동물들은 어떻게 음식을 선택하고 먹거리를 습득할까? 인간 같은 잡식성 동물의 유전자는 음식 선호를 사전에 계획하지 못한다. 선택할 수 있는 것이 너무 많고 변수가 너무 많다. 대신 먹기 좋은 음식과 좋지 않은 음식이 무엇인지 학습해야 한다. 가능한 한 빠르고 효율적으로, 필요한 만큼 자주 하는 것이 가장 좋다. 만약 잘못된 것을 먹는 날이면 죽을 수도 있다. 독성이 있는 식물과 동물이 상당히 많다.

다행이도 인간을 비롯한 잡식성 동물들은 환경이 변해도 무엇이 먹기에 좋고 아닌지 매우 잘 파악한다. 심리학자 폴 로진은 연구를 통해 티아민(비타민 B1) 결핍 쥐들이 티아민이 함유되지 않은 먹이에 비해 티아민 함유 먹이를 선호하는 것을 보여주었다. 카페테리아 실험으로 잘 알려진 고전 연구에서 심리학자 커트 P. 리처는 쥐들에게 영양분이 풍부한 것 중에서 골라 먹게 했는데-이를테면 설탕, 대구 간유, 그리고 빵 효모-쥐들은 자신들에게 결핍된 영양분이 있는 먹이를 능숙하게 선택했다.

그렇다면 인간은 어떨까? 인간의 음식 선호 역시 영양적으로 균형을 맞출까? 사람들은 주변에 아이를 키우는 부모가 있을 때 선의에서 아이의 편식을 너무 걱정하지 말라고, 때가 되면 아이들이 자신에게 필요한 영양이 들어 있는 음식을 잘 골라 먹는다고 말한다. 내 부모님도 아이에게 비타민 알약을 주면 괜찮다는 주변 사람들의 말에 설득당했다. 일부 교육가들은 물론 많은 부모는 1920~1930년대 내과의사인 클라라 데이비스가 한 유명한 실험을 믿었다.

데이비스의 연구는 생후 6~11개월 사이 열다섯 명의 건강한 아기들이 대상이었다. 이 유아들은 실험이 시작되었을 때 젖 외에 다른 것을 먹어본 적이 없었다. 아기들은 6개월~4년 반까지 병원에 살면서 실험에 참여했다(지금은 이런 실험이 결코 허락되지 않을 것이다). 식사시간이 되면 간호사는 아이들에게 다양한 음식이 있는 접시를 내놓았다. 그것은 고기, 시리얼, 달걀, 우유, 과일, 그리고 채소 등이었다. 간호사는 그중에서 아이가 손으로 가리키는 음식을 먹였다. 아이들은 때로 폭식하기도 했고 특정한 음식을 더 많이 먹기도 했다.

하지만 이 폭식은 결국 중단되었다. 시간이 지나면서 아이들은 꽤 균형 잡힌 식사를 했고 건강하게 자랐다.

데이비스는 부모에게 아이들이 먹는 것에 절대 개입하지 못하게 했고 아이들이 원하는 것을 직접 고르게 했다. 하지만 이것은 간단하지 않다. 데이비스의 실험에는 두 가지 큰 문제가 있었다. 주의를 주었지만 아기들에게 음식을 먹이는 간호사들이 아기들의 선택에 무의식적으로 영향을 미쳤다. 자신이 돌보는 아기가 연이어 대여섯 끼를 비트(뿌리 식물)만 먹는다고 가정해보자. 아기들이 다른 것을 먹어보도록 살짝 자극을 주지 않았을까?

또 아기들이 선택할 수 있는 것 중에서 가장 단것은 우유와 과일이었다. 그것을 자주 선택하는 것은 놀랍지 않다. 앞서 말한 것처럼 아기들은 단맛을 선호한다. 다행히 그들이 선택할 수 있는 가장 단 음식이 우유와 과일이었기에 영양 면에서도 좋았다. 하지만 선택 가능한 음식 중에 사탕과 탄산음료가 있었다면 과연 우유와 과일을 선택했을까? 아니었을 것이다. 아이 주변에 영양가 없는 단 음식이 있었다면 아이는 그 영양가가 없는 음식을 먹을 것이다.

나 역시 아이 부모로서 아이에게 건강한 음식을 먹이는 것이 얼마나 어려운 일인지 입증할 수 있다. 일단 아이가(지금은 32살이다) 친구 집을 방문하기 시작하자 사탕, 탄산음료, 감자칩 같은 것들, 다시 말해 맛은 있지만 영양가 없는 것들에 맛을 들였고 반복적으로 먹었다. 이것은 많은 문화권에서 아이들이 밤이나 낮이나 먹을 수 있는 것들이다. 남편과 나는 어쩔 수 없이 세 가지 선택 앞에 섰다.

1. 친구의 부모에게 정중하게 우리가 생각하는 바를 말하고 주지

말라고 요청하기(전화로 이런 요청을 하면 상대 부모가 흔쾌한 반응을 보일 가능성은?).

2. 아이가 건강에 좋지 않은 음식이 나오는 곳에 가지 않게 하기(아이를 사회적으로 고립시키는 결과를 초래할 수 있다).

3. 어떤 음식을 먹어야 하는지 아이를 교육시키고 웃으며 상황을 참기.

우리가 어떤 선택을 했을지 독자들의 추측에 맡긴다. 그럼에도 불구하고 많은 상황에서 인간 역시 쥐들처럼 꽤 균형 잡힌 식이를 선택한다. 어떻게 그런 일이 일어나고 무엇이 음식 선호를 결정할까? 우리 경험이 이런 선호에 어떤 영향을 미칠까? 곤충 먹는 학습을 통해 곤충을 좋아하는 사람들이 있는 반면 그렇지 않은 사람들이 있는데 그 이유는 뭘까? 이 질문에 대한 답은 알면 우리는 아이들이 더 건강한 음식을 먹을 수 있도록 도움을 줄 수 있다.

누구든 친숙한 음식에 손이 먼저 간다

특정 음식에 대한 경험은 여러 가지 면에서 그것의 선호를 증가시키거나 감소시킨다. 인간이 진화한 사회에서 음식 선호의 변화는 생존에 도움이 되었다.

한 사람이 디너파티에 와 있다. 파티 주최자가 음식 같아 보이는 것을 한 접시 내놓는다. 하지만 아무리 눈을 씻고 봐도 도통 무슨 음식인지 알 수 없다. 초록색의 흐물흐물한 것이 한쪽에 쌓여 있고, 다른 쪽에는 자주색 스틱 같은 것들이 있고, 오렌지색의 작은 달걀 모양을 한 것들이 있다. 대부분 선뜻 이 음식을 먹지 않을 것이다. 유별난 사람들만 친숙하지 않은 음식이 달갑지 않은 것은 아니다. 일반적으로 인간과 동물은 처음 보는 것에 두려움이 있다. 과학 문헌을 보면 '새것 공포증(네오포비아^{neophobia}: 새로운 것을 두려워하는 심리)'이라고 한다. 음식도 상황도 대개 우리는 친숙한 것을 선호한다.

새것 공포증이 유달리 심한 사람들이 있다. 그것이 음식일 때 새것 공포증이 있는 사람들은 낯선 음식의 시식을 기피하는 데 그치지 않는다. 누군가가 뭔가를 한번 먹어보라고 설득해서 먹는 경우 새것 애호가(음식을 포함한 새로운 것의 시도를 즐겨 하는 사람들이다)들보다 그 음식을 낮게 평가한다. 정도의 차이는 유전적 요인에 따라 다르지만, 아이 때부터 청소년이 될 때까지 일관된 특성이다.

인간이 새로운 음식을 두려워하고 친숙한 것들만 선호한다면, 새로운 음식을 자주 접하는 것만으로 선호가 증가해야 한다. 심리학자 파트리셔 플리너는 남자 대학생들에게 구아바, 망고, 가시여지^{soursop}('그라비올라'라고 불리는 열대과일) 같은 새로운 과일주스를 맛보게 하고 0~20점까지 점수를 주게 했는데 더 자주 맛본 과일일수록 선호 점수가 더 높았다. 심리학자 린 벌치와 동료들은 3~6세 아이들을 대상으로 몇 가지 과일은 그냥 보기만 하고 나머지 과일은 보기도 하고 맛보게도 했다. 실험 대상 과일은 키위, 파파야, 리치^{lychee}, 사탕야자였다. 그 결과 아이들에게 과일을 노출시킨 빈도가 잦을수록 과일 모양에 대한 선호가 증가했고,

과일 맛 선호는 그 과일을 맛본 적이 있어야만 증가했다. 벌치와 동료들은 음식 맛 선호를 증가시키려면 실제로 맛본 경험을 해야 한다는 결론을 내렸다.

하지만 친숙함이 음식 선호를 증가시킨다면 날이 갈수록, 해가 갈수록 바나나를 점점 더 많이 먹어야 하지 않을까? 마침내 바나나 외에는 아무것도 먹지 않을 정도로 말이다. 그런데 그런 일은 일어나지 않는다. 자연식품 한 가지가 성장하는 사람에게 필요(성인이 섭취해야 하는) 모든 영양분을 공급해주지 못하기 때문이다. 다행이도 우리가 어떤 것을 먹은 후에는 그 특정 음식 선호가 일시적으로 감소한다. 이 '감각 특정 포만감'은 꼭 그 음식을 씹어서 넘기지 않아도 일어난다. 다시 말해 음식의 모양, 맛 그리고 식감에 지속적으로 노출되면 그 음식 선호가 일시적으로 감소하고 장기적으론 증가한다. 심리학자 데이비드 스탕의 실험에서 여성들은 칠리파우더, 겨자, 정향, 마저럼(박하류의 요리용 양념)을 포함한 15가지 양념을 반복해서 맛보았다. 맛보는 것이 반복되자 양념을 선호하는 등급이 점차 낮아졌고 일주일간 중단하니 그 이후 다시 회복되었다.

심리학자 바바라 롤스와 동료들은 여자 간호사들이 샌드위치 속에 한 가지 재료만 들어 있을 때보다 다른 네 가지(치즈, 달걀, 햄, 그리고 토마토) 재료가 들어 있을 때 샌드위치를 더 많이 섭취하는 것을 확인했다. 인간과 동물이 친숙한 음식을 선호하는 경향은 가장 최근에 먹은 음식을 피하려는 경향과 공존한다. 인간을 비롯한 잡식성 동물의 이런 전략은 다양하고 친숙한 음식을 섭취하고 다양한 영양분을 섭취하는데 매우 유용하다. 음식 선호에서만큼 친숙함은 해당 음식을 무시하다가도 막상

눈앞에 보이지 않으면 다시 좋아하게 만든다.

우리는 우리에게 필요한 특정 영양분을 갈망한다

이 장을 시작할 때 쥐들이, 그리고 때로는 인간들까지도 자신에게 필요한 영양분이 든 음식을 잘 고른다고 말했다. 사실 딱정벌레와 거미를 포함한 많은 동물 종이 그렇다. 특정 영양분이 필요한 동물이 그것이 들어 있는 음식물을 선호할 때 이것을 '특정 영양분 갈망'이라고 한다. 연구자들은 특정 영양분 갈망을 유발하는 것이 무엇인지 저마다 흥미로운 생각을 가지고 있다.

로진이 티아민 결핍 쥐들을 대상으로 한 실험은 그 단서를 제공해준다. 쥐들은 티아민이 부족한 먹이가 있는 접시를 맛이 쓴 퀴닌quinine이 첨가된 것과 같은 식으로 엎질렀다. 티아민 결핍이 아닐 때조차도 먹을 수 있는 것이 티아민이 결핍된 먹이밖에 없다면 배가 고파도 먹지 않았다. 쥐들은 티아민 결핍 먹이를 극도로 꺼렸다. 로진은 이를 근거로 '특정 영양분 갈망'은 동물들이 영양이 결핍된 먹이에 혐오감을 발달시킨다는 결론을 내렸다.

이 결론이 동물들은 먹을 수 있어도 필요한 영양이 결핍되어 있으면 좋아하지 않고, 단지 영양이 있는 먹이만을 좋아하는 것처럼 보일 수 있지만 꼭 그렇지는 않다. 먹을 채소가 싹양배추밖에 없을 때 내가 브로콜리를 먹는 것과 비슷하다. 이것은 내가 브로콜리를 좋아한다는 것을 뜻하지 않는다. 하지만 동물들은 자신을 건강하게 하는 특정 음식을 선호하고 그것을 학습할 수 있다. 그렇게 학습된 선호는 '약 효과'로 알려져 있다.

하지만 특정 갈망이 완벽한 먹이를 고르게 한다고 생각하기 전에 주의해야 할 점이 있다. 첫째, 비타민 A와 D 같은 영양분이 결핍된 먹이를 먹은 쥐들의 특정 영양분 갈망을 입증하는 것은 매우 어렵다. 둘째, 특정 영양분 갈망 실험에서 피실험자들이 선택할 수 있는 음식은 매우 제한적이다. 이용가능한 먹거리 종류가 많은 현실에서 인간과 동물이 영양학적으로 최고의 선택을 하기란 꽤 어렵다. 또다시 우리는 인체의 지혜에 의존할 수밖에 없다.

Tip 05.

임산부나 아이는 때로 이상한 것을 갈망한다

한 가지 타입의 특정 영양분 갈망은 의사들의 특별한 관심 대상이었다. 일부 아이들과 임산부들은 페인트, 벽토, 그리고 흙 같은 비영양적인 물질을 반복적으로 섭취한다. 많은 영양을 필요로 하는 사람들에게 나타나는 일부 이런 갈망은 철분 같은 미네랄 갈망의 결과라는 주장이 제기되었다.

우리가 고칼로리 음식을 선호하는 이유!

우리에게 정말 필요한 것은 특정 영양분이 아니라 칼로리이다. 모든 동물은 활동에 연료를 공급하는 일정한 칼로리가 필요하다. 인간이 진화한 시절에 칼로리는 지금보다 훨씬 더 귀했다. 허기가 먹거리를 더 맛있는 것으로 평가하게 만든 것이 놀랍지 않다. 하지만 인간과 동물은 칼로리를 찾는 메커니즘에서 한 걸음 더 나아가 학습을 통해 칼로리 집약 음식을 선호하는 쪽으로 진화했다.

E. L. 깁슨과 J. 와들은 네다섯 살짜리 아이들이 특정 과일이나 채소를 선호하는지 예측하는 좋은 방법은 그것이 얼마나 단지, 단백질이 얼마나 많은지, 얼마나 먹어본 경험이 있는지가 아니라 '칼로리 집약' 정도라고 주장했다. 내가 이 연구를 읽고 칼로리가 가장 집약된 과일과 채소부터 차례로 나열해보았더니 바나나, 감자, 콩, 그리고 포도였는데, 내가 자랄 때 선호하던 과일이나 채소와 순서가 매우 비슷했다.

심리학자 엘리자베스 잔드스트라와 와엘 L. 디레디는 허기진 젊은 남녀에게 플레인요거트 두 가지 타입 중 하나를 매일 교대로 주었다(총 5일간). 두 타입은 200밀리리터로 양이 같고, 외관상 모양도 맛도 같았지만 칼로리 양이 달랐다. 하나는 57칼로리였고 다른 하나는 255칼로리였다. 당연히 실험 참여자들은 모른다. 두 팀으로 나누어 한쪽 팀에게는 푸른색-고칼로리, 분홍색-저칼로리 중에서 선택하게 했고, 다른 한 팀에게는 푸른색-저칼로리, 분홍색-고칼로리 중에서 선택하게 했다. 그 결과 색깔에 상관없이 사람들은 칼로리가 더 높은 쪽을 선택했다.

고칼로리 음식을 선호하는 것이 언제나 최선의 목표는 아니라고 말하는 사람도 있다. 적절한 양의 칼로리를 섭취하는 것이 목표라면 인체가 칼로리를 필요로 할 때는 고칼로리 음식에 높은 선호를, 필요치 않을 때는 낮은 선호를 보여준다. 실제로도 그렇다. 심리학자 D. A. 부스와 동료들의 실험은 남자들과 여자들이 배가 고프면 죽으로 위장해도 고칼로리 음식에 선호가 증가하는 것을 보여주었다. 하지만 식사할 때 배가 부르면 선호도는 낮았다. 게다가 고칼로리로 위장된 녹말이 많이 들어 있는 경우 사람들은 더 적게 섭취하는 법을 학습했다. 심리학자 덴 버치와 메리 데이셔가 취학 전 아동을 대상으로 한 실험에서 비슷한 결과가 나타났다. 취학 전 아동들은 상당한 칼로리가 들어 있는 스낵을(바닐라나 초콜릿 푸딩) 먹은 후에 칼로리가 더 적게 들어 있는 쿠키나 크래커를 먹었다.

이 지점에서 독자들은 혼란을 느낄지 모르겠다. 사람들이 이런 식으로 먹는 것을 조절할 수 있다면 과체중이 되는 사람들은 이유가 뭘까? 사람들이 배가 부를 때 더 적은 칼로리를 섭취하지만 그렇다고 칼로리가 없는 것은 아니다. 더 섭취하는 것만으로 체중 증가는 가능하다.

이제 인간의 음식 선호가 칼로리 집약 정도에 영향을 받는 과정을 이해했을 것이다. 감자튀김, 아이스크림, 닭고기 튀김, 스크램블에그, 버터 같은(리스트는 끝없다) 지방 함량이 높은 음식에 대한 사람들의 집착 또한 이해할 것이다. 지방은 탄수화물이나 단백질보다 훨씬 칼로리 집약적이다. 지방은 그램당 9칼로리를 내지만 단백질이나 탄수화물은 4칼로리만 낸다.

우리는 학습을 통해 고지방 식품에 강한 선호를 보인다. 이런 선호 덕에 대부분의 미국인이 고지방식을 용이하게 먹고, 권장량보다 훨씬 더 많은 지방을 섭취한다. 학습으로 얻은 고지방 식품을 선호하는 경향성은 단것과 짠것에 대한 유전적 선호와 결합되어 원래는 인간에게 유익했지만 현재 환경에서는 인간을 곤경에 빠트리는 요인이 되고 있다.

배탈 난 음식에는 맛 혐오감이 생긴다

음식을 먹고 배탈이 나서 다시는 그 음식을 먹고 싶지 않았던 적이 있는 가? 어느 날 밤에 샴페인을 너무 많이 마셔서 위장에 탈이 난 적이 있다 면 그 이후로 샴페인은 쳐다보기도 싫을 것이다. 만약 그렇다면 당신만 그런 것이 아니다. 대학생 5백 명을 대상으로 직접 설문조사를 한 적이 있다. 조사 결과, 학생들마다 음식 혐오가 평균적으로 한 가지는 있었다. 이 혐오는 강했고 오랜 기간 계속되었다. 혐오가 생긴 지 평균 5년이 되 어도 62퍼센트가 그 음식을 다시 먹지 않았다. 많은 학생이 설문지의 여 백에 혐오하는 음식에 꽤 솔직한 비판을 했다. 예를 들어 한 학생은 설 문지에 자주 등장하는 핫도그를 "100퍼센트 엿 같은 것!"이라고 썼다.

맛 혐오 학습으로 알려진 이런 학습은 강력한 힘이 있다. 대개 음 식 혐오가 형성되려면 특정 음식을 먹고 난 후에 적어도 한 번은 배탈이 나야 한다. 또 맛 혐오는 장기간 지속된다. 위장기관에 탈이 나야만 이 런 학습이 이루어진다. 맛 혐오는 친숙한 음식이 아닌 새로운 음식에 생 길 가능성이 높다. 이 학습은 사람과 쥐를 포함하여 상당히 많은 종에서 비슷하게 일어난다. 동물들이 갈망하는 특정 영양분이 결핍된 음식물을 혐오하는 것 또한 맛 혐오다.

맛 혐오는 쥐들을 없애려고 애쓰던 농부들이 처음 발견했다. 농부 들은 독이 든 미끼로 쥐를 잡는 것이 어려웠다. 쥐들은 새로운 먹이를 보면 일단 작은 샘플을 먹어본다. 그리고는 뭔가 몸에 이상이 느껴지면 그것을 피한다. 이런 이유로 농부들은 맛 혐오 학습 현상을 '독성 미끼

기피성$^{Bait\ shyness}$'(먹이 수줍음)이라고 불렀다. 자연에서 맛 혐오 학습의 또 다른 보고를 한 사람은 펜실베니아대학교의 유명한 심리학자 마틴 셀리그만이었다(당시 미국 심리학 협회 대표). 1972년 셀리그만은 자신이 스테이크 위에 있는 베어네이즈 소스$^{Bearnaise\ sauce}$(달걀과 허브로 만든 소스)를 먹고 스토막플루$^{stomach\ flu}$(장염 바이러스)에 걸려 배탈이 난 것을 자세히 기술했다. 그의 동료는 스테이크를 먹지 않았는데도 같이 걸렸고, 그의 아내는 스테이크를 먹었는데도 걸리지 않았다. 셀리그만은 베어네이즈 소스가 배탈의 원인이 아니라고 확신을 했지만 그 소스를 혐오했고 맛 혐오를 학습했다. 이 유명한 스토리로 맛 혐오 학습은 '베어네이즈 소스 현상'이라고도 불렀다.

실험실에서 맛 혐오 학습을 연구한 최초의 연구자들은 심리학자 존 가르시아와 그의 동료들이었다. 가르시아가 실험 쥐들을 방사선에 노출시키자 쥐들은 먹이를 덜 먹었다. 방사선이 쥐들의 위장에 탈이 나게 했음이 분명했다. 쥐들은 그때 먹은 먹이와 배탈을 연관시켰고 맛 혐오를 습득했다. 가르시아의 독창적인 발견 이후로 맛 혐오 학습 연구는 대부분 주사를 이용하여 실험대상을 배탈 나게 했다.

그렇다면 사람들을 대상으로 맛 혐오 실험은 어떻게 할까? 어떻게 배탈이 나서 구토하게 만들까? 분명히 어렵다. 극도로 좋은 이유가 아니고서야 연구자들은 사람들에게 주사 놓는 것을 좋아하지 않는다. 연구자들은 다양한 기술을 사용했는데, 어떤 연구자는 안쪽에 세로줄이 그려진 큰 원통형 회전 실린더를 사용해 참여자들을 그 안에 앉게 했다. 그것이 회전하면 참여자들의 머리가 오른쪽으로 기울어지고 왼쪽으로 기울어지기를 반복한다. 참여자들은 구토가 일어나기 직전에 눈을 감는다. 그런데 이런 실험에 자원하는 참여자가 있을까? 아마도 지원하는 사람들은 새로운 것, 신기한 것에 열중하는 사람들인 네오필리악이거나 감각 추구 경향성이 있을 것이다(나는 감각 추구 성향이 낮아 이런 실험에 참여하지 못한다).

맛 혐오 학습과 관련해 가장 유명한 논문은 1966년 심리학자 존 가르시아와 로버트 코엘링이 발표한 것이다. 그들의 실험 설계는 〈표 5-1〉처럼 빈틈이 없다.

첫 번째 실험에서 가르시아와 코엘링은 목마른 쥐들에게 물이 나오는 홈통을 빨게 했다. 모든 쥐가 홈통을 한 번씩 빨 때마다 '맛이 가미된 물'을 마셨다. 그리고 번개가 번쩍이고 찰칵 하는 소음(오디오비주얼 물)이 동반되었다. 이 쥐들 절반에게는 물을 마실 때마다 충격이 가해졌고, 다른 절반에게는 방사선이나 주사제로 배탈을 유발했다. 며칠 후 두 번째 실험이 진행되었다. 그는 회복된 쥐들에게 다시 물 홈통을 빨게 했다. 이번에는 쥐들 절반에게 맛이 가미된 물을 주고 번개나 찰칵 하는 소리를 내지 않았고, 다른 절반에게는 물에 맛이 가미되지 않았지만 번개와 찰칵 하는 소리는 동반되었다.

결과는 첫 번째 실험에서 충격을 받은 쥐들은 두 번째 실험에서 번개와 찰칵 하는 소리가 동반되면 물을 거의 마시지 않았다. 또 배탈이 났던 쥐들은 두 번째 실험에서 물에 맛이 가미되면 거의 마시지 않았다. 가르시아와 코엘링은 쥐들이 맛을 배탈과 연관시키고 청각적, 시각적 사건을 충격과 연관시키는 것이 다른 경우(배탈을 시각 청각적 사건과 연관시키고 맛을 충격과 연관시키는 것)보다 쉽다는 결론을 내렸다. 이 실험 결과는 '독성 미끼 기피성'이나 '베어네이즈 소스 현상'이라는 용어보다

'맛 혐오 학습'이라는 용어를 대중적으로 만들었다. 후속 실험에서 맛 외에 냄새도 배탈과 연결된 음식 혐오에 중요한 역할을 한다고 시사했지만 '맛 혐오 학습'이라는 용어는 그대로 사용되었다.

모든 쥐들			
절반의 쥐들		절반의 쥐들	
맛이 가미된 물, 오디오비주얼 물 +배탈 ▼ 회복		맛이 가미된 물, 오디오비주얼 물 +충격 ▼ 회복	
쥐들의 1/4	쥐들의 1/4	쥐들의 1/4	쥐들의 1/4
맛이 가미된 물 ▼ 비교적 마시지 않음 (혐오)	오디오비주얼 물 ▼ 비교적 많이 마심 (비혐오)	맛이 가미된 물 ▼ 비교적 많이 마심 (비혐오)	오디오비주얼 물 ▼ 비교적 마시지 않음 (혐오)

〈표 5-1〉 • 맛을 '배탈', 오디오비주얼을 '충격'과 연관시키는 가르시아와 코엘링의 실험

맛과 냄새가 질병과 쉽게 연관되는 것은 인간 생존에 도움이 된다. 어떤 음식에 독이 있는 경우, 모습이나 소리보다 특정한 맛과 냄새로 판별될 가능성이 더 크다. 많은 후속 실험은 맛 혐오 학습과 관련하여 동물 생존에 도움되는 특이한 특성을 발견했다. 예를 들어 맛 혐오 학습은

음식을 섭취한 후 24시간 내에 가능하다. 만약 독이 있다면 몇 시간 지나지 않아 증상으로 나타난다. 로진의 실험에서 쥐들이 티아민 결핍 먹이를 마치 맛이 쓴 혐오 먹이 취급하듯이 접시를 뒤집고 난리친 행동을 기억해보라. 이 특성은 어떤 상황에서든 독 먹는 것을 피하게 한다. 맛 혐오는 새로운 음식에 일어나는 경우가 많다. 흔히 맛과 질병이 짝이 된 후에 맛 혐오가 형성된다는 사실은 우리가 탈이 날 만한 음식을 가능한 한 멀리하도록 도와준다.

맛 혐오 학습은 오직 연구자들의 관심 대상만은 아니다. 이 학습은 먹고 마시는 많은 장애를 이해하고 치료하는데 유용하기 때문이다. 맛 혐오 학습의 작동 원리를 이해하면 실용적인 목적으로도 이용할 수 있다. 칼 구스타빈손과 동료들은 미국 서부의 양 목장에서 코요테가 양들을 공격하는 것을 막는 데 맛 혐오 학습을 이용했다. 이전까지 많은 농장주는 간단히 코요테를 죽이는 쪽을 택했다. 하지만 코요테는 토끼 개체수 조절을 위해 생태계에서 귀한 동물이다. 구스타빈손과 그의 동료들은 코요테를 죽이는 것보다 코요테가 양을 피하게 만드는 것이 생태계에 훨씬 더 이롭다고 추론했다. 그래서 야생 코요테가 자주 출몰하는 지역에 배탈을 유발하는 약물을 묻힌 양고기 미끼를 놓아두었다. 곧 이 코요테들은 양을 먹는 것에, 아니 심지어 접근하는 것에 혐오감이 생겼다. 게다가 이 혐오 학습 후에 코요테들은 양에게 순종적으로 행동했고, 양이 다가가면 도망가는 일까지 있었다. 나는 이 놀라운 광경을 촬영해놓은 영상을 직접 보았다. 화면에서 코요테는 양이 가까이 있으면 실제로 위축되었다.

음식을 더 선호하게 하려면

어떤 것과 짝을 이뤄 맛 선호를 증가시키거나 감소시키는 흥미로운 방법은 많다. 한 가지 방법은 더 좋거나 더 나쁜 맛과 짝이 되게 하는 것인데, 더 좋은 맛과 짝이 되면 선호가 증가하고 더 나쁜 맛과 짝이 되면 선호가 감소한다. 심리학자들은 이런 학습이 커피나 차^{tea}처럼 처음에는 거부감이 들던 물질을 점차 좋아하게 만들 수 있다고 믿었다. 처음 커피나 차를 마신 때로 돌아가보라. 만약 차나 커피에 맛이 가미되지 않았다면 즐기는 음식이 되지 못했을 것이다. 커피나 차를 처음 마시는 사람은 대개 설탕이나 우유를 첨가한다. 처음에는 커피나 차의 맛이 설탕이나 우유의 맛과 연관되어 있지만 점점 덜 넣게 되고 마침내는 전혀 넣지 않아도 먹을 수 있다. 심리학자 데보라 젤너와 동료들이 이것을 입증하는 실험을 했다. 그들은 남녀 대학생들에게 당도가 다른 몇 가지 타입의 차를 여러 번 마시게 했다. 그 결과 특정 당도의 차를 여러 번 마실수록 그 차에 대한 선호가 점점 증가했다.

심리학자 카렌 에크로프와 앤서니 스클라파니의 실험은 짝을 지어 선호를 증가시키는 경우, 모든 단맛이 똑같이 효과적으로 작용하지 않았다. 그들은 쥐들을 대상으로 한 실험에서 두 가지 타입의 당분을 사용했다. 그것은 포도당(에너지원이 되는 당)과 과당(과일이나 채소, 꿀 시럽에 들어 있는 당)이었다. 아몬드나 바닐라 맛이 나는 실험실 먹이에 포도당이나 과당을 넣어 짝을 이루게 했을 때 과당보다는 포도당과 짝이 되었을 때 먹이의 풍미가 더 증가했다. 쥐들이 처음에는 과당을 선호했음에도 포도당과 결합된 먹이를 계속 먹은 후로는 포도당을 더 선호했다. 섭취 후에 과당보다 포도당이 생리적으로 더 긍정적인 효과가 있었던 것이다. 포도당이 과당보다 위 속에 더 오래 머물러 있고, 흡수된 후에는 과당보다 인슐린 분비를 더 증가시켰다. 이 실험에서 도출할 수 있는 결론은 쥐들조차도 과일보다 설탕을 더 선호한다는 것이다.

"시금치 먹으면 사탕 줄게"는 시금치를 더 싫어하게 만든다

이제 맛과 행동이 짝을 이루는 상황을 살펴보자. 벌치와 동료들은 아이들을 대상으로 관련 실험을 했다. 미취학 아이들에게 사과나 포도 주스를 마시면 그림 그리기나 자전거 타기 같은 놀이를 할 수 있게 해주었다. 그런데 오히려 과일주스에 대한 아이들의 선호가 감소했다. 한편 아이가 교실에서 좋은 행동을 할 때 특정 스낵을 주면 그것에 대한 선호가 증가했다. 이 실험은 무엇을 의미할까? 부모들은 한번 생각해볼 필요가 있다.

부모가 아이에게 시금치는 많이 먹이고 사탕은 덜 먹이고 싶을 때 아이에게 시금치를 먹어야만 사탕을 주겠다고 말하면 잘못된 방법을 사용하는 것이다. 이 연구에 따르면 오히려 시금치 선호를 감소시키고 사탕 선호를 높인다. 자녀들에게 밥을 먹어야 디저트를 먹게 해주겠다고 말하는 부모가 얼마나 많은가? 아마 거의 대부분일 것이다. 그렇다고 아이에게 아이스크림을 먹으면 시금치를 먹게 해준다는 말은 시금치를 선호하게 하는 효과는 없다. 시금치의 쓴맛(일부 사람에게)과 아이스크림의 단맛(실제로 거의 모두에게)이 너무 다르고, 시금치와 아이스크림의 극단적인 느낌을 바꾸는 것은 어렵다. 물론 벌치는 실험에서 극단적으로 호불호가 갈리는 음식을 사용하지 않았다. 그렇다 해도 부모들은 아이들의 섭식 행동에서 가이드라인을 정할 때 이 실험결과를 기억해둘 필요가 있다.

어떤 상황에 음식을 접했는지가 음식 선호에 영향을 미친다

한편으로 아이에게 칭찬을 해주고 상을 주면 그 음식에 대한 선택과 선호가 오래 지속된다는 증거가 있다. 따라서 아이에게 칭찬을 하거나 스티커를 주는 것이 건강한 식습관 형성에 도움이 된다는 말은 어느 정도 일리가 있다.

연구자인 브라이언 완싱크와 동료들은 여기에서 한걸음 더 나아가 주변 상황이 좋지 않을 때 음식을 먹으면 그 선호가 감소한다고 추론했다. 그들은 2차 세계대전 당시 태평양 연안에서 치열한 전투를 경험한 미국 퇴역 군인들이 유럽에서 전투를 경험한 퇴역 군인들보다 중국 음식과 일본 음식에 선호가 더 낮았다고 밝혔다. 어떤 상황에서 음식을 접했는지가 수십 년이 지난 후에도 그 음식 선호에 영향을 미치는 것이다.

아이 키우는 부모들의 정신을 번쩍 들게 하는 두 가지 사실이 있다. 3~6세짜리 아이들은 과일 막대 과자나 물고기 모양의 크래커 같은 간식에 접근을 제한하면 이후에 다른 것보다 그것을 더 적극적으로 먹으려고 애썼다. 한 걸음 더 나아가 미취학 아동들에게 "제발 수프를 마저 먹어!"라고 말하는 것만으로도 수프를 더 안 먹게 만들고, 그 음식을 부정적으로 생각하게 만드는 결과로 이어졌다. 다시 말해 내가 아들이 어렸을 때 건강하지 못한 음식을 멀리하고 건강한 음식을 가까이 하려고 했지만, 이런 내 시도는 정확히 반대의 결과를 만든 것이다. 내 시도는 지금 건강하지 못한 간식을 먹는 데 한몫한 셈이다.

무의식적으로 아이들의 음식 선호에 영향을 미치는 부모들

먹을 것과 관련된 경험이 선호를 바꿀 수 있다는 사실은 분명히 인간 생존에 도움이 된다. 하지만 먹어도 되는 음식인지 아닌지 같은 종끼리 정보를 공유하는 것이 더 안전하고 훨씬 더 효율적이지 않을까? 같은 종의 다른 구성원들이 아무 탈 없이 먹는 것을 보고 먹는 것이 훨씬 합리적이지 않을까?

몇 년 전에 방영한 라이프 시리얼 광고가 있었다. 세 형제가 부엌에서 한 번도 본 적이 없는 시리얼 박스를 앞에 놓고 서로 얼굴을 마주보고 있다. 막냇동생 이름이 마이키였다. "먼저 마이키에게 먹어보게 하자!" 다른 두 형제가 소리쳤다. 만약 마이키가 먹고 마음에 들면 그들도 먹을 것이다. 이것은 형들의 입장에서 보면 매우 영악한 생각이다. 만약 시리얼에 치명적인 독이 들어 있다면 마이키만 죽는다.

한 종의 구성원들이 많은 방식으로 서로의 음식 선호에 영향을 미친다. 음식을 주문하기 전에 같이 온 동료나 웨이터에게 충고를 구해본 경험이 있을 것이다. 시빌리 에스칼로나는 사람들의 사회적 상호작용으로 인한 음식 선호 변화를 관찰하고 기록한 최초의 사람이었다. 그녀는 1940년대 매사추세츠주의 여성 수감 시설에서 일한 심리학자였다. 그곳은 투옥된 여성들의 자녀가 세 살 이하면 보육시설에 아이를 맡길 수 있었다. 아기들이 교도소 보육원에 거주하면 엄마들은 자주 아이들을 방문해 돌보았다. 물론 시설의 보육사들뿐만 아니라 다른 재소자들도 그 일을 거들었다. 그녀는 다양한 상황에서 아이를 돌보는 사람들이 아이들의 음식 선호에 영향을 미치는지 관찰했다. 한 예를 보자.

생후 4개월 미만의 아기들이 오렌지주스나 토마토주스를 일관되게 싫어하는 것이 어쩌다 내 눈에 들어왔다(이 주스들은 같은 빈도로 교대로 제공되었다). 각 주스를 선호하는 수는 대략 같았다. 그런데 어느 시기부터 그런 선호는 바뀌었다. 약 3주간 오렌지주스를 거부한 아기가 가끔씩 2~3일간 선호의 변화를 보여주었는데, 그 이후로는 오렌지주스를 받아들이고 토마토주스를 거부했다. 조사 결과 아기들의 갑작스런 섭식 변화는 아기를 돌보는 사람의 배정과 관련 있었다. 우리는 아기들을 돌보는 학생들이 질문 의도를 눈치 채지 못하도록 학생들의 선호를 알아보았다. 조사 결과 아기를 맡은 학생이 아기와 선호가 같거나 아기와 불호가 같은 경향이 있었다. 토마토주스를 거부한 아기들에게 토마토주스를 먹인 사람들은 토마토주스를 싫어한다고 말한 어른들이었다. 그렇다면 선호가 뒤바뀐 아기들은 왜 그런 걸까? 인원 교체로 아이 관찰은 특히 부모의 정신을 번쩍 들게 한다. 전혀 자각하지 못하겠지만 부모는 아이들의 음식 선호에 영향을 미칠 수 있다. 어떻게 이런 일이 일어날까? 어른들이 아이에게 좋은 음식이니 먹어도 된다는 무의식적 신호를 어떻게 보낼까? 이것은 인간을 포함한 많은 종들이 보여주는 '수용과 거절 반응'과 관련 있다. 이 반응은 태생적으로 타고난다. 게다가 생후 36시간밖에 되지 않은 신생아들도 어른들의 얼굴 표정을 흉내 내는 것이 가능하다. 어른들은 아이들에게 먹을 것을 주면서 그 음식 선호를 의식적, 혹은 무의식적인 얼굴 표정으로 수용이나 거부를 말해준다. 이것은 어른들이 아기들에게 먹을 것을 줄 때 하나같이 이야기하듯이 "자, 아!" 하며 자신의 입을 같이 벌리고 아이의 입에 먹을 것을 넣어주는 이유를 설명한다.

에스칼로나의 연구는 통제된 실험이 아니었다. 그래서 그녀의 결과와 해석은 단정적이지 않다. 여러 해 동안 아이에게 먹을 것을 주는 사람의 얼굴 표정이 그것을 받아먹은 아이의 음식 선호에 어느 정도 영향을 미칠 수 있는지 단정적 결론을 내릴 만큼 적절히 통제된 실험이 없었다. 하지만 실험은 역겨운 얼굴 표정을 짓는 아이나 어른이 특정 음식에 대한 선호가 감소한다는 건 보여준다.

사람들은 서로의 음식 선호에 영향을 미친다

벌치는 몇 가지 흥미로운 실험을 더 했다. 사회적 상황이 다른 방식으로 아이들의 음식 선호에 영향을 미칠 수 있다는 것이다. 예를 들어 어른이 아이에게 단맛이 가미되지 않은 파인애플 통조림이나 캐슈(열대 아프리카산 견과류 열매)를 줄 때마다 매우 따뜻하게 대하면 그 음식에 아이의 선호가 증가했다.

웨일즈 뱅고어대학교의 심리학자인 자넷 그린헬프와 동료들은 또 다른 흥미로운 실험을 했다. 아이들에게(실험 목표가 되는 아이들) 그들보다 나이가 조금 더 많은 아이들(실험자의 지시대로 하는 아이들, 일명 공모자들) 몇 명이 있는 곳에서 개별적으로 새로운 음식(푸른 빵 같은 것)을 먹게 했다. 몇몇 경우 공모자 아이들이 새로운 음식이 맛있어 보인다며 그것을 먹었고, 다른 아이들 일부는 새로운 음식이 별로로 보인다며 먹지 않았다. 전자의 경우 새로운 음식에 대한 아이의 선호는 증가했고 후자인 경우에는 감소했다. 이 연구는 어른들이 새로운 것을 먹는 것을 목격하면 아이들이 직접 먹어보는 경향이 있음을 입증했다(앞에서 말한 시리얼 광고에서 두 형제가 마이키라는 막냇동생에게 먼저 먹어보게 하는 것과 비슷하다).

대학생들도 예외가 아니다. 다른 사람이 먹는 것을 보고 새로운 음식을 먹어보는 경향이 있었다. 어떤 학생이 포테이토칩과 카사바칩(카사바: 열대 지방의 뿌리 작물) 사이에서 선택할 때 다른 사람이 카사바칩을 집어 들면 같이 카사바칩을 집어 들 가능성이 높았다. 이런 실험은 사람들이 서로의 음식 선호에 영향을 미치는 매혹적인 방식의 일면을 설명한다.

쥐들을 대상으로 한 실험에서 이 효과를 훨씬 더 상세하게 조사할 수 있었다. 지금까지 가장 완성도가 높았던 실험은 심리학자 베네트 G. 갈레프가 한 것이었다. 그는 사춘기 쥐들이 어른 쥐들의 먹이 선호를 보고 학습하는 것을 확인했다. 게다가 이 선호는 세 가지 방식으로 전달되었다. 첫째, 취식지의 배설물 속에 있는 냄새나 맛 신호가 사춘기 쥐를 끌어들인다. 둘째, 취식지의 어른 쥐들이 사춘기 쥐들을 불러들인다. 셋째, 어미 쥐의 젖 속에 존재하는 특정한 냄새나 맛 단서를 통해 어미 쥐가 먹은 음식에 선호가 증가했다. 또 사춘기 쥐들은 한 가지 방법으로 적절한 먹이 선호를 배우지 못하면 다른 방법으로 배웠다. 시행착오보다 사회적 전달로 먹이 선호를 학습하는 것이 더 안전하기 때문이다. 또 갈레프는 어른 쥐들 사이에서 전달되는 먹이 선호는 오래 지속된다는 것 또한 확인했다.

다른 종에서는 어린것들이 같은 종의 어른들이 먹는 것을 보고 배웠다. 버빗 원숭이 새끼들은 푸른색의 쓴 음식보다 붉은색의 쓰지 않은 음식을 더 선호하는데 그것은 어미의 선호를 따라한 것뿐이다. 그들은 어느 것도 우연히 경험해본 적이 없다. 다른 한편으로 쥐는 먹이를 먹은 후에 아픈 쥐를 보면 그 먹이에 맛 혐오를 습득했다. 인간뿐만 아니라 쥐 혹은 다른 종이 같은 구성원들로부터 음식 선호와 혐오를 배우는 메커니즘은 한두 가지가 아니다.

문화도 음식 선호에 영향을 미친다

사람들은 서로의 음식 선호에 영향을 미친다. 이것은 음식 문화 태도 역시 음식 선호에 영향을 미칠 수 있다는 말이다. 요컨대 문화는 기본적으로 개인들 집단의 관점과 관행으로 이루어져 있다. 문화가 음식 선호에 영향을 미치는 방법은 다양하다.

미국 문화 어디에나 존재하는 광고를 생각해보자. 2~3세 정도의 아이들이 매년 평균 4천 회 이상 텔레비전 먹거리 광고를 시청한다. 13~17세 십대들의 경우 이 수치는 평균 연중 6천 회 이상으로 증가한다. 이런 광고에 나오는 먹거리 대부분은 영양이 부실하다. 건강과 직결되는 것은 좋은 영양이다. 사람들이 광고의 영향을 받는다면 심각하게 건강에 해로울 수 있다. 아이들이 텔레비전 광고에 등장하는 영양이 부실한 음식이나 음료를 사달라고 조르는 것을 경험한 적이 있을 것이다. 내 아들도 조른 음식이 있었는데 대개 설탕투성이인 역겨운 시리얼이었다. 영양이 부실한 어떤 먹거리(탄산음료 같은)의 선전과 광고는 아이들이 그것을 더 먹고 싶게 하고 실제로 더 먹는 것으로 이어진다.

음식 선호에 영향을 미치는 것은 노골적인 광고만이 아니다. 공영방송의 아이들 프로그램조차 건강한 음식보다 그렇지 않은 음식을 보여주는 경향이 있다. 광고와 텔레비전이 영양가 없는 음식을 선호하도록 조장하는 것이다.

문화는 또한 어떤 음식을 어떻게 먹어야 적절한지를 알려준다. 소금을 가미해야 하는 음식과 설탕을 가미해야 하는 음식이 무엇인지(이를테면 왜 아이스크림 위에 소금을, 달걀프라이 위에 설탕을 뿌리지 않는 것일까?), 어떤 온도로 먹어야 하는지(위장 장애가 있는 사람에게는 따뜻한 마실 것이 좋다고 생각한다), 하루 중 어떤 시간대에 어떤 것을 먹어야 하는지(미국인 들은 아침식사에 강낭콩을 잘 먹지 않고 저녁식사에 데니시 페이스트리^{Danish Pastry}를 잘 먹지 않는다), 곤충을 먹어도 되는지, 어떤 것이 도덕적이거나 윤리적인 먹거리인지가 여기에 포함된다. 사람들은 문화를 통해 어떤 특성을 가진 먹거리를 선호하는 법을 배운다.

또한 문화는 음식 친숙함이나 관찰 학습과 같은 음식 선호 메커니즘에 영향을 미친다. 또 어떤 것을 먹는 것이 건강한지를 반복해서 말해준다. 최근에는 다양한 타입의 음식 섭취가 어떤 건강의 이점이 있는지가 언론의 인기 있는 주제였다. 이 정보는 우리의 음식 선호에 영향을 준다. 적어도 어떤 조건에서는 말이다.

연구자 에리카 반 헤펜과 한스 반 트립은 음식물 포장에 건강식품을 나타내는 큰 체크마크의 밝은색 로고가 영양 라벨보다 더 많은 선택을 받는 것을 확인했다. 하지만 이것이 음식 선호가 실제로 바뀌는 것을 의미하지는 않는다. 내가 아는 사람들 중에 콜레스테롤 수치를 낮추는 약물 치료를 시작하자마자 지방질 쇠고기, 그리고 다른 고콜레스테롤 식품을 다시 많이 섭취하기 시작했다. 식품의 편의성과 영양 정보는 섭취량에 영향을 미칠지 모르지만 선호에 영향을 미치는 정도는 아니다.

마지막으로 종교가 미치는 영향을 생각해보자. 많은 종교에서 먹어도 되는 것과 안 되는 것이 있다. 그리고 이 규칙은 특정 종교를 믿는 사람들의 음식 선호와 같다. 예를 들어 많은 유대인이 돼지고기를 잘 먹지 않는다. 돼지고기를 선호하지 않는 것은 신도들이 서로서로 영향을 미치기 때문이다. 먹어도 되는 음식과 안 되는 음식의 종교적 믿음이 신자들의 생존에 도움이 된다고 주장하는 사람들도 있다.

아이들의 채소공포증 극복할 수 있을까?

미국 농무부는 접시에 올라오는 음식의 절반을 과일과 채소로 권장하지만 미국의 많은 사람이 그것을 따르지 않는다. 평균적으로 아이들과 어른들은 과일 권장량의 각각 80퍼센트와 60퍼센트를 섭취하고, 채소 권장량의 40퍼센트와 60퍼센트를, 녹색채소와 콩 권장량의 0.5퍼센트와 40퍼센트를 섭취한다.

　채소에 많은 사람이 가지고 있는 두려움을 지칭하는 말이 있다. 채소공포증(라차노포비아lachanophobia)이다. 과일과 채소의 섭취 증가를 위해 지난 몇십 년간 학자들은 많은 실험을 했다. 그들은 선호를 바꾸는 원리를 사용했다. 무수한 실험 결과, 아이들에게 과일과 채소를 노출시키고 자당 같은 아주 선호하는 맛과 짝을 이루게 하거나, 어른들이 아이들과 채소 이야기를 하는 긍정적인 상호작용만으로도 과일과 채소 선호가 증가했다(비록 여섯 번이나 노출시켜야 하고 일부 아이들의 경우에는 선호의 증가를 전혀 보여주지 않음에도 말이다).

　한 가지씩 자세히 살펴보자. 벌치는 3~5세짜리 아이들(실험대상자)에게 또래의 아이들(실험협조자)과 점심을 먹게 했다. 한 그룹은 한 명의 실험대상자와 서너 명의 실험협조자 아이들로 이루어져 있었다. 어른들이 각 그룹의 테이블에 음식이 담긴 접시를 내놓는다. 아이들 각각에게 실험대상자 어린이만 선호하는 채소와 같은 테이블의 실험협조자 아이들이 선호하는 채소 중에서 고르게 했다. 4일 동안 매번 같은 두 개의 채소를 내놓았다. 첫째 날에는 실험대상자 어린이가 먼저 선택하게 하고, 둘째, 셋째, 넷째 날에는 다른 아이들이 먼저 선택하게 했다. 며칠이 지나자 실험대상자 어린이는 자신이 선호하지 않은 채소를 고르는 일이 더 많아지고, 그것에 선호 또한 증가했다. 이 효과는 아이들에게 더 강했다. 이 모든 것을 종합해보면 부모가 아이에게 과일과 채소를 더 많이 먹이려면 다음과 같이 하면 된다.

아이에게 과일과 채소를 더 많이 먹이려면

- 먹이려고 하는 음식을 매우 느긋하고 좋은 분위기에서 아이에게 노출시켜라.
- 방에 있는 다른 사람들에게 그 음식에 대한 즐거운 이야기를 하고 먹게 하라.
- 아이가 매우 좋아한다고 영양이 없는 '대안 음식'을 절대 내놓지 마라.
- 처음에는 먹이려고 하는 음식을 아이가 매우 선호하는 맛과 결합시켜라. 혹은 매우 맛있는 소스에 넣어라.
- 아이를 칭찬해주고 스티커를 주거나 다른 상을 줘라(비음식적인 상이다).
- 이 과정을 여러 번 되풀이하라.

- 아이에게 어떤 음식을 먹이고자 그것을 먹는 조건으로 매우 좋아하는 다른 음식을 먹게 해주겠다는 말은 절대 하지 말라.
- 텔레비전 노출을 포함하여 가능한 한 어느 정도까지는 영양 부실 음식 광고에 노출되지 않게 하라. 건강한 음식 광고에는 노출시켜라.
- 아이의 음식 선호가 바뀌지 않아도 낙담하지 말라. 아이들이 느끼는 음식의 맛이 우리가 느끼는 것과 매우 다를 수 있다. 아이들에게는 실제로 꽤 부정적으로 느껴질 수 있다.

채소에 대한 아이들의 혐오에는 많은 다른 요인이 작용한다. 어떤 사람들은(이를테면 나 같은 사람들) 일부 채소에서 쓴맛을 더 느낀다. 어떤 화학물질에 대한 유전적인 맛 과민성 때문이다. 게다가 채소에는 인간이 태생적으로 선호하는 짠맛과 단맛이 약하고 지방 함량 또한 낮다. 벌치의 논문이 보여준 것처럼 아이들은 또래 친구들이 채소 먹는 것을 보면 그것에 선호를 배운다. 다른 사람이 채소 먹는 것을 보지 못한다면, 혹은 다른 사람이 분명히 채소를 좋아하지 않는 것을 아는데 그냥 먹는 것을 본다면(나는 어렸을 때 아버지가 채소를 제일 먼저 먹는 것을 보곤 했는데, 아버지가 접시 위에 있는 것들 중에서 제일 선호하지 않는 음식부터 먹는다는 것을 알고 있었다) 채소 선호가 생기기 어렵다.

음식 혐오의 다양한 타입

지금까지 우리는 사람들이 음식을 좋아하고 싫어하게 만드는 것이 무엇인지 살펴보았다. 나는 음식 혐오의 많은 정보를 심리학자 폴 로진과 에이프릴 E. 폴론의 분류법을 사용하여 네 가지 타입으로 요약 분류했다. '맛이 없어서, 위험해서, 식용으로 적절하기 않아서, 역겨워서' 사람들이 거부하는 음식이다.

혐오하는 음식 타입	묘사	음식 예	기원
맛이 없음	맛만 아니면 꺼려지지 않음	따뜻한 우유	내키지 않는 맛과 냄새, 배탈이 날 수 있음
위험함	인체에 해를 유발	독버섯	비위장 기관의 병을 유발할 수 있음
부적절한 음식	음식으로 여기지 않음	나무껍질	대개 싫은 맛, 직접 경험과 타인의 정보에 근거해 섭취나 소화가 되지 않음
역겨움	맛을 안 봐도 극소량이라도 역겨움 : 역겨운 음식과 짝을 이룬 물질도 포함	소변	이것을 역겨운 것으로 여기는 사람들과의 직·간접적 접촉

〈표 5-2〉

이런 혐오의 일부는 다른 사람들과의 접촉과도 관련 있고, 음식 자체의 경험과도 관련 있다.

맛이 없는 음식은 다른 맛으로 가리면 꺼리지 않을 수도 있고 전혀 먹지 못하는 것도 아니다. 대표적인 예가 따뜻한 우유인데 우유 특유의 향과 맛을 좋아하지 않는 사람들이 있다. 음식을 먹은 후 위에서 탈이 생길 때(주로 매스꺼움) 생기는 맛 혐오 학습이 대개 이 음식에 거부감을 유발한다. 이 음식 맛의 유전적 반응 또한 맛없는 음식으로 분류되는 음식 혐오의 결과를 낳는다. 또 음식을 먹고 알러지 반응에 동반되는 호흡 곤란 같은 것이 일어난다면 위험한 음식으로 분류되어 음식 혐오로 이어질 수 있다. 위험한 음식을 먹으면 몸에 신체적인 손상이 생길 수 있다. 이런 부류의 음식 혐오가 있는 경우 마법의 알약이 나와 그것을 예방해주기만 한다면 다시 기꺼이 먹을 수 있다.

위험한 음식의 예는 독버섯으로 직접적인 경험 때문이든 다른 사람들에게 들은 정보 때문이든 위험한 것으로 생각한다. 부적절한 음식은 먹거리로 여기지 않은 것들인데 나무껍질 같은 것이 그렇다(나에게는 나무껍질이나 상추나 풀이나 다를 바 없다). 이것은 맛의 유전적 반응과 직접적인 경험 때문에, 혹은 다른 사람에게 들은 정보 때문에 부적절한 음식으로 여긴다.

이제 내가 가장 관심 있는 역겨운 음식이다. 역겨운 음식은 아무리 잘 위장되어 있고 아무리 적은 양이라도 사람들이 입에 넣고 싶지 않은 것이다. 예를 들면 오줌이나 배설물이다. 역겨움은 인간과 동물을 구분하는 감정으로 기술되어왔다. 역겨운 느낌은 직접적이거나 간접적으로 사람들의 반응을 접한 경험이 일조한다. 어른들이 어떤 음식에 역겨운 반응을 보이면 아이들은 잠재적으로 그 음식을 역겹게 생각한다. 또한 역겨운 것과 관련된 적이 있거나 역겨운 것과 모양이 비슷해 역겨운 느낌이 드는 경우도 있다. 예를 들어 밀크셰이크를 마셨는데 바퀴벌레가 떠 있는 것을 보고 역겨워서 더 이상 먹지 않았다거나, 초콜릿 퍼지가 개 배설물처럼 보여 먹지 않는 경우도 있다. 전통적 학습 이론에 따르면 이것은 일리가 있다. 사람들은 사건이나 환경을 서로 연관시키는 경향이 있기 때문이다.

부모의 음식 혐오가 아이에게도 전달된다

이제 나의 해산물 혐오가 어떤 범주에 속하는지 한번 추측해보라. 만약 '역겨운 음식'으로 추측했다면 맞다! 나는 해산물을 만진다는 것은 생각만 해도 견딜 수 없고 내가 먹는 것에 작은 해산물 조각이라도 들어 있는 것도 다르지 않다. 언젠가 한 번은 내가 매사추세츠주의 마서즈 비니어드Martha's Vineyard(미국 매사추세츠주 남동부 근해의 섬)에 있는 내 친구 집으로 여행을 간 적이 있는데 그때 식사에 랍스터가 나왔다. 나는 그것을 먹지 않을 수 없었다. 소량을 삼키고 그럭저럭 넘겼다. 그런데 그날 밤 침대에 누워 있으니 계속 랍스터 맛이 입 안에서 감도는 것이 느껴져 끔찍했다. 마침내 나는 일어나 욕실로 갔고 입 안에 치약을 엄청나게 털어 넣어 입 안을 말끔히 세척했다. 그것은 어느 정도 도움이 되었다. 맛 혐오에 대한 세계적 전문가인 폴 로진은 해물 혐오의 원인이 무엇인지 알아내려고 애썼다. 랍스터가 역겨운 것으로 분류된다는 사실이 그를 당혹스럽게 했다. 그는 처음에 맛없는 음식 정도가 아닐까 예상했을 것이다.

　로진으로서는 결코 알 수 없는, 내가 최근에 알게 된 것은 어린 시절 생선과 관련된 일화였다. 몇 년 전 어머니가 내가 생후 9개월 반 정도 되었을 때 뭘 먹어야 하는지 소아과의사가 지시해준 사항을 적어놓은 기록을 내게 보여주었다.

　　"구운 생선- 대구, 가자미 넙치 같은 것으로 뼈는 잘 발라주고.
　　그리고 참치와 연어도 먹여보고."

　나는 어머니에게 그 생선을 요리했었는지 물었다.
　"오, 아니, 안 했지."
　어머니가 말했다.
　"난 생선 요리할 때 나는 냄새를 견딜 수가 없어."
　내가 좀 더 꼬치꼬치 캐묻자 어머니는 당시에 해산물 중에서 유일하게 랍스터와 새우만 먹었다고 했다. 참치는 아예 집으로 들이지 않았다. 내가 어렸을 때 어머니는 집에서 새우 찌는 것을 제외하고는 생선 요리를 한 적이 없었다. 어머니는 새우 요리할 때 나는 냄새는 다른 생선과는 달라 거북하지 않았다고 했다. 그 당시에 어머니가 새우를 찌던 상황이 생생하게 기억나는데, 나는 그 냄새가 너무 끔찍해 3층의 고미다락 옆방에 피신해 있었다.
　어머니도 나와 비슷하게 생선과 해산물 냄새에 극도로 민감했던 것이다. 이미 밝힌 것처럼 내 아버지 역시 그 냄새를 탐탁해하지 않았다. 내가 생선 냄새에 유독 민감한 것은 어느 정도 유전이다. 하지만 그 외적인 부분도 있는데 부모님이 내가 어렸을 때 생선 맛이 어떤지 알게 하지 않았다. 해산물은 내가 친숙함을 느끼는 음식이 아니었다. 더욱이 자랄 때 생선 냄새나 맛에 대한 어머니의 혐오 반응을 무의식적으로 접한 결과이기도 하다. 이 모든 것이 내가 생선을 정말 싫어하는 데 일조한 것이다.

타고난 선호를 바꾸기는 어렵다

음식 선호와 혐오가 생기고 바뀌는 것은 상당 부분 진화의 유산을 반영한다. 우리는 어떤 맛을 좋아하고 또 다른 어떤 맛을 싫어하도록 진화되었을 뿐만 아니라 어떤 조건이 되면 어떤 음식을 좋아하거나 싫어하는 법을 배우도록 진화했다. 이것은 칼로리와 소금을 얻는 것이 어려울 뿐만 아니라 영양도 고려하고 독성 여부까지 확인해야 했던 환경에서 인간의 생존에 도움이 되었다. 이제 더 이상 그런 세상이 아니라고 해도 달고 짜고 칼로리가 높은 음식을 선호하고, 건강 문제를 초래할 가능성이 높은 음식을 혐오하는 일은 지속된다.

우리 과거가 남긴 유산은 심각한 문제를 야기할 수 있다. 이제 맥도날드 같은 패스트푸드에 미국인이 집착하는 이유가 이해될지도 모르겠다(지금은 다른 나라에서도 그런 경향이 나타난다). 패스트푸드는 인간이 태생적으로 선호하는 단맛, 짠맛, 지방, 그리고 고칼로리로 이루어져 있을 뿐만 아니라 매우 친숙하다. 마지막으로 타임지에 실린 몇몇 사형수들이 최후의 식사로 선택한 식단을 소개할까 한다. 아마 크게 놀랍지는 않을 것이다.

〈테트 번디: 연쇄 살인마〉
1989년 1월 24일에 전기 사형을 당했다.
마지막 식사: 스테이크, 달걀, 해시드 브라운 포테이토, 커피.

〈개리 마크 길모어: 살인자〉
1977년 1월 17일에 총살당했다.
마지막 식사: 햄버거, 달걀, 감자, 커피, 위스키.

〈페리 스미스와 리처드 히콕 : 살인자들〉
교수형.
마지막 식사: 새우, 감자튀김, 마늘빵, 아이스크림, 딸기, 그리고 휘핑크림.

The
Psychology
of
Eating
and
Drinking

Chapter 06

우리는 왜
충동적으로
먹고
마실까?

충동과 자제력의 심리학

"메뉴를 보고 맛있는지가 아니라
무엇을 먹었을 때 한 시간 후에 몸에 건강한 느낌으로 남아 있는지 물어라."

_ B.F. 스키너 (심리학자)

이른 토요일 아침 그
녀는 침대에 누워 있다. 그녀는 집에 먹을 것이 별로 없다는 것을 깨닫
는다. 그녀는 먹을 것을 사러 식료품 매장으로 가야 한다. 부모님 집에도
방문해야 하고 오후에는 십대 아이들을 축구 연습하는 곳에 데려다줘야
한다. 그래서 장볼 시간이 많지 않다.

일단 그녀는 식료품 매장을 가기로 결정한다. 침대에서 좀 일찍 일
어나야 해도 정말 좋은 식품은 토요일 오전 10시경에 매진되기 때문에
지금 나가면 살 수 있다. 그런데 간밤에 빙고게임을 하느라 40달러(약 4
만 3천 원)만 남기고 모두 써버렸고, 신용카드는 한도 초과라 살 수 있는
식품의 양이 한정되어 있다. 목표는 마지막 남은 1달러까지 최대한 많

은 양을 사는 것이다. 축구 후에 집으로 돌아올 아이들과 사촌들의 저녁을 차려줘야 하기 때문이다. 비록 40달러로 배불리 먹일 충분한 양은 살 수 없지만 아이들과 사촌들이 다음 날 아침까지 배고프지 않을 만큼은 살 수 있다.

그녀는 차를 몰고 식료품점으로 달려가 매장 통로로 질주한다. 아이들과 사촌은 일단 가리는 것 없이 잘 먹는다(유칼립투스 나뭇잎만 먹는 코알라의 먹거리를 사는 것보다는 훨씬 복잡하지만). 그녀는 자신과 아이들이 가장 좋아하는 것은 살 수 없다(캐비아와 바닷가재). 40달러로는 충분한 양을 사는 것이 어렵다. 그냥 먹을 것만 살 수도 없고 마실 것만 살 수도 없다. 마실 것 없이 음식을 먹거나 또 마시기만 하는 것은 좋은 선택이 아니다. 그녀는 이것을 적절하게 배합해야 한다. 이 문제 외에도 귀한 시간이 낭비되지 않도록 어느 통로에 어떤 탄산음료가 있는지 기억해야 한다. 그녀는 탄산음료를 찾는 동안 갑자기 40달러로 그냥 자신이 좋아하는 것을 사버릴까 생각한다. 결국 그 돈을 번 사람은 아이들도 아니고 사촌들도 아닌 자신이기 때문이다. 하지만 최근에는 40달러로 살 만한 것도 없고 자신이 아이들과 사촌을 정말 사랑하는 것을 떠올리며 모두 잘 먹을 수 있는 것으로 사기로 결정한다.

이른 아침이라 매장에는 장을 보는 사람들이 많지 않다. 갑자기 장내에서 시끄러운 방송이 나온다. B코너 F코너에 식품 마케팅 시연을 한다고 한다. B코너에서 시연자가 새로 나온 와플기계로 미니어처 와플을 만들고 있다. 와플 하나가 만들어지는 데 5분이 걸린다. F코너에서는 다른 시연자가 새로운 타입의 크래커로 전채 요리를 만드는 데 평균 1분당 하나씩 나온다. 그녀는 아침에 일어났을 때 집에 먹을 것이 없어 아침을 먹지 않았음을 깨닫는 순간 미니어처 와플과 전채 요리가 자신이 정말 좋아하는 음식이라는 생각을 한다. 시연회가 기막히게 좋은 기회인 것 같다. 하지만 시간이 없다. 어떤 시연회로 먼저 갈까? 식료품 쇼핑 시간이 제한되어 있어 가능한 한 많이 먹으려면 같은 시연회에 계속 있어야 할까, 아니면 다른 시연회로 가야 할까? 어쩌면 전채 요리 F코너(1분당 하나)를 와플 B코너(5분당 하나)의 5배만큼 자주 갈지도 모른다. 왜냐하면 전채 요리가 와플보다 5배 자주 나오기 때문이다. 혹은 다음 전채 요리가 혹은 다음 와플이 언제 나올지 B나 F로 가는 데 걸리는 시간을 계산해야 한다. 그녀는 가장 많은 양을 얻을 수 있는 방법을 고려해 두 시연회를 왔다갔다할 것이다.

복잡하게 들리는가? 아마도 그녀는 식료품 매장에 갈 때 이 모든 것을 의식적으로 생각하지는 않았을 것이다. 하지만 그녀가 자각을 하든 못하든 심리학자들은 때를 불문하고 그것이 인간이 먹을 것을 선택하는 것과 관련 있고, 우리 조상들이 정글이나 사바나에서 먹을 것을 구하러 다니던 시절에도 해당되고, 지금 야생에서 동물들이 먹을 것을 택하는 것과도 관련 있는 요인이라고 주장한다. 실제로 그녀가 먹고 마시기 위해 선택하는 것이 먹고 마시는 심리학의 궁극적인 초점이다.

먹거리 선택은 생존과 직결된다

무엇이 인간과 동물이 특정 먹거리를 어떻게, 왜, 선택하는지 이해하도록 도움을 줄까? 아마도 먹거리 선택, 생존, 그리고 진화 사이의 관계를 알면 인간과 동물이 다양한 먹거리를 선택하는 요인을 더 잘 이해할 수 있을 것이다.

동물들이 생존에 도움이 되는 방식으로 먹거리나 마실 것을 선택하는 것은 놀랍지 않다. 야생에 사는 동물들이 직면한 가장 큰 문제를 생각해보라. 동물들은 에너지 요구를 충족시킬 수 있는 먹이를 구하고 물을 찾아 번식해야 한다. 동물은 주변 환경을 마음대로 선택할 수 없다. 주어진 환경에서 해야 한다. 동물의 왕국에서 획일적이고 안정된 먹거리 공급은 흔하지 않다. 주변 환경은 시간대에 따라 장소에 따라 달라진다. 시간이나 장소에 따라 최고의 먹이 선택이 달라질 수 있다. 같은 체인점인 식료품 매장들조차 지역적인 위치나 시간대에 따라 유통되는 품목이 다른 이유가 같은 이치이다.

동물들의 환경이 획일적이고 고정적이지 않음을 고려할 때 무엇을 먹고 마셔야 하는지를 놓고 한 가지 특정한 것만을 고르는 것은 최선의 선택이 아니다. 대신 우리는 '진화'라는 것이 동물들의 생존에 가장 도움이 되는 다양한 전략을 낳게 했을 것이라는 예상을 할 수 있다. 따라서 이 장에서 던지는 가장 중요한 질문은 이것이다.

"어떤 선택 전략이 우리가 생존하는 데 가장 큰 도움이 될까? 그리고 인간과 동물은 이 최고의 전략에 따를까?"

먹거리 선택 전략의 진화는 많은 측면이 있고 지속적이다. 먹거리 선택 전략만 진화하는 것은 아니다. 선택 전략에 요구되는 인지능력 또한 진화한다. 인지능력은 일종의 기억력 같은 능력이다.

두 종의 원숭이, 황금사자 타마린과 비트 마모셋은 기억력 과제에서 다른 수행 능력을 보였다. 5분 내의 것을 기억하는 일은 마모셋이, 24~28시간 내의 기억은 타마린이 더 잘했다. 마모셋은 나무에서 생성되는 일종의 수지(나뭇진: 소나무나 전나무 따위의 나무에서 분비하는 점도가 높은 액체. 또는 그것이 공기에 닿아 산화하여 굳어진 것)를 먹고 산다. 그들은 그것을 이빨로 뜯어먹는다. 이 수지는 빠르게 다시 채워지는데 때로 한 시간이 채 걸리지 않는다. 따라서 마모셋의 먹이 탐색은 그 지역의 나무로 한정되어 하루에 몇 번씩 지역의 나무를 들락거려야 한다. 수지가 차 있지 않은 나무로 가서 시간 낭비하는 일이 없도록 마모셋은 몇 분에서 한 시간 내에 갔던 나무를 잘 기억해야 한다.

반대로 타마린은 나무의 수지를 거의 먹지 않는다. 대신 곤충 같은 작은 동물과 익은 과일만 먹는다. 이 먹이는 전 지역에 넓게 퍼져 있다. 타마린이 이 먹이를 찾아내려면 넓은 거리와 시간대를 잘 기억해야 한다. 한 마디로 원숭이들의 인지능력과 먹이 선택은 각자 자신들에게 잘 맞도록 진화했다.

이제 먹거리 선택 전략과 인지능력이 인간에게 어떤 식으로 진화했는지 살펴보자. 일부 과학자들은 '인간의 탁월한 인지능력이 먹거리와 관련된 진화의 결과'라고 믿는다. 과학자 캐서린 밀톤은 인간이 진화할 때 먹을 것에 대한 압박을 받았을 것이라고 추정했다. 왜냐하면 육식성과 채식성이 동시에 진화하면서 먹거리 경쟁을 증가시켰기 때문이다. 잡식성 인간이 생존하려면 여러 곳을 다른 시간대에 돌아다니며 온갖 먹거리 원천을 능숙하게 찾아내야 했다. 그렇게 하려면 좋은 기억과 빠른 학습이 필수였기에 대뇌의 진화에 일조했다는 것이다. 밀톤은 이렇게 말한다.

"종합적으로 수집된 증거를 보면 영장류 진화는 주로 식이의 측면에서 보게 한다."

밀톤은 인간의 인지능력 외에도 미세한 손 조작 기술 같은 신체적 능력이 먹거리 선택에 일조하도록 진화했다고 믿는다. 손은 우리가 많은 것을 얻고 섭취하는 것을 가능하게 했다.

어떻게 먹거리를 선택할까

진화에 관심 있는 많은 연구자의 관심을 집중시킨 것이 있다. 바로 푸드 쉐어링(나누어 먹기)이다. 진화로 생존을 최대화시키는 먹거리를 선택한다면 나누어 먹기가 존재하는 이유는 무엇일까? 특히 먹을 것이 귀한 시절에 나누어 먹기는 생존의 가능성을 더 낮춘다. 그럼에도 불구하고 몇몇 문헌에 인간과 동물의 나누어 먹기의 경우가 나온다.

어린 까마귀는 큰 사슴의 일종인 무스MOOSE 사체 같은 좋은 먹이를 발견했을 때 혼자 먹지 않고 다른 곳으로 날아가 어린 까마귀들을 데리고 와서 함께 먹는다. 흡혈박쥐 또한 먹은 피를 게워내어 동료들에게 준다. 이렇게 하는 데에는 그만한 이유가 있다. 어린 까마귀들의 경우 생존하려면 꽤 일정한 양의 먹이를 먹어야 하는데, 더 나이든 까마귀들의 영토에서 어린 까마귀 혼자만으로는 사체에 접근할 수가 없다. 많은 어린 까마귀들을 함께 먹을 수 있는 곳으로 데려와 자신이 먹을 것을 구했음을 분명하게 알린다.

흡혈박쥐는 피를 섭취하지 않고 이틀 밤을 보내면 죽는다. 함께 보금자리에 드는 박쥐들은 서로 피를 나눈 동족인 경향이 있다. 박쥐들이 나누어 먹기를 할 때 같은 유전자를 가진 동족의 생존 가능성은 높아진다. 박쥐에게 먹이 공유는 자신의 유전자를 미래에 널리 퍼트리는 데 도움이 된다. 우리가 아이들이나 친척들에게 음식을 먹일 때도 그런 효과가 작동하는지도 모른다.

일부 과학자들은 동물들이 먹거리를 선택할 때 사용하는 전략들을 상당히 구체화시키려고 애썼다. 한 동물이 a먹이를 택했을 경우와 b먹이를 택했을 경우 얼마나 많은 시간과 에너지가 드는지 정확한 예측이 가능할 정도로 상세하게 수립했다. 만약 우리가 동물의 역사와 현재 환경의 모든 것을 안다면, 그리고 어떤 선택이 생존에 가장 도움되는지 잘 안다면 무엇을 선택하는지 근사치 예측을 할 수 있다고 과학자들은 믿는다. 그런 예측은 바람직하지 않은 섭식 행동을 교정하는 데 상당한 도움이 된다.

하지만 동물들이 먹이를 선택할 때 가장 많이 사용하는 전략과 관련해 과학자들의 의견은 하나로 일치되지 않았다. 결국 정교한 수학 모델을 세워 실제 동물들의 먹이 선택 행동이 그 모델에 따르는지 테스트했다. 이제부터는 인간을 포함한 동물의 먹거리 선택 행동에서 가장 대중적인 두 모델을 살펴볼 것이다. 바로 '대응 법칙'과 '최적 섭식 이론' 모델이다. 이 모델들은 각각 장단점이 있다. 이 장 첫 부분에서 식료품 매장의 두 가지 공짜 음식을 두고 인간은 이 두 가지 전략을 모두 사용할지 모른다고 말했다. 한 가지는 전채 요리 코너(1분에 한 개)를 미니어처 와플 코너(5분에 한 개)의 5배를 가는 것이고(대응 법칙), 다른 한 가지는 어느 쪽이 에너지 소모 대비 에너지 섭취가 많은지 계산해 효율적인 선택을 하는 것이다(최적 섭식 이론).

가능하면 많은 양을 선택한다 - 대응 법칙

대응 법칙은 동물들이 먹거리를 택할 때 총량이 최대가 되어야 한다는 간단한 법칙이다. 앞의 식료품 매장 시연회에서 공짜 음식을 얻을 수 있는 사례를 통해 대응 법칙을 살펴보자.

그녀는 한정된 시간 내에 전채 요리와 미니어처 와플 시연회에 가는 시간을 어떻게 분배할까? 어떤 전략을 사용해야 공짜 음식을 가장 많이 얻을 수 있을까? 두 시연회를 한다는 방송을 처음 들었을 때 그녀는 일단 전채 요리 시연회로 가야 한다. 전채 요리가 더 자주 나오기 때문이다(1분에 한 개). 하지만 5분이 지나면 미니어처 와플 시연회(5분에 한 개)에 가야 한다. 다시 와플이 나올 시간이 되었기 때문이다. 와플 시연회에 가서 와플을 하나 얻으면 다시 전채 요리 시연회로 가야 한다. 또 다른 전채 요리가 완성되어 기다리고 있기 때문이다.

대응 법칙은 하버드대학교 심리학자 리처드 헌스타인이 처음 공식

화한 것으로, 인간을 포함한 동물들이 평균적으로 이용 가능한 음식의 배급에 비례하여 음식이 나오는 곳에 몇 번을 가야 하는지 결정된다는 법칙이다. 따라서 대응 법칙에 따르면 전채가 와플의 5배만큼 자주 나오기 때문에 미니어처 와플 시연회보다 전채 시연회에서 5배 많은 시간을 보내야 한다.

과학자들은 소, 사람, 쥐, 비둘기를 포함하여 많은 종을 대상으로 이 대응 법칙을 테스트했다. 실험에 건초, 스낵푸드, 곡물, 실험실 쥐 먹이를 포함하여 많은 먹거리를 사용했다. 결과는 모든 종의 행동이 대응 법칙에 따랐다. 누가 어떻게 행동할 것인지 정확히 예측할 수 있는 심리학적 원리는 거의 없다. 내 연구의 많은 부분이 이 대응 법칙을 이용했다.

가능한 효율적으로 선택한다 -최적 섭식 이론

'최적화'로도 알려진 최적 섭식 이론은 먹거리나 다른 품목을 찾는 최고의 방법에 관한 이론을 지칭한다. 흔히 자연에서 먹을 것을 찾아야 하는데 잘 보이지 않으면 가능한 한 칼로리 소모가 적은 것을 찾으려고 할 것이다. 그런 전략은 생존에 상당한 도움이 된다. 최적 섭식 이론은 진화가 인간을 그런 식으로 생존하게 만들었다고 추정한다. 이 전략을 따르는 동물들이 성공적으로 번식할 가능성이 더 높다.

최적 섭식 이론은 모든 것을 에너지 측면에서 계산한다. 먹이 채집으로 얻은 에너지, 이동과 대사과정에서 소모한 에너지 모두를 말한다. 학자들은 최적 섭식을 돈을 벌고 쓰는 것과 본질적으로 비슷하게 여긴다. 섭취된 음식은 수입의 개념이고 그것을 얻기 위해 소모한 에너지는 지출 개념이다. 많은 과학자가 최적 섭식 이론을 경제학 이론의 틀과 나란히 놓는다. 먹고 마시는 선택 행동을 이해하기 위해 경제학 프레임을 사용하면 여러 면에서 도움이 된다.

첫째, 경제학 이론은 과학자들이 먹을 것과 마실 것을 어떻게 배합하여 섭취하는지 이해하는 데 도움을 준다. 먹이를 먹고 물을 마시는 전형적인 동물들의 식사를 생각해보자. 동물들이 음식과 물을 각각 얼마나 먹는지 따로 이해할 수 있을까? 서로 의존적 관계가 있기 때문에 이해하기가 어렵다. 앞에서 대다수 동물이 물과 음식을 같이 섭취한다고 이야기했다. 배고프고 목마른 동물이 물을 마실 수 없으면 음식도 가치가 없다. 이는 사람들이 식료품 매장에서 먹을 음식만 사거나 마실 음료만 사지 않는 이유이다. 대응 법칙은 그런 결과를 기술하거나 예측할 방법이 없다. 하지만 최적 섭식 이론의 경제학 프레임은 다르다. 경제학에는 다른 품목이 있고 없고에 따라 가치가 달라지는 품목 개념이 들어 있다.

연구자들은 최적 섭식 이론의 경제학 프레임 내에서 사람들이 어떤 음식을 선택하는지 돈, 시간, 그리고 노력의 구체적인 효과를 고려했다. 이 연구 작업의 가장 큰 고려대상은 돈이었다. 예를 들어 가난이나 경기 침체가 영양이 거의 없고 열량뿐인 정크푸드의 구입 가능성을 높일까? 그리고 정크푸드가 실제로 달러당 더 많은 칼로리를 줄까? 비록 연구자들의 관점이 만장일치는 아니라고 해도 이 두 질문의 답은 '그렇다'이다. 음식 선택에 관한 연구는 추가적으로 음식 선택에 영향을 미치는 비용 변수를 반드시 고려해야 한다.

음식 비용이 섭식 행동에 얼마나 강한 영향을 미치는지 매우 흥미로운 사례가 있다. 카네기멜론대학교의 한 학생은 캠퍼스에서 공짜 음식이 나오는 곳을 컴퓨터 프로그램으로 만들었다. 수천 개의 캠퍼스 이메일 리스트를 구독해 많은 것을 걸러내고 음식 관련된 것만 모은 결과였다. 이 프로그램을 사용하면 식비를 지출하지 않고 5개월 동안 보낼 수 있었다. 그는 이 프로그램을 다른 대학에도 전파했다. 하지만 이 모든 계산과 컴퓨터 프로그램조차 언제나 결과적으로 최적 행동은 아니다. 동물의 신체능력과 인지능력에는 한계가 있기 때문이다. 모든 동물의 섭식 행동에는 어느 정도 제약이 있다. 식료품 매장에 있어도 어느 통로에 탄산음료가 있는지 기억이 잘 나지 않을 수 있다. 결과적으로 최소한의 걸음과 에너지로 탄산음료가 있는 곳으로 가지 못한다.

최적 섭식 이론을 적용한 구체적인 사례 몇 가지를 살펴보자. 아마 많은 사람이 미시경제학과 거시경제학이라는 말을 들어본 적이 있을 것이다. 이 두 가지 타입의 경제학이 최적 섭식 연구에 사용된다. 먹이를 찾는 미시적 접근의 사례로 생물학자 그레이엄 파이케의 실험을 한번 보자. 새 관찰을 좋아하는 사람이라면 왜 어떤 새는 날면서 먹이를 먹고 어떤 새는 횃대에 앉아서 먹는지 궁금할 것이다. 파이케는 꽃의 과즙을 주로 먹는 두 종의 새로 이것을 연구했다. 날면서 먹이 활동을 하는 새는 벌새(몸 길이 주로 5센티미터 전후)였고, 횃대에 앉아서 먹는 새는 꿀빨이새(몸 길이 약 18센티미터 전후)였다. 그는 세 가지 타입의 연구를 했다.

첫 번째는 자연 상태에서 새들의 행동을 관찰하는 것으로 환경 측면의 관찰이었다. 그는 각 새가 꽃들 사이를 이동하는 거리, 꽃에서 보내는 시간, 그리고 각 새의 체중을 측정했다. 두 번째 연구는 조류장에서 이루어졌다. 그는 외과용 바늘로 조화를 만들어 설탕물을 넣었다. 이용 가능한 먹이의 정확한 양과 먹이 사이의 공간을 조절할 수 있도록 말이다. 세 번째 연구는 새들이 어떻게 먹이를 구하는지 가정뿐만 아니라 실제 섭식 행동 정보를 컴퓨터에 기록했다.

그 결과 두 새의 섭식 행동이 최적화된 상태임을 확인했다. 벌새가 날고 꿀빨이새가 횃대에 앉아서 먹는 것, 꽃들 사이의 패턴, 그리고 그들이 각각 꽃에서 보내는 시간은 최적화된 상태였다. 예를 들어 먹이를 구할 때 새가 날면 꽃들 사이로 더 빨리, 그리고 더 쉽게 움직일 수 있다. 하지만 이런 행동을 하면 그냥 횃대에 앉아 있는 것보다 더 많은 에너지가 들어간다. 따라서 날 때 에너지 소비가 덜한 벌새같은 작은 새는 날면서 섭취하는 것이 적합하고, 날 때 에너지 소비가 많은 꿀빨이새는 앉아서 섭취하는 것이 더 적합하다.

───────────────────────────

✐ Tip 06.

카우치 포테이토는 인간 진화의 산물이다

최적 섭식 이론과 미시적 접근은 우리가 좋아하는 카우치 포테이토(소파에서 포테이토칩을 먹으며 빈둥거리는 생활)에 새로운 관점을 제공한다. 동물이 먹거리를 구하기 위해 에너지를 많이 써야 할 때 동물의 행동을 한번 생각해보라. 심리학자 수잔 H. 미첼과 제스퍼 브레너는 먹이를 얻기 위해서 레버를 눌러야 하는 쥐들이 그것이 먹이를 얻는 유일한 방법일 때 더 세게 누른다고 했다. 하지만 쥐들이 먹이를 얻기 위해서는 레버를 세게 누르지만 그 외에는 에너지 소모가 증가하지 않도록 다른 에너지 소모를 확 줄였다. 비슷하게 카우치 포테이토들도 그렇고 대부분의 사람 또한 때로 가급적 에너지를 덜 소모하는 방법을 활용한다(텔레비전 리모컨의 승리이다). 이런 행동은 먹을 것이 제한된 환경에서 진화했다.

이제 거시적 접근의 몇몇 사례를 살펴보자. 거시적 접근은 경제학 원리를 사용하여 집단의 먹거리 선택 행동을 기술하는 것이다. 단맛 선호 내용을 다룬 부분에서 설탕 제품 가격이 낮아지자 제품 구매율이 올라 설탕 제품 섭취가 증가되었다고 한 것이 기억나는가? 단 음식과 마실 것을 선택할 때 경제학과 거시적 접근으로 설명할 수 있는 한 가지 사례이다. 설탕 섭취 증가는 산업화된 나라일수록 공통적으로 나타나는 패턴이다.

거시적 접근은 서로 다른 문화의 인류학 연구, 예를 들어 집단이 어떻게 함께 먹을 것을 구하러 다니며 먹을 것을 공유하는지 설명하는 데 사용되었다. 더 구체적인 사례로 파라과이의 아체^{Ache}(파라과이 동부에서 수렵 채집생활을 하는 인디오) 채집자들과 베네수엘라의 히위^{Hiwi}(남미에서 수렵과 채집생활을 하던 유랑민족) 채집자들은 서로 협동하여 특정한 원천에서 먹거리를 얻는다. 하지만 그것을 섭취해 얻는 에너지가 먹을 것을 구할 때 소모되는 에너지보다 더 많을 때만 그렇게 한다. 곤충이 먹거리로 인기가 있는 것은 칼로리와 단백질의 원천이고, 손에 넣는 데 비교적 에너지가 들지 않기 때문이다.

우리는 왜 충동적으로 음식을 먹을까?

먹고 마시는 선택에서 가장 중요한 요인은 바로 자제력과 충동이다. 여기서 자제력은 더 작고 안 좋은 음식을 즉시 먹는 것보다, 더 크고 더 좋은 음식을 나중에 먹을 수 있는 능력이고 충동은 그 반대이다. '대응 법칙'과 '최적 섭식 이론'은 이런 선택을 어떻게 설명하고 예측할까? 먼저 자제력과 충동이 무엇을 말하는지 조금만 더 이야기해보자. 20세기 매우 중요한 심리학자인 B. F. 스키너는 음식 자제력의 사례를 이렇게 들었다.

> "자제력의 원칙:
> 메뉴를 보고 무엇이 맛있는지가 아니라
> 무엇을 먹었을 때
> 한 시간 후에 몸에 건강한 느낌으로 남아 있는지 물어라."

한 아이의 어머니가 화요일 저녁마다 아이에게 저녁식사에 나온 채소를 다 먹으면 그날 밤에 쿠키 세 개를 주겠다고 말한다(앞에서 이미 말했지만 이것은 아이가 채소를 더 싫어하게 하고 쿠키를 더 좋아하게 만든다. 이런 사례를 드는 것은 현실 상황과 비슷하기 때문이다). 아이는 채소를 다 먹었다. 어머니가 쿠키를 주려고 항아리를 보니 쿠키가 하나밖에 없다(남편은 쿠키를 거의 먹지 않지만 아무도 모를 것이라고 생각하고 살짝 먹었을 수도 있다). 그녀는 아이와 한 약속을 지키는 것이 중요하다고 생각하지만, 쿠키가 없자 대안으로 아이에게 두 가지 중에서 하나를 선택하게 한다. 한 시간 후에 쿠키 하나를 먹는 것, 내일까지 기다리면 세 개를 먹는 것. 내일 가게에 가서 사면 내일 저녁식사 후에 이용할 수 있다. 하지만 두 가지를 동시에 선택할 수는 없다.

만약 아이가 당장 한 개의 쿠키를 선택하면 충동의 예다. 다음 날 저녁 세 개의 쿠키를 먹겠다고 한다면 자제력의 예다. 아이가 더 많은 쿠키를 얻으려면 자제력을 보여야 한다. 아이들뿐만 아니라 많은 사람이 이런 상황에서 충동적인 모습을 보인다.

'대응 법칙'은 이 상황을 어떻게 예측할까? 대응 법칙은 음식 양이 많을수록 더 선택해야 하고 음식이 지연될수록 선택하지 말아야 한다고 주장하는 법칙이다. 지연은 음식의 가치를 하락시킨다. 지연될수록 음식 가치는 점점 더 하락한다. 이 사례는 내일 먹는 양이 지금보다 3배 많지만 24배 지연된다. 따라서 지연된 쿠키 세 개는 지연되지 않은 쿠키 한 개보다 가치가 낮다. 대응 법칙은 아이가 충동적이고 당장 먹을 수 있는 한 개의 쿠키를 선택할 거라고 예측한다. 실험을 하면 대부분 양이 많지만 지연되는 것과 양은 적지만 당장 먹을 수 있는 것 사이에서 자주 충동적인 선택을 한다.

'최적 섭식 이론'은 이에 대해 무슨 말을 할까? 자제력이 중요할까? 당장 충동적으로 먹는 것이 중요할까? 먼저 앞에서 나온 식료품 매장의 이야기로 돌아가 그녀가 공짜 와플을 기다리고 있는 동안 일어날 수 있는 모든 일을 상상해보자. 지연 기간 중에 그녀는 어떤 일이 생겨 와플을 전혀 먹지 못할 수도 있다. 그 이유로는,

a. 그녀는 아이가 빨래용 세제로 개를 씻기려고 한다는 전화를 받

왔다.

b. 그녀는 심장마비로 쓰러졌다.

c. 반쯤 익은 와플을 먹어치우는 배고픈 아이들 때문에 와플 기계가 일찍 열렸다.

d. 와플 기계가 고장 나서 와플이 타버렸다.

이런 사례들은 먹을 것을 기다리는 것이 위험한 제안일 수 있다는 것을 보여준다. 이런저런 일로 그녀는 결국 먹지 못할 수 있다. 심리학자 에드먼드 판티노의 언급처럼 말이다.

"미래는 불확실하다. 디저트를 먼저 먹어라."

인간을 포함한 대다수 종은 먹을 것이 산발적으로 존재할 뿐만 아니라 먹을 것을 구하는 것이 보장되지 않은 환경에서 진화했다. 그런 상황에서는 먹을 것이 생기면 일단 먹는 것이 유리하다. 특히 배가 고프다면 말이다. 자연에서 배는 고픈데 의존할 만한 먹거리가 많지 않다면 가장 합리적인 행동은 일단 들어오는 것은 무조건 먹고 보는 것이다. 다른 선택을 하면 더 좋은 것을 찾기 위한 에너지를 충분히 비축하지 못하거나 죽을 위험을 감수해야 한다. 따라서 최적 섭식 이론이 예측하는 최적의 선택은 지연된 더 큰 음식보다 작아도 당장 먹을 수 있는 음식을 택하는 것이다.

음식을 먹을 때 충동적이지 않으려면

다른 한편으로 주변 환경에 먹을 것이 많을 때 동물들이 먹이를 구하기 위해 위험을 무릅쓸 가능성이 높았다(에너지 비축이 많기 때문이다). 인류학자 이안 킬비와 리처드 랭햄의 실험에서 우간다의 침팬지들이 주변에 먹을 것이 전혀 없을 때보다 식물성 먹거리가 풍부할 때 성공 확률이 높지 않은 콜럼버스 원숭이 사냥에 나설 가능성이 더 높았다. 자제력 문제에 '대응 법칙'이든 '최적 섭식 이론'이든 이런 행동의 생리학적 바탕을 이해하면 행동을 예측하거나 교정할 때 매우 유용하다. 과학자들은 아직 자제력이나 충동의 생리학적인 기반을 정확히 모른다. 신경전달물질인 세로토닌이 일정 부분 역할을 하지 않을까 하는 약간의 단서만 있다.

한 실험에서 연구자들이 몇몇 쥐들의 뇌(시상하부를 비롯하여)에서 세로토닌 양을 감소시켰다. 이 쥐들은 다른 쥐들에 비해 지연된 먹이를 기다리지 못했다. 인간의 경우 뇌피질의 전두엽 부분이 손상된 환자들이 충동적으로 행동하는 경향이 오래전부터 관찰되었다. 자제력에 있어 중요한 해부학적이고 화학적 요소가 조금은 밝혀진 셈이다(세로토닌 감소와 전두엽 손상 환자들이 충동적으로 행동한다).

자제력을 증가시키는 한 가지 방법은 음식을 당장 손에 넣을 수 있는 시점이 아닌, 가능하면 같은 미래의 시점 사이에서 선택을 하게 하는 것이다(당장 먹을 수 있는 것의 가치는 그만큼 크다). 쿠키 선택의 경우 한 시간 후에 하나를 먹는 것과 내일 세 개를 먹는 것 중에서 고르는 것이 아니라, 내일 저녁에 하나를 먹는 것과 모레 저녁에 세 개를 먹는 것 중에서 고르게 한다면 아이는 세 개의 쿠키를 선택할 가능성이 높다. 이렇게 선택지를 바꾸면 세 개의 쿠키가 지연으로 가치가 하락해도 내일 먹을 수 있는 한 개의 쿠키 역시 지연으로 가치가 하락한다. 이 경우 아이에게는 세 개의 쿠키가 한 개의 쿠키보다 훨씬 더 가치 있다.

하지만 하루가 지나고 선택을 바꾸는 것이 허락된다면 아이는 한 시간 후에 쿠키 한 개 먹는 것으로 선택을 바꿀 수도 있다. 다음 날은 1시간 후에 한 개의 쿠키와 24시간 후에 세 개의 쿠키 중에서 선택하는 것과 의미가 같아지기 때문이다. 따라서 아이의 자제력을 유지시키려면 애초에 돌이킬 수 없는 선택을 하게 하고, 아이가 선택한 것을 바꾸도록 허용해서는 안 된다. 일단 아이가 선택하면 누구도(아버지도 할아버지도 베이비시터도) 아이의 선택과 마음을 바꾸게 할 수 없다는 걸 종이에 적어 냉장고에 붙여놓는 것도 한 방법이다.

충동적이지 않도록 사전 예방 차원에서 어떤 것을 할 때 이것을 '사전 위탁 방안precommitment device'이라고 부른다. 사전 위탁 방안은 자제력을 강화시키는 모든 방법 중에서 가장 유용하다. 나 역시 사전 위탁 방안을 자주 활용한다. 이를테면 점심시간에 초콜릿케이크를 충동적으로 먹지 않기 위해 요거트, 크래커, 과일로 이루어진 점심을 직장에 가지고 간다.

자제력을 높이려면

지연 기간 중에 생긴 일 또한 자제력에 영향을 미친다. 만약 배가 고프고 음식이 어떤 맛이 날까에 생각이 집중되어 있다면 기다림은 더 힘들다. 하지만 배가 고파도 음식이 아닌 다른 일에 정신이 팔려 있다면 맛있는 음식을 기다리기가 더 쉽다. 콜롬비아대학교 심리학자인 워터 미첼과 동료들은 아이들을 대상으로 한 실험에서 쿠키가 얼마나 맛있을까 같은, 먹고 싶은 생각이 들게 하는 음식 특성을 생각하면 자제력 유지가 어렵다는 걸 알아냈다. 하지만 쿠키의 둥근 모양이나 그 속에 있는 작은 점 같은 특성을 생각하면 자제력 유지가 더 쉬웠다. 이런 생각을 가리켜 '핫한 생각(자제력 유지를 어렵게 만드는 생각)'과 '쿨한 생각(자제력 유지를 쉽게 만드는 생각)'이라고 한다. 지연 기간 중에 게임을 하거나 심지어 잠이 드는 것은 핫한 생각을 감소시켜 아이들의 자제력을 높인다. 지연 중에 정신을 쏙 빼놓는 뭔가를 하는 것이 자제를 도와주는 것이다.

신호가 자제력에 미치는 효과 또한 연구되었다. 예를 들어 비둘기들의 경우 음식 지연 기간 중에 색깔 전등이 있을 때, 그리고 그 전등 색깔이 자제력 선택인지 충동 선택인지 나타낼 때 더 많은 자제를 보여주었다.

핫한 생각과 쿨한 생각, 기억나게 하는 신호, 그리고 정신을 다른 데 팔게 만드는 행동의 효과와 관련해 한 가지 생리학적인 설명이 가능하다. 그것은 음식과 연관된 주위 환경의 몇 가지 측면이 인슐린 분비를 촉진시키고 배고픔을 증가시킨다는 것이다. 배고픔의 증가가 사람들의 충동을 증가시키는 것을 고려하면 핫한 생각과 쿨한 생각은 인슐린 분비의 변화를 야기한다. 눈앞에 맛있는 초콜릿케이크가 보이기만 해도 우리 인체는 인슐린을 분비한다. 그리고 점심식사를 막 끝냈어도 조금이라도 먹고 싶은 생각을 버릴 수가 없다.

인슐린 분비가 자제력, 그리고 핫한 생각과 쿨한 생각과 관련 있다는 가설을 뒷받침하는 추가적인 증가가 있다. 다이어트를 하는 사람과 비둘기 양쪽 다 음식이 눈에 보이지 않을 때 자제력이 더 좋아졌다.

마지막으로 시간 경과 그 자체가 자제력에 영향을 준다. 예를 들어 세 개의 쿠키를 기다리는 동안 잠이 든다면 시간은 훨씬 더 빨리 간다. 시간이 매우 빨리 간다는 느낌이 들면 세 개의 쿠키 가치는 지연돼도 그렇게 많이 절하되지는 않는다. 잠드는 것뿐만 아니라 재미있는 활동을 하는 것, 어떤 약물을 섭취하는 것, 어떤 암시적 신호를 이용하는 것은 시간이 더 빨리 가는 것처럼 느껴지게 하고 결과적으로 자제력에 긍정적 영향을 미친다.

처음 유럽으로 여행가는 날 오후 나는 매우 흥분했고 공항으로 달려가고 싶어 안달 나 있었다. 그때 남편이 영화 〈대부〉를 보여주었다. 극장에 있는 동안 공항으로 가기 위해 기다리는 시간이 쏜살같이 지나는 것 같았다. 하지만 배고픈 것, 맛있는 음식이 눈앞에 보이는 것, 어떤 다른 약을 먹는 것, 혹은 재미없는 활동을 하는 것은 언제나 시간이 더디게 가는 것처럼 느껴져 자제력이 감소한다.

눈에서 멀어져야 입에서도 멀어진다

음식 선택에 관한 자제력과 충동은 주위 환경에 따라 교정될 수 있다. 예를 들어 음식이 숨겨져 있는 경우 사람들이 자제력을 유지하고 즉시 먹지 않을 가능성이 더 높았다. 연구자들은 주변 환경을 바꿔 음식 선택을 바꾸는 많은 방법을 연구했다. 이런 조사의 목표는 특정 음식에 대한 호불호를 바꾸는 것이 아니라 실제로 그 음식 선택 여부를 바꾸는 것이다. 리처드 H. 탈러 교수와 캐스 R. 선스타인 교수는 저서인 《넛지: 건강, 부, 행복에 관한 결정을 향상시키기》에서 음식 선택 여부를 바꾸는 여러 가지 형태의 개입을 기술했다. 개입의 몇 가지 형태는 구내식당 이용자들이 구입하는 음료나 과자, 사탕 같은 것을 어디에 두는지, 자판기를 어디에 두는지, 음식점 메뉴에 영양 정보를 게시하는지, 특정 음식에 세금을 부과하거나 가격을 올리는지, 음식이 선택으로 제공되는지 여부 같은 것이다.

구내식당에서 음식의 배치를 바꾸는 효과는 허버트 메이젤멘 교수와 동료들이 학생들을 대상으로 한 두 가지 영리한 실험에서 잘 보여준다. 이들은 많은 먹거리가 구비된 대학 구내식당에서 사탕과 포테이토칩을 일부러 접근성이 좋지 않은 곳에 위치시켰다. 각 실험의 첫 부분에서는 사탕(실험1) 혹은 포테이토칩(실험2)을 학생들이 음식 값을 지불하고 나가는 네 곳의 요지에 위치시켰다. 각 실험의 두 번째 부분에서는 학생들이 음식 값을 지불하는 곳에서 조금 떨어진 곳으로 가야만 사탕이나 포테이토칩을 살 수 있었다. 그리고 그곳에 가서 다시 줄을 서야 했고 구입한 것을 따로 지불해야 했다. 위치는 사탕이나 포테이토칩을 어디에서 살 수 있는지 묻는 경우에만 카페테리아 카운터 직원이 알려주었다.

실험자들은 학생들이 사탕이나 포테이토칩을 사는 것이 용이하지 않자 구입하는 경향이 줄어드는 것을 발견했다. 그런 조건에서 학생들은 사탕이나 포테이토칩이 아닌 과일이나 다른 종류의 디저트를 사는 쪽으로 바뀌어갔다. 이것은 분명히 먹거리 선택에 영향을 미쳤다. 정크 푸드뿐인 자판기를 건물 주요 입구에 위치시키지 않고 지하로 추방시키면 모든 직장인의 섭식 행동에 어떤 효과를 미칠지 상상해보라.

우리는 우리의 건강을 지킬 권리가 있다

뉴욕 시장 마이클 블룸버그가 빅사이즈 탄산음료 판매를 법적으로 금지시키려고 했을 때 어떤 품목의 선택권을 박탈하는 전략이 뉴욕에서 큰 뉴스였다. 그 운동을 지지하는 사람들과 조직도 많았지만 반대하는 사람들도 적지 않았다. 〈뉴욕타임즈〉와 다른 매체에 논란이 반복적으로 올라왔다. 2012년 6월 18일자 잡지 〈더 뉴요커The New Yorker〉에는 '탄산음료 느와르'라는 제목으로 오웬 스미스의 그림이 실렸다. 어둑어둑한 도시 모퉁이에서 한 남자와 여자가 특대 사이즈의 탄산음료를 들고 공포에 찬 표정을 짓고 있는 그림이었다. 그들이 들고 있는 특대 사이즈의 탄산음료 판매 금지는(법적인 문제로 효과를 보지 못했다) 블룸버그 시장이 마지막으로 공중 보건을 위해 취한 조치였다.

탄산음료 판매를 금지하려는 움직임에 반대자들은 누구나 선택의 자유가 있다는 논리로 맞섰다. 대중에게 정보를 주는 것은 괜찮지만 어떤 먹거리에 접근하지 못하게 하는 것과 선택을 차단하는 것은 지나치게 가부장적이고 통제적이라는 것이다. 하지만 그 운동을 지지하는 사람들은 탄산음료의 제조업자들과 유통업자들이 사람들의 소비와 섭취를 최대화시키기 위해 엄청난 시간과 돈을 쏟아 붓는다고 지적했다. 제조업자들과 유통업자들이 모든 것을 총동원하여 대중이 건강하지 못한 식습관을 형성하는 데 일조하는데 왜 허락해야 할까? 그러면서 건강한 식습관을 위한 조치는 왜 막을까?

독자들은 내가 이 논란의 어느 쪽을 질책하는지 어렵지 않게 추측할 수 있을 것이다. 앞에서 언급한 것처럼 우리 인체는 인간이 진화한 시절의 환경과는 매우 다른 환경에 적응되어 있다. 따라서 우리가 건강을 유지하려면 우리가 만든 비정상적인 환경을 바꾸기 위한 개입을 하고 조치를 취하는 것은 매우 적절하다.

Chapter 07

우리가
먹는 것이
우리를
만든다

먹고 마시는 것의 심리학

"잘 먹는 것이 사는 것을 더 쉽게 만든다."

_ 셰익스피어

지금까지 우리는 먹고 마시는 것에 영향을 주는 요인들을 살펴보았다. 이제는 방향 전환을 해보자. 우리가 먹고 마시는 것이 행동에 어떤 영향을 미칠까? 누군가가 극단적으로 오랜 기간 음식을 먹고 마시지 않으면 모든 행동은 정지되고 결국 죽는다. 하지만 어느 정도 먹는 상황이라면 어떨까? 그런 상황에서 먹는 것이, 혹은 먹지 않는 것이 행동에 영향을 미칠까? 그리고 어떤 효과가 나타날까? 셰익스피어뿐만 아니라 프랑스인들은 잘 먹는 것이 사는 것을 더 쉽게 만든다고 말했다. 이 말은 옳을까?

우리 몸의 모든 부분은 우리 그리고 우리 어머니들이 섭취한 어떤 영양분에서 비롯되었다. 다른 포유류들이 그렇듯 영양분은 탯줄이나 입을 통해 들어온다. 만약 우리 몸의 모든 것이 섭취된 영양분에서 비롯되었다면, 그리고 우리 몸의 기능이 우리 행동이라면, 우리가 먹고 마시는 것이 우리에게 어떤 영향을 미칠까? 유명한 작품《이상한 나라의 앨리스》에 나오는 앨리스의 말처럼 우리는 먹고 마시는 것의 영향을 받는다.

"어떤 것을 먹고 마실 때마다⋯
뭔가 흥미로운 일이 반드시 일어난다는 것을 알아요."

이 장에서 우리는 두 가지 기본 유형을 볼 것이다. 먹고 마시는 것에 결핍이 있을 경우 비정상적인 행동을 유발하는 유형, 평범한 섭취가 구체적인 행동을 유발하는 유형이 그것이다. 누군가에게 병이나 심리적인 문제를 호소하면 어떤 것을 먹고 마시라고 하면서 '완전한 자연산'이기 때문에 좋다고 하는 걸 들은 적이 있을 것이다. 이것은 먹고 마시는 것이 행동에 영향을 미치고, 일정 부분은 약으로써의 기능을 한다는 인식 때문이다.

질병을 예방하고 건강을 증진시킬 수 있는 먹거리를 기능성 식품이라고 한다. 기능성 식품은 많은 문화에서 수천 년 동안 사용되어왔다. 중국인들은 전통적으로 뭉근한 불에 졸인 오리알과 녹차가 당뇨병에 좋다고 믿는다. 기능성 식품은 미국 식품 산업에서도 성장하고 있다. 하지만 사람들이 미처 깨닫지 못하는 것이 있다. '자연 식품'이라고 반드시 좋은 것만은 아니다. 자연에 병의 증상을 개선시키는 먹거리가 많다고 해도 인간에게 비정상적인 행동을 유발하는 독과 독성물질 또한 적지 않다.

영양 부족은 인지능력에 영향을 미친다

실제로 모든 사람에게 영향을 미치는 영양 부족도 있지만 일부 사람들의 행동에만 문제를 야기하는 영양 부족도 있다.

출생 전후 시작되는 초기의 영양 부족부터 살펴보자. 유아기와 어린 시절의 영양 부족은 아이들의 인지 발달을 저해할 수 있다. 하지만 영양보조제를 먹으면 이런 영향을 일부 없앨 수 있다. 아이들의 영양 부족과 인지 발달 손상 간의 관계는 간단한 것이 아니라고 과학자들은 입을 모은다. 아이의 영양 상태는 환경과 상호작용하는 과정에서도 인지 발달이 손상될 수 있다. 아이의 지적인 발달은 적절한 영양과 지적 자극이 주어지는 환경 모두 필요한 것이다.

터프츠대학교의 영양학자인 어네스토 폴릿과 동료들은 과테말라의 한 마을에 사는 가난한 아이들을 대상으로 연구했다. 그들은 1969년부터 8년 동안 두 마을의 아이들에게 고칼로리 고단백질 영양보조제인 아톨Atole(가루 영양제)을 주었다. 반면 다른 두 마을 아이들에게는 저칼로리이고 단백질이 함유되지 않은 달콤한 음료인 프레스코Fresco를 주었다. 20여년 후에 인지 테스트에서 아톨을 먹은 아이들(지금 성인이 된) 대부분이 프레스코를 먹은 아이들보다 훨씬 우수했다. 또한 교육을 받으면 받을수록 이 두 집단 간의 차이가 벌어졌다. 마치 아톨의 더 나은 영양이 아이들이 교육 기회를 적극 활용하게 하는 것처럼 보였다. 영양 부족은 아이들의 에너지, 호기심, 혹은 환경 변화의 반응성을 감소시키고 아이들의 학습능력을 저해한다.

또한 여러 가지 이유로 나이든 사람들은 영양 부족에 노출될 가능성이 높다. 나이가 들면 미각과 후각이 손상되고 결과적으로 잘 먹지 못한다. 영양 부족은 심리 문제뿐만 아니라 기억 손상의 원인이 된다. 따라서 노인들에게는 영양보조제가 중요하다.

식사를 거르지 말아야 하는 이유

한 끼 식사를 하거나 안 하는 것은 성인들뿐만 아니라 아이들의 인지능력에 영향을 미친다. 밤에 먹은 것이 없는 상태에서 아침을 거르면 아이들과 어른들 모두 기억력 테스트에 낮은 점수를 보였다. 하지만 심리학자 앤드류 스미스와 동료들이 여성들을 대상으로 실험한 결과, 적절한 칼로리의 점심을 먹은 경우나 그것보다 40퍼센트 더 적게 먹는 경우나 집중을 요구하는 과제에서 오류를 범한 수에 큰 차이가 없었다. 조금 줄여 먹어도 정상적인 양을 먹는 것만큼 인지적으로 좋았다. 반면에 권장량보다 40퍼센트 더 높은 칼로리의 점심은 집중을 요구하는 일에 상당히 많은 실수를 하게 했다. 따라서 오후에 작업 수행 능력을 좋게 하려면 점심은 조금 적게 먹고 거창하게 식사하는 것을 피해야 한다.

영양 부족이 장기적으로 아이들과 성인에게 어떤 결과를 가져올까? 그런 상황이 행동에 영향을 미칠까? 많은 경우 답은 '예스'이다. 이미 앞에서 염분이 결핍되면 어떤 경험을 하지 않아도 자동적으로 그 물질에 선호가 증가한다고 학습했다. 다른 영양분 결핍도 마찬가지다. 엽

산, 철 그리고 비타민 B 결핍은 아이들의 인지능력을 저하시켰다. 다행히도 아이들에게 부족한 영양을 충분히 제공해주면 인지적 결핍이 없어졌다. 성인의 경우 저콜레스테롤 식사는 인간을 예민하고 난폭하게 만드는 경향이 있다. 그래서 저콜레스테롤 식이에 집착하는 사람들은 그것을 걱정한다. 나는 저지방 식이를 하면 신경이 조금 예민해지는 것을 알고 있지만 정도를 벗어난 생각은 해본 적이 없다.

영양 결핍이 만든 베르니케 코르사코프 증후군

일부 사람들은 정상적인 섭취에도 불구하고 다양한 이유로 인체에 한 가지, 혹은 그 이상의 영양분 결핍 상태가 된다. 그런 결핍은 비정상적인 행동을 유발한다. 그 결핍을 없애야만 비정상적인 행동을 치료할 수 있거나 예방할 수 있다. 노벨상을 수상한 과학자 라이너스 폴링은 이런 접근을 '영양요법에 의한 정신치료Orthomolecular Psychiatry'라고 불렀다.

그런 결핍의 사례로 꽤 오랫동안 유명했던 것은 베르니케 코르사코프 증후군Wernicke-Korsakoff syndrome(알코올성 기억 장애 증후군)이다. 이것은 돌이킬 수 없는 기억 장애이다. 이 질병을 앓는 사람들은 최근의 일을 기억하는 데 어려움을 겪는다. 이 증후군은 두 가지 요인으로 발생한다. 인체 내에서 포도당 소화를 돕는 특정 화학물질의 활동성에 유전적인 이상이 생기거나, 티아민(비타민 B1)이 결핍된 음식을 섭취할 때 나타난다. 이 두 가지 요인이 존재하면 이 증후군이 생긴다. 이 증후군은 알코올 중독자들에게 흔하지만 알코올 중독자가 아닌 경우에도 유전적 이상과 티아민 결핍으로 생길 수 있다.

이 증상은 내가 열일곱 살 때 관찰한 적이 있었다. 고등학교 시절 봉사활동으로 필라델피아 정신병원에서 간호사 도우미로 일한 적이 있었다. 처음 며칠 동안 간호사는 중년의 여성 환자를 산책시켜달라고 내게 요청했다. 환자는 매력적인 외모에 옷을 잘 입고 있었다. 병원의 뜰은 꽤 넓고 좋았고 날씨는 쾌청했다. 나는 어느 길로 가야 하는지 몰랐고 환자도 새로운 길이라면서 모른다고 반복해서 말했다. 우리는 온실까지 걸었고 환자는 병원에 온실이 있어 즐겁다고 말했다. 거대한 뿌리가 뒤틀려 있는 고목을 지나갈 때 그녀는 고목 뿌리가 뱀 같다고 말했다. 산책하면서 매우 유쾌한 대화를 나누었다. 나는 그녀가 왜 병원에 있는지 알고 싶었다. 뿌리가 뱀처럼 보인다는 그녀의 생각과 관련 있을까?

보호병동으로 돌아가서 나는 그녀의 차트를 확인해보았다. 그녀는 그곳에 온 지 여러 주가 지났고 온실을 여러 번 갔다 온 것으로 기록되어 있었다. 그녀는 알코올 중독자로 베르니케 코르사코프 증후군 진단을 받은 환자였다. 이제 술을 마시지 않지만 기억력은 나아지지 않았다.

폴링은 베르니케 코르사코프 증후군 같은 장애보다 영양요법에 의한 정신치료에 비중을 두었다. 그는 많은 사람이 영양 결핍 질환을 앓고 있으며 먹는 것을 바꾸면 회복할 수 있다고 주장한다. 또 정신분열증이 비타민 C 결핍으로 생기며 비타민 C를 상당량 섭취하면 치료에 성공할 수 있다고 했다. 하지만 비타민 C를 많이 복용하면 이 질병이 치료되거나 예방된다는 과학적 결과가 나온 적은 없다.

세로토닌 결핍은 심리적 이상을 야기한다

신경전달물질인 세로토닌 부족 또한 사람들에게 심리적인 이상을 야기한다. 낮은 세로토닌 수치는 공격적인 행동이나 자살 충동 행동과 연관 있다. 콜레스테롤 수치가 낮으면 세로토닌 수치는 감소한다. 낮은 콜레스테롤 수치가 난폭한 행동을 유발하는 것과 관련 있는 이유가 이것이다.

낮은 세로토닌 수치가 일부 사람들에게 우울증을 유발한다고 믿는 연구자들도 있다. 이것이 먹는 것과 무슨 연관이 있을까? 아미노산은 신경전달물질의 중요한 구성요소로 단백질 섭취로 얻을 수 있다. 인간의 행동은 신경전달물질의 영향을 받고 신경전달물질은 매일 먹는 것의 영향을 받는다. 이 모든 것이 옳다면 충동적이고 난폭하고 우울한 사람들에게 세로토닌을 증가시키면 문제 행동이 감소해야 한다(세로토닌 증가는 약물 치료와 식이를 통해서 가능하다).

이론적으로는 음식 섭취를 조절하면 세로토닌 양을 조절하는 것이 가능하다. 세로토닌은 인체에서 아미노산 전구체인 트립토판(필수아미노산 중 하나)에서 만들어진다. 고탄수화물 식사를 하면 혈액 속의 트립토판 농도가 증가한다. 여기서 고단백 식사를 해야 트립토판이 증가한다고 말하지 않은 것에 주목하라. 이 부분을 자세히 이해하고 있다면 이렇게 말해야 한다.

"어떻게 그럴 수 있죠? 트립토판은 탄수화물이 아닌 단백질 구성요소잖아요?"

말하자면 이렇다. 단백질 식품에는 다른 아미노산 함유량은 많지만 트립토판 함유량은 매우 낮다. 고단백 식사를 하면 우리가 섭취한 다른 아미노산들과 트립토판이 혈액으로 흡수된다. 이들은 그곳에서 경쟁하듯이 뇌 속으로 들어간다. 적어도 식사를 할 때는 일부 탄수화물도 있을 것이고 탄수화물 소화를 위해 인슐린이 생성되기 때문에 혈액 속에는 인슐린도 있다. 인슐린은 다른 아미노산의 일부를 근육으로 실어 나른다. 뇌 주변 혈액에는 다른 아미노산들이 트립토판보다 더 많이 잔존하며 뇌로 더 많이 들어가려고 한다.

하지만 고탄수화물 식사를 하면 경쟁적인 트립토판, 다른 아미노산, 그리고 인슐린 중 아미노산의 양은 트립토판에 비해 많지 않다. 그래서 그만큼 많은 트립토판이 뇌로 들어간다. 이것이 뇌에서 세로토닌 양을 증가시킨다.

탄수화물 섭취는 스트레스를 낮출 수 있을까

네덜란드 과학자들은 스트레스에 취약한 사람들과 그렇지 않은 사람들을 검사하기 위한 실험을 했다. 스트레스에 취약한 사람들이 일하기 전에 탄수화물이 풍부한 음식을 먹으면 스트레스 받을 때 우울해질 가능성이 낮아지는지 밝혀내고 싶었다. 그들은 스트레스에 취약한 사람들은 뇌의 세로토닌 수치가 부족할 것이고, 탄수화물을 많이 섭취하면 세로토닌 수치가 올라가 스트레스 해소에 도움이 될 것이라고 추정했다.

과학자들은 실험 중에, 참여자들의 기분 정도를 측정하는 것 외에도 스트레스 수치(맥박 측정을 통해)와 혈액 속의 다른 아미노산과 트립토판 수치를 측정했다. 참여자들이 스트레스를 받는 과제는 머리만으로 풀어야 하는 산수 문제였다. 연필을 쓸 수도 없었고 계산기나 컴퓨터를 사용할 수도 없었다. 게다가 그들이 머리를 쓰고 있을 때 시끄러운 소음으로 스스로 문제를 잘못 풀었다고 믿게 만들었다(개인적으로 소음은 상당히 스트레스를 받게 하는 요소이다!). 참여자들은 탄수화물이 풍부한 음식을 먹은 후에, 그리고 단백질이 풍부한 음식을 먹은 후에 각각 테스트를 받았다. 그 외에 칼로리 양과 지방 함량은 일정했다. 다시 말해 두 부류의 참여자들이(스트레스에 취약한 부류와 그렇지 않은 부류) 두 가지 타입의 식사(탄수화물이 풍부한 음식과 단백질이 풍부한 음식)를 한 후에 각각 테스트에 임했다. 그 외의 요소는 고정이었다.

　　결과는 스트레스에 취약한 참여자들만이 탄수화물이 풍부한 음식을 먹고 과제를 했을 때 우울 반응이 증가하지 않고 스트레스 반응이 줄었다. 또한 그들이 탄수화물 식품을 먹고 난 후에 혈액을 검사해보니 단백질 식품을 섭취했을 때보다 트립토판 비율이 상대적으로 상당히 증가해 있었다. 이 결과는 우울한 경향이 있는 사람이 탄수화물을 먹으면 뇌속의 세로토닌 양이 증가해 수행을 더 잘할 수 있음을 시사한다.

아이들에겐 단백질 식사가 중요하다

그렇다면 영양 결핍이나 신경전달물질 결핍이 없는 사람들도 먹는 것이 행동에 영향을 미칠까? 결과는 한 끼 식사만으로도 인간의 활동성, 기분, 일 수행, 그리고 시간을 느끼는 속도에 영향을 미쳤다. 식사를 하루 중에 언제 하는지, 어떤 것이 든 음식을 먹는지에 따라 이런 행동이 증가하기도 하고 감소하기도 했다. 예를 들어 고탄수화물 식사는 트립토판이 증가해 연이어 세로토닌을 증가시킨다. 그래서 더 피곤한 느낌이 들게 할 수도 있고, 기분을 개선시킬 수도 있고, 시간이 좀 더 더디게 가는 느낌이 들게 할 수도 있다. 그래서 건강한 아침 식사를 하면 아이나 어른이나 오전 내내 인지기능이 좋은 상태를 유지할 수 있다.

반면에 고지방 식이는 기억과 학습을 손상시켰다. 심지어 패스트푸드 체인의 로고 같은 고지방 식이와 연관된 상징물에 노출되는 것조차 기억과 자제력에 좋지 않았다. 심리학자 보니 스프링과 동료들의 실험에서 여성들은 고탄수화물 식사 후에 지치는 느낌을 보고했지만 고단백질 식사나 단백질과 탄수화물 병행 식사 후에는 그것을 보고하지 않았다. 게다가 고탄수화물 식사 후에 지치는 느낌은 혈당과 관련이 없었다. 그 피곤함은 혈액 속의 트립토판 증가와 동시성이 있었다. 세로토닌이 수면 조절에 중요하기 때문에 이 사실이 흥미롭다. 트립토판의 직접적인 복용은 성인과 신생아 모두의 수면을 개선시켰다. 또한 고단백질 식사보다 고탄수화물 식사를 한 후에 주의력을 요하는 일을 잘 해내지 못하는 경향도 발견했다.

만약 잠을 잘 이루지 못한다면 오직 탄수화물로 이루어진 저녁식사를 하고, 주의 집중을 원한다면 단백질 식품을 먹는 것이 좋다. 쿠키나 크래커 심지어 채소나 과일을 먹는 것과 반대여야 한다(이 모든 것은 주로 탄수화물로 이루어져 있다). 이 문헌은 나보다는 내 아들에게 더 큰 영향을 미쳤다. 그가 십대 때 학교에서 점심으로 먹은 것을 말하면 나는 언제나 이렇게 묻곤 했다.

"단백질은?"

그가 좋아하는 음식은 토마토 소스가 들어간 파스타로 실제로 단백질이 없는 식단이었다. 나는 아들이 유아원을 다닐 때부터 거의 아침마다 단백질 섭취에 신경을 썼다. 나는 시리얼, 요거트, 치즈를 먹었다(여기에는 그 당시에 내가 원했던 칼슘이 들어 있었다). 만약 상황이 여의치 않으면 아이가 먹다 남긴 테이크아웃 시잠 치킨(일종의 닭강정 비슷한 음식) 같은 것을 먹게 했다. 아침 수업을 위해 약간의 단백질을 섭취할 수만 있다면 어떤 것이든 상관없었다.

당분이 있는 음식은 아이들에게 도움이 될까?

단백질이 주의력 유지에 도움이 되고 탄수화물이 좀 지치게 하는 느낌이 든다면 당분이 높은 음식은 어떨까? 당분은 100퍼센트 탄수화물이지만 아이들은 사탕에 열광한다. 미국 부모들과 선생님들이 가장 소중하게 지켜온 믿음 중 하나는, 아이들을 거칠게 날뛰게 하는 건 그들이 먹은 당분 때문이라는 것이다. 하지만 실험은 당분이 아이들의 행동에 상당한 영향을 미치는 것을 입증하는 데 반복적으로 실패했다.

교육가인 마크 울리히와 동료들은 아이들의 당분 섭취가 행동에 미치는 효과와 이전에 있었던 16가지 연구 분석을 논문으로 발표했다. 연구 검토 그룹에 포함되기 위해서는 연구에 몇 가지 특성이 있어야 했다. 첫째, 아이들에게 구체적으로 측정된 당분을 줄 것, 둘째, 당분의 효과와 인공감미료의 효과를 비교한 것일 것, 셋째, 어떤 행동 변화를 보이든 당분의 실제 영향인지 미리 예단하지 않도록 아이들과 부모, 그리고 아이들의 행동을 모니터하는 연구자들에게 언제 당분을 주었는지 알려주지 않은 것이어야 했다. 자격 요건이 되려면 단 물질을 아이에게 주고 아이들의 행동이 측정된 후에 아이에게 단것이나 인공감미료를 언제 주었는지 밝힐 수 있어야 했다. 이 기준을 충족시키는 모든 연구물은 아이들의 행동 측면이 어떤 것이든, 이를테면 활동성 수준이든 학습과제 수행이든 당분으로 인한 변화가 뚜렷하지 않았다. 할로윈 때마다 아이들이 미친 듯이 날뛰는 건 축제 그 자체로 인한 흥분이지 사탕 때문은 아닌 것이다.

그 외에도 우리 행동에 영향을 미치는 물질이 있다. 녹차에 있는 '플라보노이드flavonoid'(토마토 등에서 발견되는 물질로 항암이나 심장질환 예방에 효과가 있다)라는 물질은 실험 결과 스트레스 감소에 영향을 미쳤다. 또 물만 잘 마셔도 어른과 아이의 기억력과 인지기능이 개선되고, 마찬가지로 물이 조금만 부족하면 인지능력에 손상이 일어날 수 있었다.

음식 냄새 또한 행동에 영향을 미친다. 예를 들어 달콤한 캐러멜 냄새는 통증에 대한 인내력을 증가시키고, 사과향 실내방향제는 스트레스가 높은 문서 업무를 하는 데 도움이 된다.

음식물 과민증을 앓는 특별한 사람들

일부 사람들은 평범한 음식에 있는 특정 영양물질에 과민 반응을 한다. 이런 과민증을 가진 사람들은 특정 영양물질을 먹으면 비정상적인 행동을 한다. 문서로 충분히 입증된 음식 과민증으로는 아이들에게 심리적인 증상을 유발하는 페닐케톤뇨증[PKU](선천성 아미노산 대사 이상증)이 있다.

미국에는 대략 어린이 2만 명 중 한 명이 이 증상을 보인다. 이 아이들은 태생적으로 아미노산 페닐알라인의 대사에 중요한 역할을 하는 유전자가 없다. 페닐알라인이 인체에 축적되어 결과적으로 심각하고 영구적인 지체로 이어지기도 한다. 다행히도 미국에서는 페닐케톤뇨증을 가지고 태어난 신생아에게 출생한 직후부터 페닐알라인이 거의 들어 있지 않은 음식을 주면 대개 정상적인 발육을 한다. 이 식이치료는 무한히 이어져야 한다. 사실 페닐케톤뇨증이 있는 여성이 임신을 하면 지속적인 치료가 중요한데, 그렇지 않으면 아이는 낮은 아이큐, 낮은 체중, 그리고 뇌와 심장에 이상이 있을 수 있다.

과학자 데이비드 S. 킹은 과민증을 보이는 물질을 조사했다. 먼저 참여자들에게 다양한 물질을 얼마나 자주 먹는지, 얼마나 갈망하는지,

그리고 그것을 먹은 후에는 어떤 기분이 드는지를 물어보았다. 그들의 보고를 근거로 하여 참여자들이 가장 민감한 반응을 보인 물질을 선택했다. 그것은 밀, 쇠고기, 우유, 사탕수수, 그리고 담배 연기 추출물이었다. 킹은 참여자들의 혀 아래에 이 추출물을 넣었을 때와 플라시보(위약으로 가짜 추출물)를 넣었을 때가 어떻게 다른지 반응을 비교했다. 그는 참여자들이 자신들의 혀 아래에 무엇이 있는지 전혀 추정하지 못하는 상태에서 반응이 나오도록 사전에 여러 가지 조치를 취했다. 참여자들에게 어떤 추출물을 사용하는지 말하지 않았고, 때로 플라시보를 사용한다는 것조차 말하지 않았다.

결과적으로 참여자들은 플라시보의 경우보다 추출물에 좀 더 의미 있는 인지·정서적 증상(우울이나 짜증 같은 것)을 보고했다. 하지만 추출물 사용 후에 신체적 증상(코막힘이나 홍조 같은 것)의 의미 있는 증가는 보고하지 않았다. 킹의 결과는 음식의 어떤 물질이 심리적 반응을 유발할 수 있다는 가설을 뒷받침한다. 하지만 이 반응이 일반 대중에게 적용되는 것인지, 몇몇 사람들의 특성일 뿐인지는 분명하지 않다. 또한 킹이 천연식품이 아닌 음식 추출물을 사용한 것을 명심하자. 천연식품을 섭취하는 경우에는 적용되지 않을 수도 있다.

비영양 물질은 어떨까?

우리가 먹고 마시는 것에는 영양분이 전혀 없는 물질도 있다. 그것은 인공색소, 향신료, 그리고 방부제 등이다. 물론 오염물질과 독성물질도 있다. 이 물질은 정도에 따라 인간의 행동에 영향을 미쳐 그 점이 우려스럽다. 지금부터 세 가지 사례를 이야기할 것이다. 카페인, 납, 그리고 식품첨가물(일부는 이것이 아이들의 과잉 활동 장애를 유발한다고 믿는다)이 그것이다.

Tip 07.

비영양 물질은 역사적으로 유명한 사례를 남겼다

비영양 물질이 먹거리에 함유되어 역사적으로 중요한 사건이 된 사례들이 많다. 먼저 몇몇 연구자들은 일종의 식중독인 맥각 중독이 1692년 살렘 마녀 재판의 원인이 되었다고 믿는다. 맥각 중독 증상에는 일시적인 청각 장애, 시각 장애, 따끔거리는 느낌이나 개미들이 살을 파고드는 느낌, 그리고 경련이 있다. 맥각 중독의 원인은 맥각 섭취이다. 맥각은 곡물, 특히 호밀에서 피는 곰팡이다. 맥각으로 오염된 호밀이 1692년경 살렘에서 많이 섭취되었다. 우연의 일치일 수도 있겠지만 살렘 마녀 재판에서 마녀에게 홀린 것으로 보이는 이들이 맥각 중독과 거의 흡사한 증상을 불평했다.

또 다른 역사적인 사례는 반 고흐에 관한 것이다. 반 고흐의 팬이라면 그의 그림이 압생트(옅은 초록빛이 감도는 술) 중독의 영향을 받았을지도 모른다는 것을 알아야 한다. 압생트는 19세기 후반과 20세기 초반에 프랑스에서 대중적 인기를 얻었다. 그런데 그 속에는 투우존thujone이라는 독성물질이 들어 있었다. 투우존은 환각 작용을 유발하고 정신 손상, 결국은 돌이킬 수 없는 뇌 손상을 유발한다. 사람들은 반 고흐의 압생트 중독이 정신 이상의 원인이고, 결국 그를 자살에 이르게 했다고 믿는다. 반 고흐는 압생트에 빠져 1887년 〈압생트 잔과 카라페〉라는 작품을 남기기도 했다.

카페인 효과

비영양 물질 중 많은 사람이 자주 섭취하면서 행동에 강한 영향을 미치는 것은 카페인이다. 카페인은 커피와 차는 말할 것도 없고 초콜릿, 다양한 마실 것, 커피 맛 요거트 등에 들어 있다. 카페인을 규칙적으로 섭취하는 미국인들의 일일 평균 카페인 섭취량은 일반 커피 세 잔에 들어 있는 양(280밀리그램)과 맞먹지만, 카페인을 전혀 섭취하지 않는 사람들도 있고 매일 280밀리그램보다 훨씬 더 많은 양을 섭취하는 사람들도 있다.

보통 아이들을 포함해 많은 미국인이 음료수를 통해 카페인을 섭취한다. 사실 '에너지' 마케팅을 하는 음료수 레드불Red Bull은 높은 카페인 함량을 내세운다. 240그램 캔 하나에 거의 커피 한 잔에 든 것과 비슷한 카페인이 들어 있다.

커피를 한 잔이라도 마셔본 사람이라면 알겠지만 적절한 양의 카페인 섭취는 기분, 집중력, 에너지 상승효과가 있다. 많은 사람이 이 효과를 기분 좋게 여기며 카페인을 섭취한다. 한 실험에서 습관적으로 커피를 마시는 사람이라면 카페인이 든 것이든 아니든 온라인상에서 커피로 교환할 수 있는 포인트를 얻으려고 했다.

커피 맛과 카페인의 긍정적인 효과를 경험한 사람들은 여전히 커피에 지속적인 선호를 보이는 것이다.

음식이나 음료	카페인 양
스타벅스 커피 340g	190mg
원두커피 170g	100mg
레드불 에너지 음료 240g	80mg
마운틴듀 340g	56mg
다논 커피 요구르트 230g	45mg
차(홍차) 170g	40mg
허쉬 초콜릿바	20mg

〈표 7-1〉 출처 | 미국 정신과 협회

카페인이 건강에 역효과를 낸다는 점은 약간의 논란이 있다. 당연히 높은 용량은 좋지 않은 영향을 미친다. 위궤양 악화와 수면 방해뿐만 아니라 공황 발작과 가슴 떨림을 유발한다. 카페인은 대사율을 높이는데, 대사율을 높일 수 있다는 것은 더 많은 칼로리를 태울 수 있다는 것이다. 체중 조절을 하는 사람들에게는 희소식 같지만, 그렇게 생긴 이점은 카페인 섭취로 혈당이 감소하면 배고픔이 증가해 그 효과가 상쇄된다. 게다가 어떤 사람들은 커피 한 잔 정도의 소량 섭취만으로 카페인 중독이라는 문제를 일으킨다. 카페인 중독 증상에는 '불안, 신경과민, 불면, 배뇨 과다, 위장장애, 근육통, 생각과 말의 산만 그리고 심장부정맥'이 있다.

역사 속에서 많은 문제를 유발한 납

납은 독성물질이지만 역사에서 먹거리로 포함된 경우가 꽤 흔했다. 하지만 납 섭취는 일종의 행동 장애를 유발한다. 연구자들은 한 그룹의 쥐들에게 젖을 떼자마자 납이 함유된 액체를 주었고, 다른 그룹에는 납이 들어 있지 않은 액체를 주었다. 그렇게 성장한 모든 쥐를 대상으로 일정한 수의 레버를 눌러 음식물을 받아먹는 실험을 했다. 게다가 음식물을 받아먹은 후에 일정 시간을 기다리면 다시 레버를 누를 수 있었고 추가로 음식물을 얻을 수 있었다. 그 결과 납에 노출된 쥐들은 레버에 좀 더 빨리 반응했고 먹이를 먹은 후에도 잘 기다리지 못했다. 납에 노출된 쥐들은 많은 먹이를 받아먹었음에도 불구하고 결과적으로 먹이당 누른 레버 수가 훨씬 많았다. 이 결과는 납 노출이 능률성은 떨어뜨리고 충동적 행동은 증가시킬 수 있다는 걸 보여준다.

또 납이 많이 함유된 음식을 섭취한 아이들은 학습장애 그리고 IQ가 떨어지는 현상을 보였다. 게다가 아이들 인체에 납 성분이 많이 남아 있는 경우, 집중력 감소와 공격성 증가로 이어지고 충동적인 경향성도 드러났다.

납 중독은 많은 역사적 사건에 영향을 미쳤다. 납에는 단맛이 있기 때문에 로마제국 이후 18세기 사람들은 보관과 단맛을 위해 다양한 납 함유 물질을 와인에 넣었다. 또 납이 주로 사용된 것은 가발 표백가루다. 그것이 사람들 손에 얼마나 묻었고 그들이 먹는 것에 얼마나 들어갔을지 상상해보라.

납이 식량보급품에 들어 있어 문제인 적도 있었다. 1845년 134명의 프랭클린 탐험대는 영국을 떠나 북서 항로의 지도를 만들 목적으로 북극을 향해 떠났다. 이 탐험대가 항로를 따라가던 중에 많은 대원이 이상한 행동을 시작했다. 그리고 모두 임무를 완수하기 전에 죽음을 맞았다. 시신 검시 결과 죽음의 원인은 식량보급품에 들어 있던 납 때문이었다. 회복된 시신에서도 많은 납 성분이 검출되었다. 탐험대의 식량이 담긴 캔에 가장 많은 납 성분이 들어 있었다.

지금은 음식물을 담는 캔과 와인에 납이 들어가지 않는다. 다행히도 우리는 납이 들어 있는 백색가루가 뿌려진 가발을 쓰지 않는다. 미국에서는 납 중독의 손상 효과가 알려지면서 수십 년간 집 페인트와 휘발유에 납을 사용하지 못하게 조치했다. 결과적으로 심각한 납 중독 사례의 수는 현저히 감소했다. 하지만 대중보건전문가들은 아이들의 납 수치는 감소했지만 그 수치도 부정적이라며 과민 반응을 보였다. 2012년이 되어서야 혈중 납 허용치가 이전의 절반으로 낮아졌다. 작업 환경 때문에 납에 노출되기 쉬운 성인들의 허용 가능치도 더 낮추어야 한다는 우려의 소리가 있다. 납과 건강하지 못한 상호작용은 아직 완전히 끝나지 않았으며 예방을 위해 지속적으로 조심해야 한다.

식품첨가물은 과잉 활동 장애를 일으킨다

식품첨가물이 일부 사람들의 심리적 이상을 유발한다는 주장이 제기되었다. 가장 논란이 되었고 가장 철저히 조사한 것은 ADHD(주의력 결핍 장애)와의 관련성이다. 이 장애는 '발달에 방해가 되는 주의력 산만, 불안 증상, 과잉 행동, 초조함, 학업·놀이·대화에서의 주의력 부족, 지시를 따르고 과제를 완수하는 데 어려움을 보이는 것'이 특징이다. 주의력 산만의 사례로는 '학교, 직장에서 부주의한 실수를 하거나 다른 활동 중에 지시를 따르지 않는 것'이다. 과잉 활동과 충동성의 사례로는 '흔히 너무 말이 많고 타인을 참견하거나 침해하는 것'이다. '나도 그래!'라는 생각으로 한발 앞서 흥분하기 전에 누구나, 특히 아이들은 이런 식의 행동을 한다. ADHD 진단을 받으려면 몇 가지 배경에서 이런 행동을 많이 보여야 하고, 성공적인 생활을 영위하는 데 심각한 지장을 초래할 정도가 되어야 한다. ADHD로 진단받은 모든 사람의 특성을 한 가지로 기술하는 것은 불가능하다. 한 마디로 모든 사람이 한 가지로 획일화된 증상을 보이지 않는다.

연구자들은 활동 과다인 아이들에게 몇 가지 치료를 시도했다. 이 아이들에게 암페타민amphetamine이라고 불리는 각성제를 여러 해 동안 사용했다. 암페타민은 성인들의 행동을 민첩하게 만들지만 활동 과다인 아이들의 행동을 느리게 한다. 또 어른들과 아이들 모두의 인지 과제에 주의력을 높인다. 활동성과 주의력이 양립할 수 없기 때문에 활동 과잉인 아이들이 암페타민을 처방받으면 활동성이 떨어진다.

다양한 행동 요법을 사용하여 치료하는 방법도 있다. 예를 들어 ADHD가 있는 남자아이들에게 그룹 앞에서 말할 때 반드시 손을 들게 한 후 말하는 법을 가르치는 시도도 있었다. 어떤 치료든 그것이 일반적인 것이라면 시도하는 것이 장애에 매우 효과적이다.

이제 우리는 이 책에 ADHD가 포함된 이유를 알아야 한다. ADHD가 식품첨가제 과민증으로 일어날 수 있는 가능성에 대해 많은 논의가 있었다. 약 40년 전에 내과의사 벤 페인골드는 일부 아이들의 활동 과잉이 음식에 있는 어떤 물질에 대한 반응성의 증가 때문이라고 말했다. 이 물질로는 인공감미료, 인공색소, 방부제, 그리고 아몬드, 사과, 토마토 같은 식품의 자생적 물질인 살리실산염salicylates이다. 페인골드는 먹는 것에서 이 모든 물질이 제거되면 과잉 행동이 의미 있는 감소를 보일 것이라고 추론했다. 활동 과잉인 아이들을 위한 페인골드 식이는 그렇게 탄생했다.

여러 해가 지나면서 인공감미료를 비롯해 위에 언급된 물질들이 ADHD 증상의 원인인지를 알아내려는 실험이 인간과 동물을 대상으로 이루어졌다. 과학자들은 이 물질들이 ADHD를 유발하는 것에는 동의하지 않아도, ADHD 증상을 가진 소수의 아이들을 위해 이 물질을 식이에서 빼면 증상 완화에 도움이 된다는 데 동의했다.

하지만 이 물질을 빼는 것이 과연 아이들에게 긍정적인 효과만 있을까? 부모들에겐 쉽지 않은 일이다. 시간이 지나면 대체적으로 아이들의 행동은 개선되기 때문이다. 이런 이유로 페인골드 식이요법 같은 접근법을 사용하는 데 의견이 일치하지는 않았다. 게다가 페인골드 식이를 하면 지불해야 하는 비용이 만만치 않다. 만약 그 식이가 ADHD 치료에 효과적이지 않다면 많은 돈과 노력의 낭비, 실망감, 그리고 더 효과적인 치료를 받지 못했다는 후회가 남는다. 하지만 ADHD 아이들에게 아연, 철, 그리고 지방산의 충분한 섭취는 ADHD를 치료하는 데 보조 역할을 한다.

껌은 뇌에 자극을 준다

이제 츄잉껌으로 가보자. 사람들이 일차적으로 껌을 생각하면 도보 위나 책상 또는 테이블 아래에 붙어 있는 것이 떠오를 것이다. 껌을 씹는 행위가 우리 행동에 미치는 영향과 관련해 지난 10년간 놀라운 연구들이 많이 발표되었다. 식품 건강 잡지 〈애피타이트Appetite〉만 해도 이 기간 중에 껌에 관한 논문을 20여 편 개재했다. 연구는 아이들과 어른들이 껌을 씹는 것이 식욕, 주의력, 기억, 그리고 기분에 영향을 미치는 방식에 관한 것이었다.

결과적으로 보통 껌이든 무가당 껌이든 껌을 씹는 것은 식욕을 감소시켰다. 또 일반적으로 껌을 씹는 것은 인지와 기분에 긍정적인 효과를 미쳤다. 껌을 씹는 행위가 뇌에 자극을 주기 때문이다(물을 마시는 단순한 행위에서 비롯되는 인지 향상의 원인과 비슷한 메커니즘이다).

앞으로는 껌을 씹는 것이 긍정적인 효과로 이어지는 생리학적 메커니즘에 좀 더 많은 초점이 맞추어질 것이다. 껌을 씹는 것이 주의력을 강화시킨다는 것을 보여주는 무수한 실험이 있다. 결과가 일률적이지 않지만 일률성 결여의 원인을 논의 중이다. 그럼에도 껌을 씹지 않는 나 같은 사람들이 다시 한 번 껌을 씹어 보면 어떨까 하는 생각이 들게 하는 긍정적인 결과가 많다.

먹어야 생각도 난다

과학자들은 지난 몇십 년간 음식 섭취가 우리 행동에 미치는 효과와 관련해 몇 가지 드라마틱한 발견을 했다. 비록 먹고 마시는 것이 아이들의 과잉 활동에 큰 영향을 미치지는 않는다고 해도 얼마나 잘 자는지, 학습을 얼마나 잘 하는지, 얼마나 우울한지, 그리고 개미가 우리 살 속을 파고드는 것처럼 느끼게 할 수 있는지 정도의 영향은 미친다. 어느 정도는 우리가 먹고 마시는 것이 정말 우리가 된다.

The
Psychology
of
Eating
and
Drinking

Chapter 08

우리는 정말 다이어트가 필요한 몸일까

폭식증과 거식증의 심리학

"우리는 자신의 몸을 지배하는 왕국에서
자신이 마음대로 해도 되는 대상이라고 생각한다."

한 남자가 쾌적한 여름
저녁 옥외 카페에 앉아 있다. 이웃 테이블에는 한 젊은 아가씨가 두 명
의 동행과 함께 있다. 그 남자의 눈에 그녀가 들어온다. 그녀는 광대뼈가
매우 도드라졌고 갸름한 턱선의 소유자다. 그녀는 오른팔을 뻗어 물 컵
을 잡는다. 그녀의 팔이 보인다. 그녀의 팔은 막대에 피부를 입혀놓은 것
같다. 이를테면 색깔만 살색인 뼈 같다. 웨이터가 음식이 담긴 접시를 그
녀와 다른 두 사람에게 내놓는다. 그녀는 포크를 사용하여 음식을 접시
주변으로 밀어낸다. 아주 가끔씩 포크로 소량의 음식을 찍어 입으로 가
져가 씹고 삼킨다. 웨이터가 접시를 치울 때 보니 음식이 대부분 그대로
남아 있다.

젊은 아가씨의 이야기를 들은 사람들은 그녀의 식욕 부진이 '신경성 식욕 부진'이라고 생각할지도 모른다. 그러나 이 아가씨의 식욕 부진은 다른 요인 때문일 수 있다. 식욕 부진의 원인에는 감염, 어떤 타입의 위장질환, 맛과 냄새의 감소, 알츠하이머, 에이즈[AIDS] 등이 있다. 암페타민 같은 약 또한 식욕 부진의 원인이 된다. 식욕 부진은 기분과 관련이 있을 수 있지만 이 부분은 복잡하다. 다이어트(식이요법)를 하지 않는 사람이 우울해지면 보통 때보다 더 적게 먹지만, 다이어트 중인 사람이 우울해지면 보통 때보다 더 많이 먹는다.

소식하기 전에 알아야 할 것들

이 장은 식욕 부진의 한 가지 타입을 상세하게 다룰 것이다. '신경성 식욕 부진'뿐만 아니라 암과 관련 있는 식욕 부진 또한 다룰 것이다. 식욕 부진에는 간헐적인 폭식을 동반하는 '신경성 폭식증'이 있어 폭식증 정보 또한 알아볼 것이다. 그렇다면 건강 개선을 목적으로 자발적인 소식을 하는 것은 어떨까? 신문이나 잡지에서 혹독한 소식(칼로리 제한)이 건강에 좋다는 연구를 본 적이 있을 것이다. 쥐와 원숭이로 실험한 결과, 수년간 영양적 균형이 잡혀 있는 상태에서 보통 때 섭취하는 칼로리의 약 70퍼센트 정도의 식사를 하면 더 오래 살고 덜 아픈 경향이 있었다. 무엇보다 소식은 노인들의 기억을 개선시켰다.

하지만 다음 10년, 혹은 20년, 혹은 30년간 철저한 소식을 생각하는 사람이 있다면 시작하기 전에 몇 가지 경고를 명심해야 한다. 먼저 소식으로 건강을 이롭게 하려면 여러 해 동안 지속적이어야 한다. 이것이 가능할까? 쥐와 원숭이는 선택하는 것이 불가능하지만 인간은 지속적으로 유혹을 이겨내야 한다. 또한 낮은 칼로리 섭취로 균형 잡힌 식사를 하는 것은 매우 어렵다. 관리를 해야 할 수도 있다. 게다가 연구에 따르면 체중 변동이 오히려 부정적인 결과를 초래할 수도 있다. 따라서 소식을 시도하고 실패하고 다시 시도하는 것을 반복하는 것이 시도하지 않는 것보다 더 안 좋을 수 있다. 가장 우려스러운 점은 원숭이들을 대상으로 소식을 하게 한 결과 수명이 증가하지 않았다는 것이다. 국립 노화 연구소National Institute on Aging가 보고한 최근 연구에 따르면 이렇게 다른 결과가 나온 이유는 아직 분명하지 않다. 이런 이유 때문에 사람들이 수명 증가를 목적으로 장기적인 소식을 생각하고 있다면 극도로 신중해야 한다.

과식도 그렇지만 식욕 부진을 다룰 때 체중 증가, 체중 감소, 그리고 체지방 비율을 올바로 측정하는 것은 매우 중요하다. 오랜 세월 동안 많은 방법이 제시되어 인기를 얻기도 했고 잃기도 했다. 현재 가장 대중적인 방법은 체질량 지수, 혹은 BMIbody mass index이다. BMI는 몸무게(킬로그램으로 측정)를 키(센티미터로 측정)의 제곱으로 나눈 것과 같다. BMI가 높다는 말은 키에 비해 체중이 많이 나간다는 뜻이다. 다시 말해 두 사람의 키가 같다면 더 무거운 쪽이 BMI 지수가 더 높다. 예를 들어 키가 163센티미터이고 56킬로그램 나가는 사람이 있다면, BMI 지수는 21이다. 온라인상에 BMI 지수 계산기가 있다. 하지만 두 사람이 BMI 지수가 같아도 지방과 근육 비율이 다를 수 있다. BMI는 체중 미달인지 과체중

인지를 측정하는 대략적인(편리하지만 유용한) 방법일 뿐이다.

그렇다면 어떤 체중이 건강한 체중일까? 다른 모든 조건이 일정하다는 가정 하에 어떤 체중이 병에 더 잘 걸리는지 연구가 이루어졌다. 다른 조건이 동일할 때 '비만(체질량 지수 30이상, 혹은 그 이상)'이 그렇듯이 심한 '저체중(체질량 지수 18.5이하)' 역시 수명을 감소시켰다. '과체중(체질량 지수 25~29.9)'인 사람들에게 이 결과는 일률적이지 않았다. 매우 야윈 사람들에게는 영양 부족 외에 면역시스템 저하가 일어날 수 있다. 빈혈(철분 섭취 부족)과 골다공증(칼슘과 비타민 D 섭취 부족)은 야윈 것과 상관관계가 있을 가능성이 높다.

암으로 인한 식욕 부진

끔찍하게 여윈 모습으로 거의 먹지 못하는 암 환자들을 본 적이 있을 것이다. 암 환자의 50퍼센트 정도는 상당히 체중이 감소하는데 '소모 wasting'로 알려진 과정이다. 암으로 인한 죽음의 10~25퍼센트가 실제로 '소모' 때문이다. 암이라는 질병에 동반되는 식욕 부진과 체중 감소는 암 환자의 맛 민감도, 음식 선호, 저장된 지방의 분해, 신진대사의 변화로 설명할 수 있다. 이 변화는 암 치료나 암 그 자체에서 비롯된다.

암으로 인한 식욕 부진의 몇 가지 타입을 이해하고 치료하는 데 맛혐오 학습 연구를 활용할 수 있다. 심리학자 일레인 번스테인과 메리 렙스터는 창의적이고 난이도가 높은 일련의 실험을 했다. 그것은 암에 걸린 어른들과 아이들에게 화학 치료를 받기 전에 새로운 맛의 아이스크림을 먹게 하고 그 아이스크림을 선호하는지 또는 혐오하는지 알아보는 실험이었다. 그 결과 암 환자들은 그 아이스크림에 맛 혐오를 습득했다. 화학 치료에서 비롯된 아픈 증상이 아이스크림 맛과 짝을 이루면서 맛 혐오가 형성된 것이다.

임상의들은 화학 치료 중에 맛 혐오가 형성될 수 있다는 것을 감안하고 '희생양 기술'을 사용한다. 이 기술은 암 환자가 평범하게 먹는 음식에 맛 혐오증이 생기는 것을 예방한다. 예를 들면 환자에게 화학 치료를 받기 전에 강한 맛의 사탕을(희생양인 셈이다) 먹게 한다. 그러면 환자는 화학 치료 전에 마지막으로 먹었던 음식보다 이 사탕에 맛 혐오가 더 강하게 형성된다.

암 환자의 절반 정도가 화학 치료를 예상하는 것만으로도 매스꺼움과 구토가 생긴다고 한다. 그 이유는 먼저 경험한 화학 치료로 인한 매스꺼움이 환자의 환경과 반복적으로 연관되어 있기 때문이다. 학습 이론은 이런 형태의 예상가능한 매스꺼움과 구토증 치료에 유용했다. 한 가지 치료는 환자들에게 완전한 평온한 상태를 유지하게 하고 문제를 유발하는 환경을 점차 노출시키는 것이다. 이 경우 환자들은 매스꺼움이 드는 환경을 상상하고, 동시에 마음의 평온을 유지하는 걸 학습한다. 이 기술은 화학 치료를 앞둔 환자들의 매스꺼움을 감소시키는 데 도움을 주고, 결과적으로 암으로 인한 식욕 부진의 원인인 맛 혐오 감소에도 도움이 된다.

거식증에 걸린 사람들은 항상 먹을 것을 생각한다

1.

헤이젤은 인기 많은 것을 즐기고 애교가 많은 10대 초반의 여자아이다. 그녀는 아버지가 "이제 이 아이가 철이 들긴 들까요?"라고 말하는 것을 들었다. 이 말은 자신이 아버지에게 지긋지긋한 존재일지 모른다는 생각이 들게 했다. 이런 걱정의 배경에는 그녀보다 나이가 훨씬 많은 이복 언니가 있었다. 들리는 이야기로 아버지가 그 언니를 제일 사랑했지만 언니가 아버지를 실망시켰다는 것이다. 헤이젤은 학업이나 스포츠에 뛰어난 두각을 보여 아버지의 사랑과 감탄을 받는 딸이 되고 싶었다. 그래서 그녀는 점점 더 먹는 것을 제한했다. 그녀에게 쟁점은 '절제'였고 문자 그대로 실천했다. 그리고 '너무 불행하고 어떤 것을 어떻게 성취해야 할지 모를 때는 몸을 통제하는 것이 극도로 성취감을 준다'라고 표현했다.

2.

사라는 다소 비만한 부모의 외동이다. 그녀는 아주 어린아이였을 때부터 통통한 편이었고 열여섯 살이 되었을 때 몸무게가 70킬로그램이었다. 그녀는 학교에서 뚱뚱하다는 놀림을 받았고 학교에서 경기를 위해 옷을 갈아입어야 할 때 언제나 당혹스러웠다. 그녀는 승마 선수였고 시합에서 제법 우승을 했다. 가끔씩 체중 증가가 말을 타는 데 장애가 된다는 결론을 내리고 감량을 시도했다. 부모님의 격려에 힘입어 다이어트를 했고 14킬로그램을 빼는 것을 목표로 잡았다. 결국 3개월도 안 되어 체중을 감량했다. 하지만 그녀는 살이 찔까 봐 음식 먹는 것을 여전히 피했다. 3개월이 훨씬 지난 후에 그녀의 몸무게는 44킬로그램도 되지 않았고 거식증 상태가 되었다.

3.

그레이스는 세 자매 중에서 막내였다. 위의 두 언니는 열한 살에 생리를 하기 시작했다. 그녀 바로 위의 언니는 매우 뚱뚱했고 의지력이 없어 늘 다이어트를 못한다는 비판을 받았다. 그레이스는 열한 번째 생일에 체중이 50킬로그램이었다. 그녀는 다른 급우들보다 키가 큰 편이었고 생리를 하는 친구들이 아직 없었다. 처음 혈흔을 보고 그녀는 이것이 생리의 전조임을 알고 놀랐다. 어떻게 대처해야 할지 몰랐다. 놀림감이 될까 봐 혹은 냄새가 날까 봐. 혹은 누가 알게 될까 봐 두려웠다. 그녀는 열네다섯 살에 그런 일이 일어났으면 했다. 학교에서 성적 발달에 대한 영상을 본 후에 그녀는 뭔가를 해야 한다는 결심을 했다. 그녀는 6주 만에 12킬로그램을 뺐다. 사춘기의 조짐이 사라졌다. 그런데 그 이후 두 해가 지나서도 생리를 시작하지 않았다.

미국과 전 세계에 잘 알려진 섭식장애, 신경성 식욕 부진의 다양한 사례다. 미국 정신과 협회에서 신경성 식욕 부진 진단 기준은 '요구되는 에너지에 비해 상대적인 섭취 제한, 상당한 체중 저하로 이어짐, 체중 증가나 살이 찐다는 것에 강한 두려움, 그리고 체중이나 몸매에 대한 불안 장애'이다. 의학적 진단명으로 '신경성 식욕 부진'이지만 우리는 흔히 '거식증'이라고 부른다. 거식증은 대개 BMI 지수가 18.5보다 낮고, 거식증에 걸린 사람들은 자신들이 실제보다 더 살이 쪘다고 인식한다. 게다가 거식증에 걸린 많은 여성이 생리를 하지 않는다.

미국 정신과 협회는 공식적으로 두 가지 형태의 신경성 식욕 부진을 언급한다. 다이어트(식이조절)나 단식 그리고 과도한 운동을 통해 체중 감량을 하는 '제한형'과 폭식과 구토를 반복하는, '폭식-구토형(스스로 구토를 유발하거나 설사약, 배뇨 촉진제, 관장제의 오용으로 배출)'이다.

거식증은 주로 젊은 여성들에게서 나타나는 장애로, 거식증에 걸린 사람들의 90퍼센트 가량이 여성들이다. 이 장애는 사춘기나 성인기에 접어들 때 주로 발생하지만 나이 범위에는 변수가 많다. 어느 해든 약 2백 명 중 한 명 정도는 거식증 특성을 보인다. 거식증은 매우 위험한 질병이다. 거식증 여성들 중 약 5퍼센트는 10년 내에 그 병으로 죽거나 자살을 한다. 어떤 거식증 환자는 아주 야윈 몸으로 자신이 살이 쪘다는 비정상적인 걱정에 빠져 있다. 거식증은 먹을 것이 풍부한 산업화된 나라일수록 더 흔하다. 유럽뿐만 아니라 일본에서도 흔하다.

거식증의 분명한 특성이 섭취 부족이고 말 그대로 식욕이 없다는 뜻임에도 거식증 환자들은 먹는 것과 섭취에 매우 집착한다. 그들은 자신들이 몇 칼로리를 섭취할 수 있고 섭취량이 얼마인지 조심스럽게 계산한다. 또 지속적으로 다음과 같이 말하며 먹는 것을 생각하고 꿈꾼다.

"당연히 나는 아침을 먹었어요. 내 몫의 시리얼을 먹었어요."

"나는 우표에 침을 바르지 않을 거예요. 칼로리가 들어 있는지 누가 알아요?"

내가 대학에 다닐 때 혹시 거식증이 아닐까 하는 생각이 드는 한 학생과 친하게 지낸 적이 있었다. 그녀는 거의 먹지 않는 매우 야윈 친구였는데 지속적으로 자신이 과체중이라고 말했다. 그녀는 내가 심리학과 섭식에 관심이 있는 것을 알았고 자신을 거식증으로 의심한다는 것도 알았다. 하지만 그녀는 자신이 거식증일 리가 없다고 말하면서 언제나 머릿속에 음식 생각뿐이라고 했다. 게다가 그녀는 생후 첫 2년간 지방세포가 제일 많이 만들어진다는 잘못된 믿음을 가지고 있었다. 그녀는 결혼하고 아이가 태어나자 아이가 먹는 것까지 제한했다. 아기가 다른 아기들보다 더 홀쭉해서 더 빨리 일어서고 더 빨리 말을 한다고 자랑스럽게 말했다. 친구들이 그녀의 집을 방문했을 때 한 친구가 "아이에게 무슨 일 있어? 왜 이렇게 야윈 거야?"라고 소리쳤지만 그녀는 친구의 말이 별로 거슬리지 않았다.

불운하게도 그녀만 그런 것이 아니다. 심리학자이자 비만전문가인 켈리 브라우넬은 부유한 부모들이 아이들의 과체중을 예방하려고 식이 제한을 하는 바람에 적절한 성장 발육이 실패한 많은 사례를 보고했다. 연구는 거식증에 걸린 사람들이 비정상적으로 적은 양을 먹는 것 외에도 특정한 타입의 음식을 다른 것보다 더 많이 먹는 경향이 있다고 보고했다. 거식증에 걸린 사람들은 다른 사람들보다 고지방 음식에 대한 선호가 낮다. 어떻게 보면 그들은 섭식장애 증후군이나 반채식주의자들의 식성과 비슷하다(반채식주의자는 고기를 잘 먹지 않지만 생선이나 가금류를 가끔 먹는 사람들이다). 따라서 자신을 채식주의자라고 말하는 여성과 소녀들이 있다면 섭식장애가 있지 않은지 잘 관찰해야 한다. 자신의 체중에 걱정이 지나친 여성들이나 섭식장애에 걸린 사람들은 반채식주의가 체중 감량에 도움이 된다는 믿음 때문에 반채식주의자가 되는 경향이 있다.

거식증에 걸린 사람들의 섭식행동에는 다른 특이한 측면도 있다. 그들은 다른 사람들보다 자신의 음식이 더 많다고 생각한다. 그리고 음식 선호와 배고픔 정도는 식사 후에 이상하리만큼 빠르게 감소한다. 게다가 음식을 제한하는 식욕부진증 환자들은 식사 중에 음식을 접시의 가장자리로 밀어내는 행동을 하면서 더 오랜 시간 식사를 한다.

이상적 몸매에 대한 잘못된 인식이 거식증을 부른다

수십 년 동안 과학자들은 거식증의 원인이 무엇인지 알아내기 위해 거식증에 걸린 사람들뿐만 아니라 걸릴 가능성이 있는 사람들의 특성을 연구해왔다. 거식증에 걸리는 원인은 한 가지만 있는 건 아니고, 거식증에 걸린 사람들 모두 같은 특성을 보여주지 않았다.

무엇보다 거식증을 만든 일등 공신은 우리 문화이다. '집은 부자일수록 좋고 몸은 적당히 마를수록 좋다'라는 표현을 들어본 적이 있는가? 많은 연구가 증명하지만 1960년대 이후로 마른 사람의 패션 이미지는 대중 지배적이 되면서 거식증에 상당히 기여했다. 마른 이미지 문화는 우리가 생각하는 것 이상으로 미국에 있는 많은 민족 그룹에 유행했다. 각각 1950년대와 1980년대, 그리고 2000년대에 완벽하다고 간주하는 여성들을 보라. 영화배우 마릴린 먼로, 제이미 리 커티스, 그리고 키이라 나이틀리를 보면 그 시대 패션 이미지 문화를 알 수 있다.

과거와 현재 패션 잡지를 비교해보면 이것이 입증된다. 60년 전의 패셔너블한 여성들은 지금 패셔너블한 여성들보다 더 통통한 편이다. 지금은 온통 마른 이미지 문화가 넘쳐난다. 많은 사람이 이상적인 여성의 몸매 이미지를 바꾸어 달라고 패션 산업에 간청하지만 그럼에도 매우 날씬해야만 패션모델이 될 수 있다.

우리 문화가 언제나 여성에게 날씬하기를 요구한 것은 아니었다. 역사가인 조안 제이콥스 블룸버그는 매혹적인 저서 《인체 프로젝트: 미국 소녀들의 내밀한 역사The Body Project: An Intimate History of American Girls》에서 1920년대에 와서야 여성들이 체중을 줄이려는 적극적인 시도를 했다고 진술한다. 20세기 초 칼로리가 발견되고 동시에 여성 해방 운동이 일어나면서 여성들이 외모에 더 집중하게 된 것이다.

내 어머니는 블룸버그가 기술한 그 시기에 다이어트를 한 여성이었다. 1935년 그녀가 열세 살이었을 때 어머니 주변에는 여자아이와 두 남자아이가 있었다. 남자아이들은 다른 여자아이를 댄스파티에 초대하면서 어머니는 뚱뚱해서 초대하고 싶지 않다고 말했다고 한다. 나는 당시의 어머니 사진을 본 적이 있는데 어머니는 그렇게 뚱뚱하지는 않았다. 약간 통통하기는 했지만 뚱뚱한 편은 아니었다. 하지만 내 어머니는 즉시 살을 빼기로 결정했다. 어머니는 몇 가지 음식을 살이 찐다고 기피했고 때로 상추만 먹고 운동을 했다. 당시 어머니 집에는 체중계가 없어 어머니는 약국에 있는 저울로 체중을 달아보곤 했다. 이듬해에 그녀는 9킬로그램을 뺐고 키가 6센티미터 자라면서 빈폴beanpole(키다리)로 탈바꿈했다(어머니의 표현에 따르면 그렇다). 그녀는 내가 어릴 때부터 이 이야기를 몇 번이고 자랑스럽게 했다.

지난 몇십 년간 인터넷상에서는 이상적인 몸매를 위한 방법뿐 아니라 마른 몸매의 이상화가 상상하기 힘들 정도로 대중화되고 있다. 예를 들어 '프로아나pro-ana(거식증 장려)'처럼 거식증을 조장하는 사이트도 있고, '프로미아pro-mia(폭식증 장려)'처럼 폭식증을 조장하는 사이트도 있다. 이 사이트에는 다양한 정보와 함께 다이어트와 구토 조언이 있다. 이런 웹사이트가 매우 위험한 섭식장애를 조장한다는 우려의 시선이 많다.

현재 마른 몸매 문화가 지배적인 점을 고려하면 많은 여성이 몸매에 과장된 시각을 가진 것이 놀랍지 않다. 몸매를 향한 잘못된 인식이 거식증의 분명한 특성이고 원인이다. 많은 여성이 자신의 몸매에 불만족한다. 게다가 섭식장애가 있는 여성들은 몸매 사이즈에 정확한 판단을 내리지 못할 뿐만 아니라 다른 여성들이 자신보다 훨씬 더 날씬한 몸매라고 판단한다. 이것이 섭식장애의 동기가 된다.

🖊 Tip 08.

젊은 여성들은 주로 몸매 때문에 다이어트를 한다

우리는 다이어트가 필요한 사람들이-이를테면 체중이 너무 많이 나가는 사람들이-다이어트를 하면 좋은 기분으로 응원할 것이다. 불운하게도 젊은 여성들은 여기에 잘 해당되지 않는다. 심리학자인 캐롤린 데이

비스와 동료들은 젊은 여대생들을 대상으로 어떤 신체적인 특성이 다이어트와 체중 불만족과 연관 있는지 연구했다. 그것은 몸매 사이즈만으로 다이어트를 하는지, 체중에 불만족해 다이어트를 하는지 예측이 가능한 연구였다. BMI 지수나 지방 비율로는 그들이 다이어트를 하는지, 체중에 불만족스러워하는지 예측할 수 없었다. 결과적으로 젊은 여성들은 주로 뚱뚱해서가 아니라 그들의 몸매 사이즈 때문에 다이어트를 했다. 이런 결과가 심란한 것은 젊은 여성들이 다이어트에 성공한다고 하더라도 여전히 자신의 몸에 만족하지 못하기 때문이다. 게다가 과체중이 아닐 때조차 다이어트하는 것을 고려하면, 이 젊은 여성들은 다이어트로 건강을 이롭게 하기는커녕 건강을 위험하게 만드는 가능성만 높일 뿐이다.

대부분의 여성은 자신의 몸에 불만족한다

자신의 신체에 만족하지 못하는 남녀간 차이는 심리학자 에이프릴 폴런과 폴 로진의 뛰어난 연구에서 잘 드러난다. 그들의 실험은 남자와 여자 대학원생들 475명을 대상으로 했다. 실험 참여자들은 매우 마른 모습에서 매우 살찐 모습을 보여주는 남성과 여성들의 그림을 놓고 다음 문항에 각각 표시를 했다.

a. 현재 자신의 모습과 가장 닮았다고 생각하는 몸매 (동성 그림에서)

b. 자신이 가장 닮고 싶은 몸매 (동성 그림에서)

c. 자신이 보기에 이성이 가장 매력을 느낄 것 같은 동성의 몸매(동성 그림에서)

d. 가장 매력적인 이성의 몸매(이성 그림에서)

남자들은 이상적 몸매, 현재 몸매, 그리고 여성들에게 가장 매력적일 것 같은 몸매에 서로 비슷한 것을 선택했다. 하지만 여성들은 현재 자신의 몸매는 실제보다 더 뚱뚱한 몸매를 선택했고, 이상적인 몸매와 남자들에게 가장 매력이 있을 것 같은 몸매는 마른 몸매를 선택했다. 남자들은 살이 조금 있어야 여성들에게 매력적으로 보일 거라 생각하는 반면에 여성들은 자신들이 말라야 남자들에게 매력 있을 것이라고 판단했다. 이 연구 결과는 대부분의 여성이 현재의 자기 모습에 불만족을 느끼고, 그것 때문에 다이어트를 하고 거식증에 걸릴 수 있다는 것을 보여준다.

신체 사이즈의 만족감 차이는 사람들이 하는 일과 관련이 있었다. 예를 들어 장거리 주자들, 댄서들, 체조 선수들이 운동을 하지 않는 사람들보다 섭식장애를 가진 비율이 높았다(마른 것이 운동에 훨씬 더 도움이 된다고 여기는 부류와 외모가 매우 중요하다는 여기는 부류이다). 전미 대학 체육 협회^{NCAA:National Collegiate Athletic Association} 웹사이트에는 섭식장애 내용이 실려 있는데, '섭식장애, 생리기능 장애, 골다공증을 유발하는 뼈 무기질 결핍'처럼 여자 선수들이 어려움을 겪는 질병에 관한 것이었다.

다가오는 봄방학이나 결혼 같은 특정 행사가 부적절한 식이 제한을 조장하기도 한다. 어떤 여성들은 체중 감량의 추가적 동기를 얻고자 일부러 작은 웨딩드레스를 선택한다. 그나마 희소식은 운동을 하는 여성들의 증가로 이제 여성의 이상적 몸매가 새롭게 등장할 조짐이 보인다는 것이다. 몇 년 전까지만 해도 여성들의 이상적 몸매는 두 가지뿐이었다. 여성들 자신들이 원하는 '마른 몸매'와 남자들이 원하는 '글래머러스한 몸매'가 그것이다. 이제 운동하는 여성들의 증가는 세 번째 인기 있는 대안으로 '호리호리하고 민첩한 근육질의 몸매, 흔히 헬스클럽 잡지에 등장하는 여성들의 몸매'를 만들어낼지도 모른다.

하지만 불운하게도 이런 이상조차도 다시 극단으로 흐를 수 있다. 미국 정신과 협회의 '정신 장애의 진단적 그리고 통계적 매뉴얼'에는 '근육 추형muscle dysmorphia'이라는 용어가 등장했는데, 이것은 자신의 몸매가 너무 왜소하거나 근육이 불충분하다는 생각에 몸에 필요 이상으로 집착하는 증상이다. 이런 장애를 가진 사람들은 스테로이드 남용과 과도한 운동 같은 건강하지 못한 행동을 한다. 어떤 경우든 문제성 있는 습관은 존재한다.

섭식장애는 어머니의 영향이 지배적이다

과학자들은 어떤 아이들이 훗날 섭식장애에 걸리기 쉽고, 삶의 초창기의 어떤 경험이 섭식장애로 진행될 가능성이 있는지 알아내기 위해 가족을 연구했다. 이 연구를 통해 밝혀진 것은 섭식을 제한하는 경향이 있는 어머니가 자녀들의 섭식 또한 제한하는 경향이 있었다. 7~10살의 어린이 431명 중 23퍼센트(그들 대부분이 여자아이이다)가 다이어트를 했거나 다이어트 중이라고 했다. 9~10살 아이들(특히 여자아이들)은 체중에 대한 부모(특히 어머니)의 영향이 매우 지배적이었다. 이 시기에는 또래 아이들 또한 다이어트 가능성에 상당한 영향을 미쳤고, 비정상적인 식습관은 사춘기 전에 잘 발생했다.

지금도 기억이 나는데 내가 열두 살 때 소아과에 검진을 받으러 가면 어머니가 의사에게 내 체중이 걱정스럽다는 말을 했다. 어머니는 집에서도 비슷한 말을 했다. 내가 과체중인 내 아버지와 비슷해질까 봐 걱정했다. 그 당시 내 사진을 보면 그렇게 삐쩍 마르거나 작지도 않았지만 분명히 뚱뚱하거나 통통하지도 않았다. 비록 더 날씬하고 싶은 소망이 어렴풋하게 있었음에도 내가 살을 빼도록 가장 많이 자극한 사람은 어머니였다. 그런데 나는 또래 여자아이들과 달리 어머니의 잔소리를 별로 신경 쓰지 않았다. 당시를 돌이켜보면 어쩌면 내가 가장 잘한 일이 그것이었다. 그렇지 않았더라면 자신의 체중과 내 체중 둘 다 조절하기 위해 두 팔을 걷어붙인 어머니 때문에 섭식장애에 걸렸을지도 모른다.

거식증의 생리학적인 비정상

거식증에 걸린 사람들에게서 자주 보이는 과잉 행동은 실험실이나 자연 상태에서 먹을 것이 결핍된 사람이나 동물에게서 관찰되는 모습과 비슷하다. 자연에서 제대로 먹지 못할 때 활동이 증가하는 것은 동물들의 생존에 도움이 된다. 만약 먹을 것을 구하지 못했다면 활동적이어야만 그렇지 않은 경우보다 살아남을 가능성이 더 높다. 따라서 거식증에 걸린 사람들의 과잉 행동은 낮은 체중과 관련 있을 가능성이 있다. 과학자들은 거식증에 걸린 사람들에게서 찾아볼 수 있는 생리학적 비정상에 대해 비슷한 이야기를 했다. 생리학적 비정상에는 생리장애와 성장장애 외에 낮은 호르몬 수치, 낮은 갑상선 기능, 낮은 인슐린 수치, 낮은 혈압, 그리고 세로토닌의 활동 증가가 있다.

유독 거식증에 걸린 사람들의 위는 더 천천히 비워지는데 이것은 거식증에 걸린 사람들이 쉽게 배부르다고 주장하는 것을 설명한다. 이 모든 비정상은 대개 거식증 환자들의 체중이 늘면 사라진다. 이것은 이 비정상이 거식증의 원인이 아니라 결과라는 주장을 뒷받침한다.

신경성 식욕 부진의 치료법

거식증이 그토록 위험한 장애임을 고려하면 효과적인 치료는 필수적이다. 거식증 치료는 두 가지다. 즉각적인 체중 증가와 체중 유지를 목표로 설계된 방법들이다. 즉각적인 체중 증가를 위해 설계된 치료는 두 가지 이유에서 중요하다.

첫째, 일부 환자들이 굶어 죽는 위험에 처할 수 있어 때로 즉각적인 체중 증가는 환자의 동의 없이 이루어져야 한다. 그것이 환자의 생존 보장에 도움이 되기 때문이다. 둘째, 조금 전에 학습한 것처럼 굶주림의 생리학적 효과 일부가 거식증이 오래가게 하는 데 일조하기 때문이다. 따라서 먼저 체중 증가를 하지 않고 거식증을 치료하면 의미 있는 결과로 이어지지 않을 수도 있다. 그 외에 인지 행동 치료와 가족 치료, 자가 도움 집단을 소개하겠다.

돌봄 치료

돌봄은 환자의 영양 상태 개선을 위한 여러 가지 조치로 이루어진다. 예를 들면 환자가 침대에서 휴식하면서 고칼로리 식이요법을 하는 것이다. 이렇게 하면 환자의 칼로리 소모가 적다. 만약 환자가 이런 돌봄의 형태에 응하지 않으면 강제 섭식을 시킬 수 있다. 튜브를 환자 콧구멍에 꽂아 음식물을 주입할 수도 있고 정맥 주사를 놓을 수도 있다. 강제 섭식은 거식증의 다른 치료와 달리 병원에 입원해야만 가능하다. 이런 돌봄은 성공적으로 환자들의 체중을 빠르게 증가시킨다.

행동 치료

행동 치료는 거식증 환자들이 먹지 않으면 즐거운 활동에 참여하지 못하는 치료이다. 행동 치료는 실험실의 학습 원리를 근거로 한다. 행동 치료는 돌봄 치료만큼 성공적이 아니라고 해도 초기 체중을 증가하는 데 꽤 성공적이다.

약물 치료

약물 치료는 거식증 환자들의 섭취량을 증가하는 데 도움이 되는 다양한 약물을 주는 것이다. 거식증 환자들이 세로토닌 수치가 높다는 점에 근거해 의사들은 약물로 세로토닌 수치에 영향을 미치는 치료를 한다. 하지만 지금까지 거식증 치료에 일관된 효과를 나타낸 약물은 없다.

인지 행동 치료

거식증 치료에 자주 이용되는 심리 치료 한 가지는 인지 행동 치료이다. 인지 행동 치료는 실험실에서 확립된 학습 원리를 기반으로 한다는 점에서 행동 치료와 비슷하다. 하지만 인지 행동 치료사는 환자의 섭식행동 변화에 초점을 맞추지 않고 환자의 생각과 이미지를 바로잡기 위해 지속적인 상담을 한다. 예를 들어 치료사는 상담을 통해 환자의 신체 사이즈에 대한 왜곡된 개념을 바꾸고 자신의 신체 사이즈를 정확하게 인지하도록 도와준다. 안타까운 점은 지금까지 거식증 치료에 인지 행동 치료가 효과적임을 보여주는 연구가 별로 없었다. 그리고 효과도 불분명하다.

가족 치료

수해 동안 거식증 치료에는 가족 치료가 동반되었다. 가족 치료는 거식증 환자가 사춘기인 경우에 꽤 효과적이었다. 이 방법은 거식증 환자뿐만 아니라 가족들과도 상담한다. 그럼에도 불구하고 많은 거식증 환자를 치료하는 것은 쉽지 않다. 유명한 정신과의사이자 섭식장애 연구자인 B. 티모시 웰스의 이런 글처럼 말이다.

"매우 오래된 섭식장애를 치료할 때 광범위한 개입을 하면,
환자의 저항이 높아 사망률이 어떤 정신 장애보다 높다."

하지만 같은 논문에서 그는 여전히 희망을 잃지 않고 이렇게 쓴다.

"유전적 요인 분석, 뇌 영상 촬영의 사용, 그리고 행동장애에 대한 상세한 분석에 근거한 새로운 노력이 이 장애를 이해하는데 상당히 도움이 될 것이다."

자가 도움 집단 self-help groups

이 집단은 거식증 환자들이 치료사, 정보, 사회적 지지, 그리고 다른 다양한 지원을 찾는 것을 도와주는 것을 포함하여 많은 기능을 한다. 자가 도움 집단은 환자들에게 인기가 있다. 비용이 많이 들지 않고 전통적인 정신 건강 기관에서 쉽게 이용할 수 없는 서비스를 많이 제공하기 때문이다. 자가 도움 집단은 인터넷의 발달로 찾는 것이 더 쉬워졌다. 자가 도움 집단의 이점은 참여자들이 온라인을 통해 언제 어디에서나 이용할 수 있고 밤이든 낮이든 하루 중 때를 가리지 않고 들어올 수 있다는 점이다.

사춘기 시절 폭식증은 과체중을 유발한다

또 다른 섭식장애인 폭식증을 모르는 사람은 없을 것이다. 미국 정신과 협회는 폭식증을 이렇게 특징짓는다.

"폭식을 하고, 체중 증가를 막기 위해 스스로 구토를 유발하고, 설사약, 배뇨제, 그리고 다른 약물의 남용, 금식 혹은 과도한 운동, 그리고 폭식과 부적절한 보상행동 반복 중, 두 가지가 평균 3달 동안 일주일에 한 번 꼴로 일어나는 경우이다."

폭식증 정의와 거식증은 겹치는 부분이 있다. 거식증 환자의 경우와 비슷하게 폭식증 환자 또한 신체 사이즈와 몸매에 지나친 관심을 보인다. 그리고 폭식증 환자의 약 90퍼센트는 여성이다. 하지만 거식증과 달리 폭식증 환자들의 BMI 지수는 대개 정상 범주 내에 있거나 과체중 지수다.

해마다 평균 젊은 여성 100명당 한 명꼴로 폭식증을 앓고 있다. 거식증의 약 두 배이다. 젊은 여성들이 기거하는 대학 기숙사 같은 곳에서 폭식과 구토 정보는 파다하게 퍼져 있다. 얼핏 생각하면 폭식과 구토는 대학에서 유혹하는 모든 음식을 먹을 수도 있고, 신체적 매력을 잃고 싶지 않은 두 가지 욕망을 처리하기에 완벽한 해법이다. 하지만 불운하게도 이 다이어트 전략은 별로 효과가 없다. 폭식 행동을 하는 사춘기 여자아이들은 4년 후에 정상적으로 먹는 여자아이들보다 과체중이 될 가능성이 높았다.

폭식증은 가끔씩 폄하되지만 우리 문화의 일부라는 건 부정할 수 없다. 뉴욕 의회 연설가인 크리스틴 퀸은 2013년 뉴욕시장 후보였을 때 자신이 폭식증과 사투를 벌였다고 공식적으로 발표했고, 그것은 뉴욕타임스 일면을 장식했다. 또 레이디 가가가 2014 음악 페스티발에서 동료 예술가에게 초록색과 검은색 액체로 구토 퍼포먼스를 하자, 동료 가수인 데미 로바토는 그녀가 폭식을 미화한다고 비난했다.

폭식과 구토의 부정적인 생리학적 효과는 많다. 그럼에도 폭식증 환자들은 위험을 무릅쓰고 있다. 분명한 점은 누군가가 폭식증 증상을 보이면 잘 포착하여 즉시 전문가 치료를 받게 하는 것이다. 비전문가는 폭식증을 앓고 있는 사람을 인지하는 것이 매우 어렵다. 폭식과 구토는 숨길 수 있기 때문이다.

폭식증 환자의 외모는 흔히 일반 사람과 크게 다르지 않다. 그럼에도 불구하고 날카로운 관찰자라면 알아차릴 수 있는 생리학적 변화가 두세 가지 있다. 목구멍으로 손가락을 찔러 넣어 구토를 일으키다보니 환자들의 손 등에는 굳은살이나 상처가 있다. 그리고 구토물이 산성이기 때문에 몇 년간 폭식증에 시달리면 치아 뒤쪽의 에나멜이 부식된다. 이것은 치과의사들이 폭식증을 인지하는 데 중요한 역할을 한다.

또 폭식증 환자의 음식 구토량이 상당하다는 점을 고려하면 맛 혐오가 생기지 않는 이유가 의아스럽다. 한 가지 가능한 설명은 스스로 구토를 유발하다보니 매스꺼움을 동반하지 않는다. 맛 혐오 학습이 가능한 경우와는 다른 상황이다. 또 폭식증 환자는 구토에 극도로 익숙하다(구토는 그들에게 혐오스럽지 않다. 쥐 실험 결과, 매스꺼움에 익숙해지면 처음보다 맛 혐오가 떨어진다).

폭식증 환자의 또 다른 흥미로운 생리학적 특징은 대사율(단위시간 동안 소모하는 에너지의 양)이다. 폭식증 환자의 대사율을 이해하면 폭식증 환자들이 식이 제한이나 구토와는 다른 체중 조절 방법을 찾는 데 도움이 된다. 폭식증 환자의 대사율은 상당히 높다는 보고도 있고 상당히 낮다는 보고도 있다. 대사율은 체중이 얼마나 쉽게 증가하고 감소하는지 결정하는 데 도움이 되기 때문에 중요하다. 만약 두 사람이 있는데 한 사람이 대사율이 높고, 다른 사람이 대사율이 낮다면 일주일 동안 같은 양의 식사를 해도 대사율이 높은 사람이 살이 더 많이 빠진다. 우리는 폭식증 환자들이 왜 비정상적인 대사율을 가지고 있는지, 또 연구자들에 따라 일부는 높고 일부는 낮은지 이유를 잘 이해하지 못하지만 대사율이 다른 것은 폭식증 환자들이 섭취하는 음식량의 변수 때문이다. 대사율은 먹을 때 올라가고 먹지 않을 때 내려가는데 폭식증 환자들이라도 최근에 폭식을 한 환자는 대사율이 높을 것이고, 최근에 섭식 제한을 한 환자는 대사율이 낮을 것이다.

폭식증은 충동의 문제

과학자들은 거식증처럼 폭식증 환자들이 비정상적인 섭식행동을 하는 단서를 얻기 위해 그들의 섭식행동을 주의 깊게 연구했다. 그들은 다른 사람들에 비해 식사 전에 음식을 먹어도 그만큼 배고픔이 감소하지 않았다. 식사 후에도 계속해서 더 먹고 싶어 했다. 폭식증 환자들과 그렇지 않은 사람들 간의 이 모든 차이를 유발하는 것은 무엇일까? 그들이 폭식을 하고 스스로 구토를 유발하는 경향성에 강한 유전적 원인이 있다는 증거는 있지만 과학자들은 폭식증 환자들에게서 발견되는 많은 생리학적 비정상이 폭식과 구토의 원인이라기보다 결과일지 모른다는 점을 충고한다.

폭식증 환자들이 바람직하다고 여기는 체중은 건강한 체중보다 훨씬 낮은 체중이다. 거식증 환자들과 마찬가지로 폭식증 환자들 또한 체중에 왜곡된 인식이 있다. 게다가 음식 섭취 통제에 집착하는 것도 거식증 환자들과 비슷하다. 하지만 음식 통제를 잘하는 거식증 환자들과 달리 폭식증 환자들은 일정한 간격으로 한 번씩 통제에서 벗어나 엄청난 양의 음식을 먹는다.

일단 폭식이 시작되면 통제 불능이다. 그리고 나서 폭식증 환자들은 직접 구토를 한다. 일단 폭식과 구토가 끝나면 다시 다이어트를 한다. 하지만 또다시 통제력을 상실하고 폭식을 하는 악순환이 이어진다. 폭식증 환자의 폭식과 구토와의 투쟁은 결과적으로 음식에 집착하게 한다 (얼마나 먹어야 할지, 언제 먹어야 할지, 어떻게 먹어야 할지 등). 일부 연구자들은 폭식증을 다이어트의 유해한 결과로 본다. 폭식증 환자들이 음식 섭취를 제한하지도 못하고 폭식을 통제하지도 못하는 악순환에 빠지기 때문에 폭식증은 충동의 문제라고 여겼다. 또 그들은 순간적인 약간의 즐거운 행동(폭식) 혹은 불유쾌함을 주는 행동(구토)을 반복하지만 장기적으로 보면 건강도 잃고 행복도 잃는 희생이 따르는 것이다.

폭식증과 약물 남용 같은 충동 장애의 이면에는 공통적인 원인이 있다. 그것은 한 가지 충동 장애가 있다면, 또 다른 충동 장애가 있을 가능성이 더 높다는 것이다. 또 충동 장애가 있는 가족 구성원이 있을 때 폭식증에 걸릴 가능성이 더 높았다.

폭식증 치료는 심리 치료가 최고의 방법

세로토닌 수치 감소가 폭식증을 유발하거나 기여한다는 가설은 우울증과 폭식증 연구의 지지를 얻었다. 모든 폭식증 환자들이 그렇지 않다 해도 다른 사람들보다 평균적으로 더 우울한 것이 반복적으로 나타났다. 게다가 우울은 폭식증후군을 강화시키고 음식에 대한 신경 반응을 강화시켰다. 음식 갈망이 그렇듯이 우울이 낮은 세로토닌 수치와 관련이 있는 것은 잘 알려져 있다. 그리고 몇몇 연구 결과는 폭식증 환자들 또한 세로토닌 수치가 낮은 경향이 있다고 보고했다. 이런 폭식증의 특성, 그리고 원인과 관련한 많은 연구는 여러 가지 가능한 치료를 내놓았다.

여러 면에서 폭식증 치료는 거식증과 비슷한데, 약물 치료는 많은 폭식증 환자가 우울증이 있고 세로토닌 수치가 낮다는 결과를 근거로 한다. 따라서 약물 치료는 주로 우울증을 개선시키고 세로토닌 수치를 높이는 것이 목표다. 약물 치료가 우울증 치료에 효과적이라는 증거는 많다.

폭식증의 표준 치료는 전통적인 인지 행동 치료이다. 폭식증 환자의 치료는 심리 치료 접근이 최고의 방법이다. 게다가 심리 치료는 약물 치료에 동반되는 부작용이 없다. 그럼에도 불구하고 인지 행동 치료와 약물 치료를 병행해도 환자들은 쉽게 회복하지 못한다. 게다가 인지 행동 치료는 비용이 많이 들고 누구나 자격을 갖춘 치료사를 옆에 둘 수 있는 것도 아니다. 꾸준히 비용이 많이 들지 않는 대안이 개발되고 있다. 몇몇 폭식증 환자에게 분명하게 성공적임을 입증한 한 가지 방법은 자기관리지침을 따르면서 한 번씩 치료를 받는 것이다. 거식증이 그렇듯 온라인 지지그룹이 상당한 도움이 된다.

섭식장애 학습은 두려움이 동반될 수 있다. 그것은 치료하기 어렵고 위험해 보인다. 하지만 연구자들은 이 모든 장애를 이해하고 치료하는데 엄청난 발전을 이루었다. 섭식장애라는 진단 앞에 우리는 더 이상 속수무책이 아니다. 섭식장애의 심리학적 원인과 관련해 많은 연구가 있어도 매일 더 많은 원인이 발견되고 앞으로도 마찬가지일 것이다. 신중한 연구를 바탕으로 다양한 형태의 심리 치료와 병행된 훨씬 더 나은 치료가 바로 우리 앞에 놓여 있다. 이제 섭식장애 치료는 훨씬 더 희망적이다. 대중매체가 패션 산업과 함께 매력적인 몸무게 표준을 바꾼다면 섭식장애 치료에 큰 도움이 될 것이다. 하지만 이런 호소가 수십 년 동안 성공을 거두지 못했다는 점을 고려하면 가능성은 그렇게 높아 보이지 않는다.

The
Psychology
of
Eating
and
Drinking

Chapter 09

우리의
비만은
외모 문제가
아니라
건강 문제

과식과 비만의 심리학

"살빼기는 불운한 새해 결심."

_ 〈뉴잉글랜드 저널 오브 메디신〉

과식과 비만에 관한 9장을 기다린 사람들이 많을지도 모르겠다. 어쩌면 앞 장을 읽지 않고 곧장 이곳으로 건너뛴 사람들도 있을지 모른다. 준비가 되었든 아니든 나는 과식으로 인한 다소 비정상적인 체중, 그리고 체중이 평균보다 상당히 높은 비만과 관련해 과학자들이 밝혀낸 것을 이 장에서 최선을 다해 설명하려고 한다.

전자장치의 수많은 앱이 증명하듯이 미국에서 체중 모니터는 대형 사업이 되었다. 퍼스트레이디 미셸 오바마조차도 운동과 건강한 섭식을 장려하는 '렛츠무브Let's Move!' 캠페인으로 비만 예방과 체중 감량 운동에 힘썼다.

이 책을 읽는 사람들뿐만 아니라 비만 예방과 치료에 관심 있는 사람들이 많다는 것을 생각하면 이 장에 특별한 책임을 느낀다. 비만과 관련된 과학 논문이 너무 방대해 다 기술할 수 없다는 사실 때문에 더욱더 그렇다. 이것은 연구를 조심스럽게 취사선택해야 한다는 것을 의미한다. 독자들이 이 장을 읽고 다른 좋은 연구의 특성과 연구결과를 해석하는 유능한 과학 소비자가 되면 좋겠다. 그렇게만 된다면 독자들이 이 장에 없는 과식과 비만 연구를 접하더라도 그 의미를 스스로 해석할 수 있을 것이다.

어떤 사람들은 과식과 비만 이야기만 나오면 꽤 우울해한다. 안타깝게도 체중 조절 문제에 쉬운 해법은 없다. 주변에 맛있는 음식이 넘쳐흐르고 에너지를 소모할 곳이 거의 없는 현재 환경에서는 그렇다. 인간이 진화한 환경은 먹을 것이 귀했고 그것을 얻으려면 힘들게 일해야 했다. 진화의 역사 동안 우리 몸은 상당수 칼로리를 모으고 저장하는 온갖 방법을 발달시켰다. 진화 역사가 그렇다고 해도 관련 연구를 알면 체중 조절이 훨씬 더 수월해질 것이다. 과학자들이 과식과 비만과 관련해 무슨 말을 하는지 한번 들어보자. 일단 누가 비만이고 누가 아닌지부터 시작해보자. 그리고 과식과 비만 유발에 관한 연구와 과식과 비만을 줄이는 방법에 관한 연구를 살펴보자.

비만이 전염되고 있다!

지금까지 비만인에 관한 연구는 상당히 많았다. 비만인 이야기를 하려면 먼저 비만의 정의를 내려야 한다. 과체중은 대개 체질량지수(BMI) 25~29.9 사이이고, 비만은 30.0부터이다. 체질량지수 외에 이중에너지 방사선 흡수계측Dual-Energy X-ray Absorptiometry: DEXA이라는 측정 방법이 있는데 지방이 얼마나 있는지를 알려준다. 하지만 체질량지수는 계산이 쉽고 비용이 들지 않는 이점이 있다. 최근에 일부 연구자들은 '체형지수ABSI; a body shape index' 사용을 지지하는데, 이것은 허리둘레를 계산에 포함시킨 것을 제외하면 체질량지수와 비슷하다.

특히 복부 지방은 비만과 건강과의 관계에 중요하다. 체형지수도 체질량지수와 마찬가지로 온라인에 계산기가 있다. 하지만 이 계산기는 몸무게를 비롯한 측정값이 정확해야 정확하게 나온다. 흔히 자가 보고 체중은 정확하지 않다. 최근 한 연구는 여대생들이 자신의 몸무게를 말할 때 평균적으로 약 4킬로그램 정도 줄여서 말하는 경향이 있음을 밝혔다.

어떤 분류나 보고서를 보더라도 과체중과 비만은 미국에 극도로 만연해 있다. 많은 연구자와 대중보건전문가들은 이것을 '비만 전염병'이라고 부른다. 미국 성인의 3분의1 이상이 비만으로 분류된다. 비만의 분포는 특정 소수 집단에서 높은 편으로 비히스패닉 흑인(48퍼센트)과 히스패닉(43퍼센트)에서 특히 높다. 2011~2012년에는 2~19살까지의 아이들 중 17퍼센트가 비만이었다. 애완동물도 예외가 아니다. 2012년 수의사들의 조사결과에 따르면 개의 53퍼센트와 고양이의 58퍼센트가 과체중이나 비만이었다. 비만 전염병이라는 말이 무색하지 않게 아이들과 어른들 사이에서 비만 비율이 증가하고 있고, 전 세계적인 추세로 이어져 이제는 비교적 가난한 나라까지 영향을 미친다. 과체중과 비만이 건강을 위험에 빠트린다는 점을 고려하면 비만의 세계적 증가는 우려할 만하다. 비만인들은 암, 심혈관계 질환, 당뇨병 등에 걸릴 가능성이 더 높고, 비만은 인지능력 또한 저해한다.

하지만 체질량지수 30.0 바로 위에 있는 일부 비만인들은 정상 체중의 체질량지수를 가진 사람들보다 사망 확률이 더 낮다. 분명하게 모순된 이 데이터에 가능한 한 가지 답은 비만인들이 운동을 하는 경우만큼은 비만의 부정적인 효과를 일정 부분 무시해도 된다는 것이다. 또 다른 답은 복부 지방의 축적에 있다. 비만이라도 복부에 지방이 축적된 사람들이 건강 문제로 사망할 가능성이 더 높고, 다른 부분에 지방이 축적된 경우 질병으로 인한 영향이 제한적이다. 게다가 비만인들은 고혈압과 고콜레스테롤 같은 문제로 의사들의 적극적인 치료를 받을지도 모른다. 이 설명을 확인하려면 체형지수 같은 측정 수단을 사용하는 연구가 필요하다.

어린아이들 또한 이 추세에서 예외가 아니다. 대략 5~10살짜리 과체중 아이들 중 60퍼센트는 높은 인슐린 수치 같은 건강 문제가 하나씩은 있다. 확실한 것은 미국에 과체중이나 비만인들이 상당히 많다는 것과 높은 체질량지수가 특히 복부 지방 축적과 결부되어 있을 때 병에 걸릴 경향이 높다는 것이다. 비만과 다양한 질병 사이에 이런 밀접한 관계를 토대로 미국 의학 협회는 최근에 비만을 질병으로 인정했다.

하지만 그런 꼬리표를 붙인다고 비만인들이 건강한 행동을 할 것인지는 의문이다. 어쩌면 역효과를 낳을 수도 있다. 비만을 질병으로 인정하면 살이 많이 찐 사람들은 건강에 해로운 것 외에도 사회적 혹은 직업적 차별을 당할 수도 있다. 그들에게 똑똑하지 못하고 자제력이 없다는 인상을 심어줄 수도 있다. 그 결과 그들은 더 먹을지도 모른다. 게다가 아이들이 비만이면 학교에서 부정적인 판단의 대상이 될 수도 있다. 과체중을 예방하거나 없애야 하는 이유는 많다.

과식과 비만으로 통하는 길은 한두 길이 아니다. 치료 성공 여부는 비만의 유형별 원인에 달려 있기 때문에 원인별로 이해하는 것이 중요하다. 비만의 몇 가지 경우는 유전이나 생리적 원인에 있고, 다른 몇몇은 과거 경험이나 현재 환경에 있다.

지난 몇십 년간 비만과 유전자의 관련성은 상당한 쟁점이었다. 21세기인 지금은 유전자와 과체중의 관련성에 아무도 의문을 제기하지 않는다. 지금은 어떤 특정 유전자가 과체중에 영향을 미치는지, 그리고 이 유전자가 어떤 효과를 나타내는지가 쟁점이 될 뿐이다. 하지만 유전과 비만의 연관성이 분명하다 해도 유전자가 비만과 관련된 모든 것을 설명하지는 못한다. 비만은 지난 몇십 년간 급격하게 증가했지만 진화나 돌연변이가 유전자 풀gene pool(유전자 공급원)에 영향을 미쳤다고 하기엔 상당히 짧은 기간이다. 게다가 양부모와 입양한 아이들의 체중 간에 상당한 상관관계가 있다고 보고되는 것만 보아도 환경과의 상호작용도 중요한 영향을 미친다.

부모가 비만이면 자식도 비만일까?

이제 유전자로 돌아가보자. 지난 수십 년간 부모가 비만이면 그 자녀들도 비만인 경향이 있다고 알려져 있었다. 양쪽 부모가 비만이면 자녀가 비만일 확률은 대략 70퍼센트이다. 부모와 자녀들은 유전자 공유도 있지만 집 환경도 공유한다. 그들은 저지방, 저당분 음식에서 정확히 그 반대까지 일정 부분 같이 먹는다. 따라서 비만한 부모 밑에 비만한 자식들이 있는 것은 유전자가 비만에 영향을 미칠 가능성을 말할 뿐, 정확히 유전자 때문이라고 입증하지는 못한다.

유전자와의 관련성은 일란성 쌍둥이를 대상으로 한 연구에서 확실히 드러난다. 연구에서는 일란성 쌍둥이 체중이 이란성 쌍둥이보다 더 비슷했다. 일란성 쌍둥이는 똑같이 생겼지만 이란성 쌍둥이는 형제나 자매간처럼 서로 닮은 외모를 가지고 있다. 인간을 다룰 때 외모가 영향을 미친다면(이것은 과학적 증거가 있다) 일란성 쌍둥이 체중이 비슷한 것은 유전 때문이라기보다 비슷하게 먹이고 대하기 때문이다.

입양아 연구는 더 좋은 증거가 된다. 입양된 아이들의 몸무게는 양부모의 몸무게보다 생물학적 부모와 더 비슷하다. 유전자가 비만에 강한 영향을 미친다는 것을 이보다 잘 설명하는 증거가 있을까? 쌍둥이 연구는 식욕까지 유전적 요인이 강하게 작용했다.

과학자인 클로드 부차드와 동료들은 1990년 쌍둥이와 관련해 흥미로운 연구를 발표했다. 이 연구자들은 열두 쌍의 남자 일란성 쌍둥이들에게 과식을 하게 했다. 이들 중 이전에 비만인 사람은 없었다. 120일 동안 같은 기숙사지만 따로 분리된 특별구역에서 24시간 감시 하에 있었고, 84일간 매일 체중 유지에 필요한 양보다 1,000칼로리를 더 먹었다. 실험이 끝났을 때 체중 증가에는 상당한 차이가 있었다. 작게는 5킬로그램, 많게는 13킬로그램 정도 증가했다. 평균적으로 쌍둥이 간 체중 증가는 매우 비슷했다. 그뿐만 아니라 체지방 양, 그리고 체지방 분포도 유사성이 있었다. 이 결과는 유전적인 요인이 체중 증가 외에도 인체 어느 부분에 지방이 축적되는지까지 상당한 영향을 미친다는 걸 보여준다.

특정 유전자가 비만에 영향을 미치는 연구 사례는 많다. 많은 과학자는 인체에서 JNK(인산화효소)로 알려진 '효소 통제' 유전자를 연구해오고 있다. 누군가가 비만일 때 이 효소는 2형 당뇨병 같은, 어떤 비만관련 질환의 발달에 일조하는 면역 반응을 일으킨다. 또 다른 연구는 심각한 비만의 조기 발생과 관련 있는 다양한 타입의 유전자 또한 확인했다. 하지만 유전자가 비만에 영향을 미치는 이 모든 흥미로운 연구에도 불구하고 유전자 중에 어떤 것도 비만의 원인은 아니다. 대신 사람들이 어떤 환경 조건에 노출될 때 비만이 될 가능성은 있다. 만약 누군가가 과도한 복부 지방의 축적과 관련 있는 유전자를 가지고 있다고 해도, 먹을 것이 많지 않은 환경에서 운동을 많이 하면 칼로리가 지방으로 축적되지 않는다.

앞서 기술된 부차드의 연구에서 유전자는 지방성 세포의 수와 분포에 영향을 미쳤다. 지방 세포는 인체에 지방을 저장하는 세포인데, 지방이 차면 우리는 배가 덜 고프고 지방이 차지 않으면 배가 더 고프다. 지방 세포 수는 체중이 늘 때 같이 증가하지만 체중이 줄어도 감소하지는 않는다. 체중이 감소할 때는 지방성 세포의 속이 빌 뿐이다. 누군가가 과체중이었다면, 현재 과체중이든 아니든 지방 세포를 많이 가지고 있다. 그리고 그 많은 지방 세포가 지방으로 채워지지 않으면 배가 고프다. 다시 말해 언젠가 한 번 과체중이었다면 그 상태를 유지해야 허기가 지지 않는다. 이는 살을 빼고 유지하는 것이 왜 어려운지 설명해준다.

에너지 소모량이 적은 사람들

과체중과 비만 연구에서 가장 매혹적인 분야는 바로 '에너지 소모량 효과'다. 이 분야가 가장 매혹적인 이유는 왜 운동이 체중을 감량하고 유지하는 방법 중 드물게 성공적인 방법인지 알려주기 때문이다. 초반에 언급한 것처럼 미국에는 아이나 어른이나 비만이 매우 많다. 비만 증가는 다음 세 가지에 모든 설명이 들어 있다. 섭취량이 많다, 에너지 소모량이 적다, 혹은 이 둘 다.

많은 연구자가 이 방정식의 에너지 소모량에 집중했다. 미국인들은 차뿐만 아니라 엘리베이터, 식기 건조기, 잔디 깎는 기계, 만능 조리기구, 세탁기, 에스컬레이터, 그리고 무빙워크에 익숙해진 삶을 산다. 그리고 모든 가전제품에는 리모컨이 달려 있다. 내 방만 해도 침대에서 일어나지 않고도 침실의 조도를 조절할 수 있다. 산업화와 기술 덕택으로 우리는 일상에서 에너지를 훨씬 덜 사용한다.

1999년 캐나다 원주민, 샌디 레이크 오지크리와 키와틴 이누잇과 관련한 연구가 발표되었다. 연구자들은 오지크리족이 방한 장비가 잘 갖추어진 작은 집에 살고 있다는 것과 많은 주민이 설상차와 차를 가진 것을 관찰했다. 비록 그들의 식량이 야생동물과 식물로 이루어져 있다고 해도 연구 당시 식량의 일차적 공급원은 매점이었다. 평균적으로 그들은 몸놀림이 매우 적은 생활을 했다. 대조적으로 이누잇족은 물고기를 잡아먹는 것을 포함하여 여전히 활동적이고 전통적인 라이프스타일을 유지하고 있었다. 그들의 체질량지수를 확인해봤더니 오지크리족의 체질량

지수는 평균 29임에 반해 이누잇족의 체질량지수는 25였다. 또한 이누잇족보다 오지크리족에서 심장질환과 당뇨병이 더 많이 발견되었다.

많이 먹어도 안 찌는 사람과 조금 먹어도 찌는 사람들

우리의 총 에너지 소모는 a)기초 에너지 대사율(호흡이나 혈액순환 같은 기본적 대사 기능), b)자발적이고 비자발적인 신체활동(산책이나 조바심을 내는 것 같은 행위)에 사용하는 에너지, c)음식 섭취 후에 인체가 사용하는 여분의 에너지로 이루어져 있다. 이 세 가지 타입에서 에너지 소모량이 낮으면 체중이 증가하고 비만이 될 가능성이 있다. 과학자들은 세 가지 타입의 에너지 소비와 체중 증가, 그리고 비만과의 관계를 어떻게 생각할까?

먼저 대사율을 보자. 정확히 체중이 같아도 대사율은 다를 수 있다. 주변을 보면 많이 먹어도 살이 안 찌는 사람들이 있고, 적게 먹어도 살이 찌는 사람들이 있다. 여기에는 여러 가지 이유가 있다. 예를 들어 지방은 낮은 대사율에 한몫을 한다. 두 사람이 체중이 같을 때 체지방 비율이 더 높은 사람이 대사율이 더 낮다(대사율이 더 낮다는 말은 에너지 소모가 상대적으로 적어 살이 더 많이 찐다는 것이다). 게다가 섭취량 감소는 대사율을 은근슬쩍 하락시킨다. 이 낮아진 대사율은 섭취량이 정상으로 돌아와도 몇 개월간 지속된다. 이것이 다이어트를 할 때 초기에 살을 빼는 것이 더 쉽고 다이어트를 중단하면 체중이 원래대로 돌아가기가 더 쉬운 이유이다.

　　대사율의 이런 변화는 오래전에 식량 공급이 불안정하고 섭취량이 충분하지 않던 시절 인간이 환경에 적응하게 만들었다. 제대로 먹지 못하면 대사율이라도 낮아야 에너지 소모가 적어 기아를 막을 수 있었다. 하지만 현재 섭취량을 줄이는 것은 먹을 것이 없어서가 아니라 체중 조절을 위한 것이다. 이 지점에서 살을 빼려는 사람들이 절망하지 않도록 미리 말하자면 대사율을 높이는 방법이 있다. 연구 결과, 운동을 하면 그 자체로 에너지 소모가 될 뿐만 아니라 어떤 상태에서는 운동이 대사율을 높이는 것으로 밝혀졌다. 더 중요한 점은 운동을 하면 운동을 그친 후에도 몇 시간까지 높은 대사율이 유지된다는 것이다. 이를테면 풋볼을 해서 에너지를 과도하게 소모하거나 자전거 운동 기구에서 45분간 페달을 돌리고 멈추면 그 이후에도 몇 시간 동안 높은 대사율이 지속된다.

　　하지만 운동이 체중에 영향을 미치는 정도는 개인차가 존재한다. 부차드는 쌍둥이들을 대상으로 운동 실험을 했다. 일란성 쌍둥이 7쌍이 이 실험에 참여했는데 이번 실험도 참여자들에게는 매우 고역적인 것이었다. 그들은 93일 동안 하루에 두 번 운동으로 매일 1,000칼로리를 더 소모해야 했다. 이것은 45분간 조깅을 하루 두 번 하는 것과 같았다. 93일 동안 영양과 칼로리는 일정한 양을 유지했다. 그 결과 평균 체중 감량은 5킬로그램 정도였다. 평균적으로 쌍둥이의 감량 수치는 서로 관련성이 없는 사람들보다 훨씬 더 비슷했다. 또한 체중 감량은 지방 감량 때문이지, 뼈나 근육 그리고 기타 등등의 상실 때문은 아니었다.

　　운동이 대사율 효과로 인한 에너지 소모가 크다보니 한 가지 우려스러운 점은, 운동을 많이 하면 음식 섭취량이 증가하여 오히려 역효과가 나타나지 않을까 하는 것이다. 이 쟁점의 결과는 혼재되어 있는데 운동을 많이 한 후에 음식 섭취량이 늘어난다는 연구도 있고 변함없다는 연구도 있다. 어떤 연구는 운동이 일시적으로 배고픔을 감소시키지만 결국에는 소모한 에너지를 보충하기 위해 운동 후에 더 많이 먹게 만든다고 주장한다.

하지만 운동과 비만 연구 중에서 가장 심란한 결과는 비만과 텔레비전 시청 사이에 긍정적인 연관성이 있다는 것이다. 이 가설은 성인과 어린이 양쪽 모두 해당된다. 사람들은 TV 광고에 나오는 음식을 더 많이 먹는다. 또 TV를 볼 때 더 많이 먹는데 심지어 먹거리 광고가 나오지 않을 때에도 먹는다. 그리고 사람들은 TV를 보면서 에너지를 소모하지 않는다. 이것은 비디오게임이나 컴퓨터를 할 때에도 예외가 아니다. TV 시청과 몸을 많이 쓰지 않는 비디오게임과 컴퓨터가 비만의 주된 원인일 수 있다. 따라서 최근 연구는 비디오게임에 신체활동 요인을 추가하여 아이들이 게임 중에 여분의 칼로리를 소모하는 방법을 강구중이다 (방법이 없는 것은 아니지만 불운하게도 여분의 칼로리를 완전히 무효화시킬 정도로 충분하지 않다).

수면이 부족하면 더 살찐다

최근 에너지 사용과 관련해 관심을 받은 연구가 있다. 바로 수면 양과 비만 간의 관계이다. 얼핏 잠을 많이 자면 상대적으로 비만 가능성이 높을것 같고, 잠을 많이 자는 사람들은 카우치 포테이토(소파에서 감자칩을 먹으며 빈둥거리는 생활을 하는 사람들)처럼 상대적으로 활동하는 시간이 적을 것 같다. 하지만 결과는 정반대다. 성인들이나 아이들이나 수면이 부족한 경우 체중 증가 가능성이 더 높았고, 사람들이 덜 자면 식욕이 증가했다(에너지 소모량보다 말이다). 나는 고등학교와 대학교 때 밤늦게까지 자지 않았다(심지어 다음 날 수업이 있을 때조차 그랬다). 그때 나는 식사 후에 피자를 먹거나 지역 음식점으로 달려가 달걀이나 토스트, 베이컨을 먹었다.

이는 '음식 섭취 후에 인체가 사용하는 여분의 에너지'와 관련 있다. 고지방 식사보다 고탄수화물 식사가 에너지를 더 많이 소모하게 한다. 음식 맛은 에너지 소모와 상관없이 비슷하다. 만약 음식 섭취량이 보통 때보다 더 많다면 소모되는 에너지 또한 더 크다. 제대로 먹지 않을 때 에너지 대사율이 감소하는 것과 같은 이치로 많이 먹을 때 에너지 소모가 큰데, 이것은 동물들이 일정한 체중을 유지하게 한다. 하지만 쥐의 체중이 지속적인 고지방 식이로 증가한다면 지방 세포 수도 증가한다. 결국 에너지 소모가 증가된 효과는 사라지고 살이 빠지는 효과도 사라진다.

과학자인 제임스 A. 레빈, 노만 L. 에베르하르트, 그리고 마이클 D. 젠센은 남성과 여성으로 구성된 16명의 실험자원자들(비만이 아닌 사람들)에게 여분을 음식을 먹게 하는 실험을 했다. 16명은 각자 8주 동안 에너지 요구량보다 일일 1,000칼로리를 더 섭취해야 했다. 이 실험의 경우 각 참여자들의 체중 증가에는 광범위한 변수가 작용했다. 체중이 1.3~7킬로그램까지 증가했다. 비록 에너지 사용이 더 많은 사람의 체중 증가가 상대적으로 적었음에도 참여자들의 에너지 소모는 평균적으로 증가했다. 과학자들은 참여자들이 가만히 있지 못하고 몸을 움직이거나 자세를 유지하느라 에너지 사용이 증가했을 수도 있다는 결론을 내렸다. 따라서 과식했을 때 얼마나 체중이 증가하는지는 얼마나 몸을 많이 움직이는지에 달려 있다.

먹거리에 쉬운 접근성이 비만으로 이어진다

그렇다면 우리가 무엇을 먹고 어떻게 먹는지가 과식과 비만에 영향을 미칠까? 비만인의 섭식행동을 관찰해보자. 그들의 섭식행동은 보통 사람들과 다를까? 이 주제와 관련하여 상당히 많은 실험이 있었다. 그 결과 여러 가지 면에서 비만인들과 아닌 사람들의 섭식행동은 비슷했다. 하지만 최근에 밝혀진 몇 가지 행동에 차이가 있었다. 이를테면 빠르게 먹는 사람이 느리게 먹는 사람보다 8년 후에 체중 증가가 많이 나타나는 것, 비만인들이 초콜릿 푸딩을 더 빨리 먹어치우는 것, 체질량지수가 높은 사람들이 음식을 담을 때 작은 접시가 아닌 큰 접시를 사용한다는 것, 그리고 비만인들이 음식을 덜 남긴다는 것 등이 그것이었다.

우리가 먹는 음식 유형은 어떨까? 음식 유형이 비만에 일조할까? 앞에서 인간이 선호하는 것은 칼로리가 높은 고지방 음식뿐만 아니라 단맛과 짠맛이라고 말했다. 이것은 농업 혁명과 산업화 이전에 먹을 것이 귀하고 지방과 에너지 함량이 낮을 때 인간 생존에 도움이 되었다. 그 당시 먹거리 공급은 지금과 매우 달랐다. 구석기시대 사람들은 야생

사냥감을 잡아 고기를 먹었는데 지방 함량이 4퍼센트에 불과했다(지금 우리가 먹는 고기의 지방 함량은 30퍼센트이다). 현재 미국에서는 달고 짠 고지방 식품 값이 싸서 누구나 쉽게 사 먹을 수 있다. 먹거리에 쉬운 접근성과 선호의 결합은 결국 과하게 먹는 결과를 낳고 비만에 일조한다. 쥐와 사람을 대상으로 한 실험에서 맛이 좋은 음식을 쉽게 구할 수 있을 때 과식과 비만으로 이어졌다.

주변에 보이는 맛있는 음식들 외에도 우리가 먹는 것에 들어 있는 낮은 함량의 섬유소 또한 비만에 일조한다. 몇몇 연구자들은 우리가 섬유소를 먹지 않으면 더 많은 인슐린이 분비되고 증가된 인슐린이 체중 증가를 높인다고 믿는다.

식품의 이용 가능성과 다양성 그리고 학교, 특정 거주지의 인근 가게, 음식점에 있는 식품 유형 또한 비만의 진행과 유지에 영향을 미친다. 대중보건전문가들은 상대적으로 낙후된 지역에 신선한 채소와 과일, 다른 건강식품이 상대적으로 부족한 것, 또 학교 식당이나 자동판매기를 통해 건강하지 못한 식품을 쉽게 사는 풍토가 사회적·경제적 지위가 낮은 계층의 사람들에게 비만이 전염병처럼 퍼지는 데 역할을 한다고 오랫동안 우려해왔다.

또 단것을 자주 섭취하는 문화가 비만과 과식에 일조한다. 단맛은 인슐린 분비를 높이고 혈당을 낮추어 배고픔을 증가시킨다. 그리고 섭취한 음식을 대부분 지방으로 저장한다(이 주제에 대한 실험이 많이 있었지만 결과는 조금씩 다르다).

한 실험에서 취학 전 아동들에게 고칼로리의 초콜릿우유나 흰우유를 점심시간에 골라 마시게 했을 때(16주 동안 주당 2번) 그들은 흰우유보다 초콜릿우유를 더 많이 마셨다. 하지만 점심 양은 변함이 없었다. 아이들이 초콜릿우유를 마시는 날은 흰우유를 마시는 날보다 더 많은 칼로리를 섭취하는 것이다. 아이들이 매우 좋아하는 음식으로 칼로리를 조절하는 일은 어렵다.

지방 비율이 높을 때 총 섭취 칼로리가 높아진다

또 음식의 지방 비율이 높을 때 총 섭취 칼로리가 높아진다. 실험자들은 이 가설을 확인하게 위해 음식의 고지방 버전을 비밀리에 저지방 버전으로 바꾸고 실험 참여자들에게 먹게 했고, 총 몇 칼로리를 먹었는지 알아냈다. 그 결과 실험 참여자들이 섭취한 총 칼로리는 더 낮았다. 이 결과와 일치하는 많은 실험결과에서는 사람들이 음식의 에너지 밀도를 낮추고 섬유소 함량을 올리면(지방 함량이 낮을 때 그렇듯이) 더 적은 칼로리를 섭취했다. 예를 들어 고기를 칼로리는 높지만 섬유소가 거의 없는 버섯으로 대체하거나(섬유소를 포함하고 칼로리가 낮은 음식으로 대체하기), 곡물 섬유소가 들어간 식사를 하면 포만감 증가와 칼로리 섭취 감소로 체중 조절에 도움이 되었다.

Tip 09.

식사 전 수프는 식사량에 영향을 미칠까?
식사량에 흥미로운 영향을 미치는 한 가지 음식은 수프이다. 아이들과 어른들 모두 식사 전에 수프를 먹으면 식사를 할 때 조금 덜 먹는 경향이 있다. 그날 총 칼로리 또한 조금 줄어든다. 수프에 건더기가 있는 것이 건더기가 없는 수프보다 식사량 감소에 더 효과적이다(수프 속에 있는 여분의 섬유소 때문일까?). 토마토수프는 건더기가 없어도 후속 식사의 양을 감소시키는 데 특히 효과적이다.

'음식 섭취가 비만에 미치는 효과' 연구에서 뜨거운 관심을 불러일으킨 분야가 있다. 바로 접시 크기와 1인분 식사량에 관한 것이다. 접시 크기와 음식량이 섭취량과 체중에 영향을 미칠까? 코넬대학교 교수인 브라이언 원싱크와 동료들은 대학생들에게 TV 코미디를 보면서 먹으라고 400칼로리 크래커 한 봉지, 혹은 100칼로리 4봉지를 주었다. 100칼로리 4봉지를 받은 학생들은 400칼로리 한 봉지를 받은 학생들보다 25퍼센트 적은 칼로리를 섭취했다.

또 식품 포장에 '건강식품' 라벨이 있으면 사람들은 더 먹었다. 이런 좋은 효과는 과식으로 상쇄되어버리기 쉽다. 사람들은 식품의 이용 가능성에 따라 더 먹을 수도 있고 그 반대일 수도 있었다. 하지만 모든 사람이 주변 음식에 같은 식으로 언제나 똑같이 반응하는 것은 아니다.

예를 들어 사람들은 배가 고프면 식료품점에서 고칼로리 음식을 더 많이 산다. 약 100명의 여대생들을 대상으로 실험을 했다. 그들에게 음식의 유혹 신호를 노출시키면(이를테면 굽고 있는 피자 냄새) 오히려 다이어트를 하는 사람들이 하지 않는 사람들보다 실제로 더 먹을 가능성이 높았다. 반응 또한 다이어트를 하는 사람들이 하지 않는 사람들보다 더 즉시 나타났다.

게다가 사람들은 식사를 건너뛸 수 있다는 생각을 할 때 훨씬 더 많이 먹었다. 과거 경험을 통해 식사를 건너뛰는 경우 많이 먹어두는 것이 이롭다는 것을 학습했기 때문이다. 다이어트를 하는 사람들이 한번 이탈하면 과도하게 먹는 이유다. 그들은 다시 식이 제한을 할지 모른다는 것을 예견한다. 다이어트 식이로 돌아간다는 것을 스스로 인지하는 것이다. 나도 예외가 아니다. 나 역시 체중이 슬금슬금 오르고 뭔가 조치를 취해야 한다는 생각이 들면 실제로 더 많이 먹는다. 앞으로 먹는 것이 제한될지 모른다는 예상이 결과적으로 더 먹게 만든다.

또 사람들은 주변의 음식 신호에 영향을 받는다. 그들은 외적으로 즉각적인 반응을 보인다(물론 영향을 받지 않는 사람들도 있다). 즉각적인 반응을 보이는 사람들은 대개 냄새 같은 음식 신호가 조금만 있어도 인슐린 수치가 증가하고 이어서 배고픔이 증가한다. 그리고 그것이 섭취한 음식의 지방 저장 가능성을 높인다. 다시 말해 음식에 즉각적인 반응을 보이는 사람들은 음식을 보는 것만으로도 살이 찐다. 만약 여기에 유전적으로 인체 한 부분에 지방이 축적된다는 경향성이 결합되면, "나는 초콜릿케이크를 보기만 해도 엉덩이에 살이 쪄"라는 말은 실제로 일리가 있다. 체중이 어떻든 즉시 외적인 신체 반응이 나타나는 사람들은 정말로 존재한다.

스트레스를 받으면 고칼로리 음식이 당긴다!

스트레스나 흥분하게 만드는 환경 또한 먹는 것에 영향을 준다. 칵테일

파티에 한번 가보라. 초청받은 손님들이 포테이토칩, 프리첼, 그리고 전채 요리 등 평소 때 먹지 않는 음식을 상당히 많다. 대화가 많아질수록 손이 땅콩과 크래커 그릇을 쉴 새 없이 들락거린다. 이에 대한 이해를 돕는 실험실 연구가 있다. 쥐들을 대상으로 한 실험에서 쥐들의 꼬리를 약하게 찔러대니 쥐들의 음식 섭취량이 증가했고 상당한 체중 증가로 이어졌다. 이런 식으로 스트레스를 받은 쥐들은 그렇지 않은 쥐들보다 맛있는 음식을 선호하는 경향이 있었다.

인간을 대상으로 한 실험에서도 비슷했다. 심리학자 데보라 젤너와 동료들의 실험에서 스트레스를 받으면 포도가 아니라 M&M(초콜릿)을 택할 가능성이 높았다. 전미 미식축구 리그전이 있을 때 연고지 지역민들은 일요일 경기에 패하면 월요일에 고지방 고칼로리를 많이 섭취했고, 이기면 고칼로리를 적게, 경기가 없으면 이전과 다름없이 먹었다. 경기를 아슬아슬하게 이겼을 경우 이런 효과는 특히 두드러졌다.

같이 식사하는 사람들이 섭취량에 영향을 미친다

주변에 있는 친구들이 비만하면 우리 역시 비만해질 가능성이 높다는 증거도 있다. 게다가 몇 가지 실험에서는 혼자 먹을 때보다 다른 사람들과 함께 먹을 때 더 많이 먹었다. 하지만 다른 사람들이 우리가 먹는 양에 미치는 영향은 생각보다 복잡하다.

같이 식사하는 사람 중에 다이어트 중인 사람이 있는지 여부, 혹은 다이어트가 필요한 사람이 있는지 여부, 그리고 본인이 다이어트 중인지 여부가 섭취량에 영향을 미쳤다. 다이어트 중인 사람은 음식 접대자가 살찐 사람일 때 더 많이 먹었고, 다이어트를 하지 않는 사람들은 음식 접대자가 마른 사람일 때 더 많이 먹었다.

심리학자 자넷 폴리비와 동료들은 같이 식사를 하는 동료들이 섭취량에 미치는 영향을 조사했다. 연구자는 한 그룹의 실험 참여자들 중에 제인이라고 하는 여성에게 특정 행동을 주문했다. 다른 참여자들은 제인이 자신들과 같은 입장이라고 생각했다.

제인은 참여자들 절반에게는 자신이 다이어트 중이라고 말했고, 다른 절반에게는 다이어트를 하고 있지 않다고 말했다. 연구자는 제인과 참여자들에게 배가 부를 때까지 먹으라고 지시했다. 그리고 나서 제인은 참여자들과 식사를 했다. 크게 두 그룹(1/2)이었지만 두 그룹을 각각 다시 절반(1/4)으로 나누어 제인은 한 그룹 앞에서는 많이 먹었고 다른 그룹 앞에서는 거의 먹지 않았다(결국 연구는 네 그룹을 대상으로 한 것이었다.)

참여자들은 제인이 다이어트 중이라고 밝힌 경우, 그렇지 않은 경우보다 더 적게 먹었다. 게다가 모든 경우 참여자들은 제인이 많이 먹으면 같이 많이 먹었고 제인이 적게 먹으면 같이 적게 먹었다. 여성들이 모여 식사할 때 한 명이 디저트를 거절하면 연이어 다른 여성들도 같이 거절하는 것은 이런 이유에서다.

계절성 우울증과 폭식

특이한 행동 특성과 관련된 특별한 유형의 비만과 과식이 있다. 광범위하게 연구된 것은 사람의 기분이다. 비만인들이 불안이나 우울을 경험할 때 그렇지 않은 사람들보다 음식 섭취 가능성이 더 높았다. 더 최근 연구에서는 다이어트 여부가 우울감 못지않게 과식에 중요했다. 연구자들은 스스로 식이 제한을 하는 것이 기분과 상관없이 과식이나 폭식으로 이어진다고 믿는다.

최근에 폭식과 폭식장애는 연구자들과 치료사들의 면밀한 관찰의 대상이다. 비만 치료를 원하는 성인과 아이들의 약 20~40퍼센트가 이런 폭식을 하고, 비만인들의 약 5~8퍼센트가 여기에 해당한다. 폭식 행동을 하는 사람들은 우울한 경향이 있고 가족력에 물질 남용 같은 다른 충동 장애가 있었다.

게다가 폭식장애는 유전적인 영향이 상당히 컸다. 특히 계절성 우울증SAD이 있는 사람들이 폭식장애를 보였다. 계절성 우울증은 빛이 부족한 겨울에 잘 걸리는 예민한 질환이다. 계절성 우울증의 특징은 우울증, 탄수화물 갈망, 과식, 그리고 체중 증가이다. 하지만 비만인들 중에서 계절성 우울증을 앓는 사람들은 그렇게 많지 않다.

야식증후군

또 다른 섭식장애로 야식증후군이 있다. 이 증후군은 1955년 알버트 스텅카드가 처음 발표했다. 하지만 연구자들의 관심을 받고 연구 논문에 등장하기 시작한 것은 지난 일이십년 사이이다. 연구에 따르면 야식증후군을 가진 사람들은 비만이었고 섭취 칼로리의 절반 이상을 밤에 먹었다. 그들은 같은 비만이라고 해도 야식증후군이 없는 사람들보다 24시간 주기로 평균 600칼로리를 더 섭취했다.

　야식증후군이 있는 사람들은 수면에 상당한 어려움을 겪는다. 그들은 밤에 평균 3.5번 정도 깬다. 야식증후군이 없는 사람들이 이틀에 한 번 정도 깨는 것과 비교하면 높은 수치이다. 게다가 야식증후군이 있으면 깨어 있는 시간의 절반을 먹는 것으로 보낸다. 마지막으로 야식증후군이 있는 비만인이 우울한 성향이 더 높고 저녁이 되면 더 악화되었다(야식증후군이 없는 비만인에 비해 말이다).

　이런 특이한 과식과 비만과 관련한 생리학적 설명은 다양하다. 예를 들어 야식증후군이 있으면 다른 사람들과 달리 혈중 '랩틴leptin(지방세포에서 분비되는 식욕 억제 단백질)' 수치의 상승이 없다. 랩틴이 증가하면 식욕이 감소하고 수면이 개선된다. 랩틴의 증가가 없는 사람들은 밤에 과도하게 먹고 수면에 어려움을 겪을 수 있다.

과식과 비만을 줄이는 다양한 방법들

수술

생리적 개입의 가장 극단적인 형태는 비만이었던 〈NBC 투데이쇼〉의 앵커 알 로커와 뉴저지 주지사 크리스 크리스티가 받았던 위 수술이다. 위 절제술은 음식을 먹자마자 포만감이 들게 만들고, 위장관에서의 음식 흡수를 줄여 섭취량을 줄이는 것이 목표이다. 이 수술은 대개 안전하고 매우 효과적이며 다수 환자의 체중 감량 목표를 절반 정도 달성하고 유지하게 한다. 하지만 이런 수술이 위험이 없는 건 아니다. 크지 않다고 해도 수술 그 자체 위험 외에도 구토증 같은 부작용이 있다. 그럼에도 불구하고 대개 환자는 수술을 받은 후에 더 적응을 잘하고 더 만족감을 느낀다. 상당한 감량의 결과로 이전에 불가능했던 신체활동과 좀 더 다양한 매력적인 옷을 입을 수 있는 것, 성적으로 더 어필할 수 있는 점을 고려하면 말이다. 이 수술은 고도 비만인에게 효과가 있다. 체질량지수가 적어도 40이어야 하고 덜 극단적인 수단을 사용하여 체중을 줄이려는 시도를 했지만 성공을 거두지 못한 경우여야 한다(아니면 체질량지수가 적어도 35이고 심각한 의학적 문제가 있어야 한다). 수술은 비만이 생명을 위협하는 정도가 아니라면 잠재적 위험과 부작용으로 현명하지 않은 선택이 될 수 있다.

해부학적 시술

달리 시도해볼 수 있는 방법으로는 해부학적 시술이 있다. 풍선을 사용하는 방법이 있는데, 처음에 바람이 빠진 풍선을 위에 삽입한다. 그리고 바람을 넣어 몇 주 혹은 몇 달을 그대로 있게 한다. 추정컨대 이 장치는 위 팽창이 음식 섭취를 감소시킬 것이라는 가정 하에 개발되었다. 하지만 위 팽창은 영양분이 조금이라도 있어야 식욕에 영향을 미치기 때문에 풍선은 이 조건을 충족시키지 못한다. 풍선을 진짜 삽입한 경우와 삽입된 것으로 가장한 정교한 연구 결과, 살이 빠지는 것에 큰 차이가 없었다. 이런 연구 결과 때문에 지금은 연구 목적이 아니면 풍선 삽입을 권장하지 않는다.

오래전부터 시도된 지방흡입술도 있다. 불운하게도 이것은 지속적인 효과를 보여주지 않는다. 한 실험에서 허벅지 지방 제거술을 하고 1년 후에 보니 그곳의 지방이 돌아오지는 않았지만 복부에 지방이 추가로 축적된 것이 밝혀졌다. 그래서 환자의 총 체지방은 지방흡입술 이전과 비슷했다. 최근에 연구자들은 뇌의 전전두엽 피질에 전기 자극을 가해 식욕과 음식 갈망 감소와의 연관성을 조사하기 시작했다. 하지만 이 감소는 일시적이었고, 두개골에 전극을 꽂아야 한다는 점에서 체중 조절에 실용적이지 않았다.

약물 요법

내가 다른 어떤 것보다 더 낫다고 생각하는 약물 요법은 과식을 줄이고 체중 조절을 용이하게 해주는 약을 복용하는 것이다. 이런 생각은 나 혼자만의 것이 아니다. 상당수 사람이 과식을 예방하고 체중 조절에 도움이 된다면 약 먹는 것을 선호한다. 제약 산업은 우리가 원하는 것을 개발하는 데 막대한 자금을 들이부었다. 여기까지 책을 읽은 사람이라면 인간이 음식을 보고 냄새 맡고 맛보고 먹고 소화시키는 생리적 과정에 온갖 화학물질이 관련되었다는 것을 알았을 것이다.

슬픈 사실은 체중 감량 보조제의 역사가 온통 철회의 역사로 얼룩져 있다는 것이다. 암페타민 같은 자극제(음식 섭취를 감소시키지만 부작용과 중독성이 있다), 펜플루라민fenfluramine(식욕감퇴제), 펜-펜fen-phen, 메리디아Meridia 같은 체중 감량제에 이르기까지 상당수 약이 심각한 부작용 때문에 미식품의약국FDA의 승인이 취소되었다. 2014년 3월에 알리Alli(지방분해효소 억제제인 올리스타트 함유) 같은 약은 제품이 변질될 가능성이 있어 제조사에서 철수시켰다(알리도 부작용이 있다). 대안으로 살아남은 약이 없다. 제약회사에서 체중 감량 보조제를 내놓을 때마다 심각한 우려가 제기된다. 제약회사에서는 약을 먹는 것과 관련된 다른 문제들, 이를테면 고가의 비용이랄지, 약을 중지하면 즉시 원래대로 돌아갈 수 있다는 이야기를 하지 않는다. 다른 문제를 전혀 초래하지 않고 체중 문제를 깔끔하게 해결해줄 마법의 약은 존재하지 않는다. 위험한 비만 약에 그나마 괜찮은 대안은 식욕을 약간 감소시키고 주의력을 높이는 껌 씹는 행위 정도이다.

그럼에도 과식하는 사람들이나 비만인들에게 약물 요법은 도움이 된다. 앞에서 말한 우울과 관련된 과식이나 비만인 유형에게는 말이다. 여기에는 폭식장애, 계절성 우울증, 야식증후군으로 힘들어 하는 사람들이 포함된다. 연구자들은 탄수화물을 섭취하면 세로토닌 양이 증가하고, 우울이 낮은 세로토닌 수치와 관련 있다고 믿는다. 만약 이것이 맞다면 약을 먹고 세로토닌 수치를 높이는 것이 우울증을 완화시킬 뿐만 아니라 과식을 감소시킨다. 세로토닌 수치를 높이는 약물 사용이 탄수화물 갈망과 관련 있는 우울증 완화에는 약간 성공을 거두었다.

식이 요법

식이 요법은 어떨까? 식품매장 계산대 주변에 있는 여성 잡지를 보면 가장 최신 다이어트로 빠르고 영구적인 체중 감량을 하라는 충고가 들어 있다. 저칼로리 다이어트, 저탄수화물 다이어트, 저지방 다이어트, 완전한 금식, 그리고 기타 등등 많은 것이 있다. 그렇게 다이어트 종류가 많은 이유가 무엇일까? 지금까지 나온 것만으로도 모자라 왜 새로운 다이어트법이 계속 등장할까? 어떤 다이어트가 효과 있는 다이어트일까? 힘들지 않게 원하는 만큼 살이 빠지고 살을 빼면 체중이 영구적으로 유지되는 그런 다이어트가 아닐까?

만약 그런 다이어트가 존재한다면 세계적인 명성을 얻을 것이다. 이 모든 경이로운 수많은 다이어트가 우리에게 진실로 말해주는 것은 바로 다이어트가 효과가 없다는 것이다! 살이 조금 빠질지 모르지만 대개 다시 찐다. 오프라 윈프리 같은 대중매체 스타들이 보여주는 것처럼 말이다.

더 최악은 일부 다이어트는 극히 위험하다. 심한 탈수, 과도한 심박동, 심장질환으로 인한 섬유성 연축fibrillation(근육의 조건에 이상이 있을 때, 혹은 근육을 지배하는 운동신경에 손상이나 자극이 가해졌을 때 근육 섬유가 여기저기서 무질서하게 수축을 되풀이하는 상태)을 일으킬 수도 있다. 많은 다이어트가 영양적으로 불충분하다는 사실은 말할 것도 없다. 게다가 다이어트는 즐거운 것이 아니다. 다이어트 중인 사람들은 다이어트로 인한 지속적인 허기 외에도 생리적 스트레스 증후군뿐만 아니라 기억력 장애도 생긴다.

그렇다면 다이어트는 왜 영구적인 체중 감량으로 이어지지 못할까? 체중 감량에는 마법이 존재하지 않는다. 음식 섭취로 얻은 칼로리는 배출되거나 열로 나가거나 대사나 물리적 활동에 쓰이지 않는 한 절대 사라지지 않는다. 다이어트로 살을 빼는 유일한 방법은 더 적은 칼로리를 섭취하거나 더 많은 에너지를 소모하거나 두 가지 모두를 하는 것뿐이다. 게다가 일정 기간 음식 섭취를 줄이면 대사율이 감소하는데, 문제는 다이어트가 끝난 후 다시 정상적인 섭취를 할 때 대사율 하락이 지속되어 감량을 어렵게 만들고 쉽게 원상복귀시킨다는 것이다.

다이어트를 하는 많은 사람이 칼로리를 낮추려고 사용하는 방법은 저칼로리 음식과 마실 것으로 대체하는 것이다. 이렇게 하면 이론적으로는 섭취 칼로리가 낮아져야 한다. 하지만 이것은 지속적으로 먹어온 고칼로리 음식을 저칼로리 음식으로 대체하는 경우에만 그렇다. 현실은 그런 경우만 있는 것이 아니다. 내가 이전에 일한 곳에서 직원들은 휴식 시간만 되면 모퉁이 가게에서 테이스티 디 라이트^{tasti d-lite}(저칼로리 아이스크림)를 사먹는 것을 좋아했다. 이 달콤한 혼합 아이스크림은 얼핏 보기에 소프트 아이스크림처럼 보이지만 지방이 거의 없고 칼로리는 낮았다. 직원들은 테이스티 디 라이트를 먹으면서 최악의 경우 살은 찌지 않을 것이고 심지어 빠질지도 모른다고 믿었다. 그들이 언제나 보통 아이스크림을 먹어왔고, 그것의 대안으로 이 새로운 것을 먹었다면 가능성이 있는 말이다. 하지만 그들은 이전에 아이스크림을 먹지 않았다. 테이스티 디 라이트는 그들의 점심에 추가된 것일 뿐이었다.

저칼로리 음식의 가장 큰 문제는 칼로리 수 감소 여부와는 별개로 맛이 좋지 않다는 것이다. 사람들이 맛에 후한 점수를 주는 음식은 주로 당분과 지방 함량이 높은 음식이다. 게다가 몇 가지 연구를 보면 사람들은 저지방식이라면 먹어 보기도 전에 맛이 없을 것이라고 예상한다. 실제 고지방인데도 저지방 정보를 주면 구미가 당기지 않는 음식으로 평가했다. 그런 판단은 오랜 경험의 결과다. 식품 속의 지방은 풍미와 식감에 지대한 공헌을 한다. 따라서 고지방 식품만큼 맛이 좋은 저지방 식품을 만드는 것은 매우 어렵다. 다행히도 아이스크림 제조자들은 이 어려운 일을 어느 정도 성공한 것 같다.

그럼에도 불구하고 몇몇 연구는 사람들이 섬유질 함량이 높고 칼로리 밀도가 낮은 음식에 더 몰리는 것을 보여주었다. 그런 음식을 다이어트와 결합시키면 체중 감량에 도움이 될 것이다.

식사 시점과 간격

성공적인 체중 조절에 식사 시점과 간격이 중요한 역할을 한다. 쥐들과 인간을 대상으로 한 실험에서, 같은 칼로리를 한 끼에 거창하게 먹지 않고 여러 번 나눠 먹으면 더 배부른 느낌이 들고 지방으로 저장되는 부분도 더 적었다. 하지만 이것은 총 칼로리가 엄격하게 통제되는 실험실에서 얻은 결과이다. 현실에서는 한 끼의 거창한 식사 대신 작은 식사를 여러 번 하면 엄격한 통제가 힘들고 오히려 총 섭취 칼로리만 높아져 효과가 없을 수 있다.

칼로리는 하루 단위로 관리하는 것이 중요하다. 우리는 더 쉽게 접근할 수 있고 더 쉽게 눈에 띄는 음식을 더 많이 먹는 경향이 있다. 따라서 접근을 힘들게 만드는 것이 섭취량을 감소시키고 최종적으로 체중을 감소시킨다. 그런 전략에는 견과류 껍질을 벗기지 않고 두기, 식품 포장 벗기기, 식품을 손이 닿지 않은 곳에 놓아두기 등이 있다.

운동

이 지점에서 결론을 미리 예측한 사람들은 침울할지도 모른다. 내가 말하고 싶은 것은 부작용 없는 체중 조절 기술은 존재하지 않는다는 점이다. 그럼에도 한 가지 효과적인 기술이 있다면 바로 운동이다. 운동은 비만을 줄이고, 체중 증가를 막고, 체중 감소 유지에 효과적이다. 또 근육을 유지하거나 만드는 데 도움을 준다. 근육은 지방보다 더 많은 에너지를 태운다.

체중 조절 기술로 운동이 매력적인 요인은 더 있다. 첫째, 운동은 심혈관계 건강을 향상시키고 힘을 증가시킨다. 둘째, 운동에는 기분 개선 효과가 있다. 셋째, 운동은 골다공증 예방에 도움이 된다. 넷째, 운동은 좋은 콜레스테롤인 HDL(고밀도 리포 단백질$^{high\text{-}density\ lipoprotein}$)의 양을 상대적으로 증가시켜 심혈관계 위험을 낮춘다. 마지막으로 운동은 인지 기능 개선에 도움이 된다(운동은 우리를 좀 더 똑똑한 사람으로 만든다). 많은 연구자와 치료사가 비만 치료에 운동을 권장하는 것은 어쩌면 당연하다. 비만 치료나 체중 증가를 예방하는 데 운동을 사용할 때 가장 큰 장애는 사람들이 운동 프로그램에 따라 꾸준히 운동하는 것을 힘들어한다는 것이다.

그렇다면 얼마나 많은 운동이, 또 어떤 운동이 체중 감소나 체중 증가 예방에 도움이 될까? 이 쟁점에 단호한 답을 내놓기에는 아직 연구가 불충분하지만 체중 감량이나 체중 감량 유지에 성공한 사람들은 그렇지 않은 사람들에 비해 신체적으로 활동적이었다. 많은 증거가 하루에 한 시간 정도의 운동이 필요하다고 말한다(활기찬 산책을 포함하여 말이다). 이런 데이터는 내가 산책을 포함하여 하루에 한 시간 정도 운동을 하도록 설득시켰다.

　나는 뉴욕에 살기 때문에 바쁜 스케줄이어도 사실 어려운 일은 아니다. 출퇴근할 때 걸어서 가면 되기 때문이다. 나는 집에서 연구실까지 자주 걸어 다닌다. 그리고 주중에 모임이 있는 곳을 갈 때에도 걸어간다. 게다가 일주일에 네 번 1시간 조금 넘게 스트레칭뿐만 아니라 에어로빅과 근육을 만드는 운동을 한다. 10여 년 전부터 매일 한 시간씩 운동을 해오다보니 어느 때보다 체중 유지가 수월했다. 나는 여전히 먹는 것을 조심하지만 체중이 쉽게 늘지도 않는다. 게다가 심장 테스트 결과도 좋은 편이었고 골강도도 좋았다.

　그래서 나는 더 적극적으로 운동하는데 다소 지나친 점이 있다. 몇 년 전 내 아들이 인기 있는 핏핏 장치(운동용 스마트 워치) 하나를 주었다. 그것은 걷기와 계단을 오르내리는 움직임을 기록하는 것이다. 문제는 내가 내 이전 기록을 넘으려고 끊임없이 애쓰고 운동에 너무 많은 시간을 보낸다는 것이다. 나는 일주일 후에 내가 68,426걸음을 걷고(약 65킬로미터) 120계단을 올랐다는 기록을 보고 마침내 핏핏을 중단했다. 심지어 이것은 페달 밟는 자전거, 엘립티컬 머신(유산소 운동기구), 웨이트 머신으로 운동했던 시간은 포함하지 않은 것이었다.

정서적 갈등을 치료하는 심리 치료

예나 지금이나 살을 빼는 데 도움이 되는 다양한 형태의 심리 치료나 관련된 환경을 바꾸려는 시도가 있다. 이 방법으로 성공을 거두는 것이 어렵다는 것은 누구나 안다. 치료사의 도움과 환경 측면을 조종하여 살을 빼도 체중은 이내 돌아온다. 그럼에도 불구하고 체중 조절 방법으로 심리 치료가 널리 퍼져 있는 것을 감안하면 언급할 만한 가치가 있다.

비만 감소를 위한 한 가지 접근은 비만인이 비만 감소를 지지하는 사람들 속으로 들어가는 것이다. 그들은 비만인이 살을 빼도록 기꺼이 도와줄 것이다. 반드시 전문가 집단이어야 할 필요는 없다(그들은 스스로 살을 빼려고 노력하고 있는 사람들일지도 모른다). 단, 커뮤니티를 포함한 체중 감량은 서로 다른 곳에서 일하는 사람들이 체중 감량 경쟁을 벌이는 것이 효과가 좋다. 이런 경쟁은 마찰도 크지 않고 프로그램 운영비도 많이 들지 않는다. 대학이나 도시는 공동체 전체가 살 빼는 노력을 경주할 수 있도록 활동 강화 프로그램이나 다른 인센티브를 제공하기도 한다.

체중 감량을 위한 더 보편적인 방법은 자가 도움 집단(같은 문제를 가진 사람들이 문제 해결을 위해 서로 도움을 주는 그룹)을 이용하는 것이다. 비만이라는 비슷한 문제를 가진 사람들이 온라인이나 또는 직접 대면하여 공통의 경험과 어려움, 그리고 해결책에 대한 이야기를 나누는 것이다. 자원봉사자들로 운영되는 그룹도 있고, 다이어트 제품과 프로그램 서비스 브랜드인 웨이트 워처스Weight watchers와 같은 그룹도 있는데 웨이트 워처스가 훨씬 더 조직적이다(웨이트 워처스는 약 50년 전에 생겨 매주 모임에 수많은 사람이 참석한다. 지금은 온라인에서도 활동이 활발하다).

공동체와 자가 도움 집단 외에도 많은 종류의 심리 치료가 체중 감량을 도와준다. 가장 보편적인 것은 정신 역동 치료로 대개 장기간의 개인 심리 치료가 포함되어 있다. 정신 역동 치료사들은 체중 증가가 어린 시절 생긴 정서적 갈등 때문이라고 믿는다. 따라서 정신 역동 치료는 비만 그 자체보다 이 정서적 갈등을 치료하는 데 중점을 둔다.

행동 치료나 인지행동 치료를 이용한 체중 감량법도 있다. 많은 행동 치료사가 전문 연구자는 아닐지라도 연구에 기여한다는 생각으로 과학적인 접근을 한다. 지금까지 정신 치료 분야를 다룬 연구 발표에 행동 치료가 상당 부분 포함되었다. 유명한 행동치료사들은 행동 치료의 효과가 가장 좋을 때조차 장기적으로 의미 있는 체중 감량으로는 이어지지 않았다고 인정했다.

하지만 행동치료사들은 환자들의 체중 감량을 돕기 위해 더 나은 방법을 개발하려는 노력을 멈추지 않는다. 예를 들어 적절한 체중 감량의 조건으로 돈이나 유쾌한 활동 같은 긍정적인 보상을 거는 것이다. 내가 대학을 졸업하고 1974년에 결혼했을 때 남편이 이 기술을 사용했다. 나는 5킬로그램 정도를 빼야 했는데 그는 내게 0.5킬로그램을 뺄 때마다 5달러를 주겠다고 했다. 그 당시에 나는 형편이 좋지 않아 50달러가 상당해 보였다. 나는 그만큼 몸무게를 뺐지만 몇 년이 지나자 몸무게는 다시 돌아왔다.

행동치료사들은 과식의 가능성을 원천적으로 차단하기 위해 환경 측면을 통제하는 기술 또한 사용한다. 앞에서 나온 '사전 위탁 방안 precommitment devices'이 여기에 포함되는데, 이것은 환자들이 유혹 받을 가능성이 있는 상황을 사전에 없애는 것이다. 예를 들어 환자들이 장보러 가기 전에 살 것의 목록을 미리 작성하게 한다. 비만 감소를 위한 행동 치료 프로그램에는 행동적 기술 외에도 약물, 운동, 그리고 영양 정보를 사용하는 다양한 기술이 있다. 그렇다보니 치료의 특정한 측면의 효과만 평가하는 것은 어렵다.

다이어트에 운동이 최적인 이유

과학자인 마사 스캔더와 동료들은 127명의 과체중 남녀를 대상으로 인지행동 치료의 세 가지 타입을 비교했다. 다이어트를(식이조절) 하지만 운동을 하지 않는 것, 운동은 하지만 다이어트를 하지 않는 것, 다이어트와 운동의 병행 세 가지였다. 그들은 치료를 시작하기 전에 참여자들에게 이 세 가지 중에서 하나를 임의로 선택하게 했다. 다이어트 전문가가 3개월 동안 매주 각 그룹과 모임을 가졌다. 그 이후에 1달 반 이상 격주로 만났고, 그 이후 8달 동안은 매달 한 번씩 만났다.

　　1년이 된 시점에 운동과 다이어트 병행 그룹은 평균 10킬로그램을 빼서 가장 많은 감량을 했고, 운동만 한 그룹은 평균 6킬로그램을 빼서 가장 적은 감량을 했다. 하지만 체중 감량의 차이는 우연의 결과일 수도 있어서 과학자들이 통계학적으로 의미 있게 여길 만한 것이 아니었다.

　　하지만 2년 후에 통계학적으로 의미 있는 차이가 있었다. 세 그룹 모두 가장 많이 빠졌을 때에 비하면 체중이 증가했다. 시작을 기준으로 보면 다이어트만 한 그룹은 +1킬로그램, 운동만 한 그룹은 −3킬로그램, 운동과 다이어트를 병행한 그룹은 −2킬로그램이었다. 운동이 다이어트에 비해 체중 감량 효과는 낮지만 다시 살이 찌는 효과도 낮았다. 이 지점에서 우리는 다시 자제력 문제에 직면한다. 효과가 빠르고 좋지만 장기적으로 좋지 않은 다이어트와 즉각적인 감량 효과는 적어도 효과가 지속적인 운동 중에서 우리는 선택해야 한다. 사람들이 체중 조절을 위해 힘든 운동보다 다이어트를 선택하는 것은 어찌 보면 당연하다.

그럼에도 불구하고 체중 그 자체를 줄이는 것보다 더 많은 운동과 다른 건강한 행동 참여를 돕는 것이 가장 좋은 행동 치료일 것이다. 텔레비전 시청 같은 몸을 잘 움직이지 않는 활동을 줄이는 것도 좋은 사례다. 이 모든 연구를 고려하여 반드시 살을 빼야 한다면, 아니 체중 증가를 막기가 어렵다면 어떻게 해야 할까? 고도비만이라면 수술을 받는 것이 방법이지만 그렇지 않다면 어떤 방법이 있을까?

다음은 성공적으로 살을 빼고 더 이상 찌지 않으려면 어떻게 해야 하는지를 보여준다. 이 제안 모두 분명하게 입증된 것은 아니지만 지금까지의 연구결과와 일치한다. 체중 조절의 핵심은 우리가 먹는 것, 그리고 환경과 상호작용하는 방법을 우리 종이 진화했을 때의 조건과 더 비슷하게 만드는 것이다. 쉬운 일은 아니지만 이루지 못할 일도 아니다.

체중을 유지하거나 체중을 줄이는 검증된 제안들

- 칼로리 섭취를 주의 깊게 추적 관찰하라.
- 칼로리는 거의 줄이지 마라.
- 당 지수가 낮은 음식과 저지방, 저염분, 저당분, 그리고 고섬유질 식사를 하라.
- 가당 음료 대신에 무칼로리 음료를 마셔라.
- 알코올 음료는 최소화하라.
- 식사 시 처음에 수프나 다른 저칼로리 음식을 먹어라.
- 식사의 일부에 매운 고추를 넣어라.
- 무설탕 껌을 씹어라.

- 일인분 접시는 작은 것으로 사용하라.
- 가급적이면 주변에 먹고 싶게 만드는 신호를 없애라. 이것은 함께 사는 사람들, 그리고 함께 일하는 사람들의 지지를 얻는 것을 포함한다.
- 매일 몸무게를 관찰하라.
- 매일 최소한 한 시간씩 에어로빅 같은 유산소 운동을 하라.
- 근육 양을 증가시키거나 유지하기 위해 웨이트 트레이닝을 하라.
- 일주일에 0.5킬로그램씩 빼기 위해서는 현재의 음식 섭취량을 유지하고, 주당 추가적으로 3,500칼로리를 소모하도록 운동하라(예를 들면 주당 6시간 추가적인 조깅을 하거나 주당 10시간 활기차게 산책하면 된다).

살빼기는 불운한 새해 결심

지금까지 과식과 비만에 일조하는 많은 요인과 지속적인 체중 감량으로 이어지는 많은 기술을 살펴보았다. 이 불균형은 놀랍지 않다. 우리 종은 식량 부족이 반복적으로 있었던 환경에서 진화했다. 따라서 인체는 칼로리를 상당량 섭취하고 보유하도록 설계되었다. 하지만 지금 이것이 큰 문제인 것은 그 시절과 달리 도처에 비만에 일조하는 맛있고, 값싸고, 광고에 많이 나오는 갓가지 음식에 완벽한 노동력을 절감시켜주는 기구가 많기 때문이다.

동시에 현재 유행하는 패션 이미지도 문제다. 패션 이미지는 체중이 약간 더 나가거나 심지어 거의 정상 수준인 많은 사람, 특히 여성들이 끊임없이 다이어트를 하고 체중 감량을 시도하게 만든다. 이런 다이어트를 시도하는 것에는 상당한 시간과 돈이 들 뿐만 아니라 섭식장애로 발전할 수 있는 위험이 잠재되어 있다. 듀크대학교의 심리학자 켈리 브라우넬과 전직 펜실베니아대학교 총장인 주디스 로딘의 지적처럼 살을 빼서 건강이 좋아지려고 하면 다시 살이 찔 위험에 처한다. 그리고 체중이 많이 오르내리면 관상 동맥, 심장질환 위험 및 또 다른 건강 문제의 위험에 처할 가능성이 있다.

이런 이유로 사람들이 체중 감량을 시도할 때마다 많은 논란이 있었다. 몇몇 내과의사들과 치료사들은 체중 감량은 상당한 건강상의 이득이 있을 때에만 해야 한다고 믿는다. 미국 의학잡지《뉴잉글랜드 저널 오브 메디신The New England journal of Medicine》 사설에 이런 제목의 글이 올라온 적이 있었다.

"살빼기는 불운한 새해 결심"

과체중인 사람들은 건강에 문제가 없어도 사는 것이 힘들 수 있다. 일자리를 구할 때 차별을 당하기도 하고 사회적 거부의 대상이 되기도 한다. 비만은 유전적인 요인과 생리적 요인으로 결정된다는 사실에도 불구하고 게으르거나 의지력이 없는 사람으로 비치기도 한다.

체중 감량에 도움이 되는 개인적 시도에 집중하기에 앞서 우리는 잠재적으로 더 성공적인 목표에 초점을 맞추어야 한다. 먼저 환경을 바로잡고 체중 증가를 막는 조치를 하자. 당연한 일이겠지만 음식과 음료 제조자들이 지금까지 해온 마케팅은 소비자들에게 자신들이 만든 제품을 가능한 더 많이 먹고 마시게 만든다. 그리고 우리는 그들의 예상대로 반응한다. 우리는 약국이나 슈퍼의 계산대 주변에 있는 캔디를 사서 먹는다. 그리고 영화가 시작되기 전에 32온스(900그램)의 탄산수(400칼로리 정도)를 사서 마신다. 일부에서는 이런 흐름에 맞서 건강한 먹거리 지지 운동을 한다. 앞에서 언급했듯이 이런 움직임에는 뉴욕 시의 설탕덩어리 음료의 판매금지 시도 외에도 미국 전역에서 패스트푸드 TV 광고 제한, 자동판매기 눈높이에 건강한 식품과 음료 배치하기, 카페테리아에서 손이 닿기 쉬운 곳에 건강한 먹거리 놓아두기 같은 것이 있다.

제조자들은 가능하면 건강하지 못한 음식을 최대한 먹이려고 혈안이 되어 있는데, 일부에서 건강한 식이를 지지하는 정당한 노력을 매도하는 일이 놀랍다. 제조자들이 소비자들에게 필요 이상으로 먹게 하려고 온갖 설득의 기술을 사용해도 되는 반면에, 그것의 판매금지는 허용되지 않는 것이 현실이다. 건강한 식이를 권장하는 조치에는 너무 강압적이라는 이유로 허용하지 않으면서 건강하지 못한 식이를 권장하는 것은 괜찮은 걸까?

나는 이 질문에 대한 답을 가지고 있지 않다. 하지만 나는 앞으로 우리 모두 건강을 유지하고 생존하는 것을 목표로 하는 공동체의 사회 구성원으로서 먹고 마시는 행동에 미치는 영향과 이런 행동의 결과와 정보에 완전히 정통해 있어야 한다고 믿는다. 또한 건강한 섭취의 가능성을 증가시키는 우리 환경을 주장하는 기회가 건강하지 못한 섭취의 가능성을 증가시키는 환경에 대한 옹호만큼 주어져야 한다고 생각한다.

지금은 공정한 경쟁이 아니다. 앞으로 나는 가능한 한 많은 운동을 할 생각이다. 그리고 고지방, 고염도, 고당도, 저섬유질 식품이 가급적 제한되는 새로운 환경을 만들기 위해 노력할 것이다.

The
Psychology
of
Eating
and
Drinking

Chapter 10

우리가
마시는 술은
우리의 삶을
지배한다

음주의 심리학

"술이 들어오면 지혜는 달아난다."

_ 미국 속담

걸프전 당시 사우디아
라비아에 주둔한 미국 군대는 다른 나라에 주둔한 미국 군대에 비해 징
계 건이 약 3분의 1에 불과했다. 걸프전 첫 6개월간 30만 명이 사우디
아라비아에 주둔했음에도 불구하고 군법 회의는 총 19회뿐이었고, 징계
는 1만 5천 명당 1명에 못 미치는 수준이었다. 징계율이 이렇게 저조한
이유가 있을까? 사우디아라비아 법은 술을 허용하지 않는다. 미국 군대
는 사우디아라비아에 주둔해 있는 동안 이 법에 따랐다. 사우디아라비
아와는 기후가 다른 북쪽 끝의 러시아에서는 남자들의 25퍼센트가 55
세가 되기 전에 죽는데 '보드카'라는 술이 주요 원인이다.

만약 사람들이 술의 영향을 받지 않을 때 훨씬 더 나은 행동을 한

다면 왜 많은 사람들은 술을 남용할까? 그리고 술 마시는 것을 중단하기를 바란다면 어떻게 하는 것이 최고의 방법일까? 이 장은 이 질문들에 대한 답이다.

얼마나 마셔야 남용일까

사람들은 문명이 시작된 이후로 술을 만들었고 마셨다. 고고학적 증거는 알코올음료가 북동아프리카에서 시작되어 서부로 퍼져나간 것을 보여준다. 적어도 8천 년 전에 와인이, 적어도 6천 년 전에 맥주가 만들어졌다는 증거가 존재한다. 와인과 맥주는 알코올 함량이 꽤 낮은 편으로 물보다 안전한 음료였다. 당시 일반적인 물은 자주 오염된 상태였다. 하지만 사람들은 상수시설로 물이 안전해진 이후에도, 심지어 알코올 농도를 높이는 기술이 발견된 이후에도 여전히 많은 술을 마신다.

음주의 부정적인 영향은 상당하다. 적정량의 알코올 섭취가 심장 혈관 질환을 감소시킨다는 증거가 나왔다고 해도 과음으로 치러야 하는 비용은 극도로 높다. 술은 미국에서 예방 가능한 죽음의 주요 원인 중 하나이다. 매년 8만 명의 미국인들이 술 때문에 목숨을 잃는다. 알코올이 중추신경계에 미치는 직접적인 영향으로 급성 알코올 중독, 영양 부족, 간 손상이 발생하고, 교통사고를 포함한 사고 가능성의 증가, 소화성 궤양 출혈 같은 질병의 악화, 상처의 자각 기능 약화, 자살 증가, 살인 희생자가 될 가능성 증가, 그리고 흡연자들의 흡연 빈도 증가를 포함한 간접적인 영향도 많다. 누구나 술을 마시면 일어날 수 있는 일이다. 본인이 술을 마시지 않아도 음주자 가까이 있으면 차 사고, 살인, 가정폭력의 희생자가 될 가능성이 높다. 더욱이 미국에서는 음주로 인한 생산성 감소, 건강관리 비용, 그리고 재물 손괴로 연간 2,240억 달러(약 253억)의 비용을 치르고 있다.

대학생 음주의 부정적인 효과에 대한 연구도 광범위하게 이루어졌다. 그 결과의 일부는 다음과 같다. 캠퍼스에서 음주 후 일시적인 의식 상실로 인해 한 해에 약 50만 달러의 응급실 비용이 든다. 그리고 대학에서는 높은 폭음율로 인한 재산 손괴가 많다. 또 폭음은 위험한 섹스와 직결된다.

그렇다면 알코올 사용과 알코올 남용을 가르는 선은 무엇일까? 어느 정도가 돼야 주변의 누군가가 술을 마시는 것이 걱정되기 시작할까? 미국 정신과 협회는 알코올 사용 장애(알코올 중독)를 '임상적으로 상당한 손상으로 이어지는 문제성 있는 알코올 사용 패턴'으로 정의한다. 이 정의를 그대로 적용하면 미국 성인의 대략 9퍼센트, 12~17세까지의 청소년들 5퍼센트가 이 장애를 가진 것으로 분류된다. 알코올 사용 장애는 여자보다 남자에게 더 흔하고, 성인들의 경우 아시아인들보다 흑인들, 백인들, 그리고 히스패닉들에게 더 흔하다. 이 장애는 미국 원주민들과 알래스카 원주민들에게 제일 많다. 알코올 남용은 끔찍한 문제이다. 본인들 뿐만 아니라 주위 사람들에게 악영향을 미치기 때문이다.

음주의 실제 효과와 기대 효과

누군가가 술을 마시면 알코올의 직접적인 효과 때문이든 술을 마시면 사람이 달라진다는 예상 때문이든 행동이 달라진다. 예를 들어 술을 마신 후에 바보같이 행동한다는 말을 듣는 경우와 신중하게 행동한다는 말을 듣는 경우가 있다면, 첫 번째 사람은 술을 마신 후에 바보 같은 행동을 할지도 모르고, 두 번째 사람은 신중하게 행동할 수도 있다. 누군가는 음주를 사회적으로 수용되지 못한 행동을 할 때 핑계로 이용하기도 한다. 우리는 음주 효과가 술 자체 때문인지 술을 마시면 달라진다는 예상 때문인지 알아야 한다. 전자가 예방하거나 바꾸는 것이 훨씬 더 어렵다.

다행히도 과학자들은 '균형-플라시보 설계(심리학자 알랜 마라트와 그의 동료들이 개발했다)'를 통해 '알코올 실제 효과'와 '알코올 기대 효과'를 분리하는 방법을 알아냈다. 이 설계를 이용한 실험에서 참여자들 절반은 술을 마시고 다른 절반은 술처럼 느껴지는 다른 것을 마신다. 그리고 진짜 술을 마신 그룹도 절반에게는 술을 마셨다고 믿게 하고, 다른 절반에게는 술이 아니라고 믿게 한다. 그리고 술을 마시지 않은 그룹도 절반은 술을 마셨다고 믿게 하고 다른 절반은 술이 아닌 것을 마셨다고 믿게 한다. 결국 이 실험의 참여자들은 총 네 그룹이었다(A,B는 진짜 술을 C,D는 술이 아닌 것을 받은 참여자).

〈표 10-1〉에서 B타입 참여자들의 음주 후 행동은 '술의 직접적 효과'를 보여준다. 참여자들은 실제로 술을 마셨지만 자신들이 술을 마시지 않았다고 생각하기 때문이다. C타입 참여자들의 음주 후 행동은 술

의 직접적 효과가 섞이지 않은 '기대 효과'를 보여준다. C타입은 술이 아닌 것을 마셨지만 술을 마셨다고 생각하기 때문이다. 일상적인 삶에서는 실제 술을 마시고 술을 마셨다고 생각하는 A타입 참여자들의 경험과 비슷할 것이다. D타입 참여자들의 행동은 실제로 술을 마신 것도 아니고 정확히 술을 마신 것으로 생각하지 않는다. 이것은 모든 타입의 참여자들의 행동을 비교하는 데 사용된다.

	예상한 것		
실제 받은 것		알코올	알코올 아님
	알코올	A	B
	알코올 아님	C	D

〈표 10 - 1〉

도대체 술을 마시지도 않았는데 어떻게 술을 마셨다고 생각할까? 실험은 그런 속임수에 능숙하다. 술을 마셨다고 생각하지만 실제로는 마시지 않은 참여자의 예를 보자. 먼저 참여자들의 맛보는 능력을 억제하기 위하여 구강세척제로 입을 헹구게 한다. 그 후 실험자는 참여자들이 지켜보는 가운데 보드카와 토닉워터 라벨이 붙어 있는 것을 혼합하여 참여자들이 마실 것을 만든다. 하지만 사실 두 병 모두 토닉워터다. 마지막으로 실험자는 참여자들이 냄새와 맛으로 단서를 알 수 있도록 잔 가장자리에 면봉으로 알코올을 발라놓았다.

균형-플라시보 설계를 사용한 실험에서 알 수 있는 것은 알코올의 기대 효과가 음주 후에 성적으로 더 쉽게 흥분하는 현상의 원인이었다. 하지만 그들이 다른 사람의 성적 흥분을 판단하는 것은 또 다른 문제였다. 심리학자 알랜 그로스와 동료들은 균형-플라시보 설계를 사용하여 여자대학생이 데이트 강간을 당하는 상황을 남자대학생들에게 오디오로 들려주었다. 결과는 술을 마시면 오디오 속의 여성이 성적으로 흥분되어 있다고 판단할 가능성이 높았고, 즉시 반응을 보이지 않고 한참 듣고 나서야 강간자가 성적인 행위를 그만두어야 한다고 말했다.

음주를 하면 공격성이 증가한다

술을 마신 후에는 인체에 상당한 변화가 생긴다. 이를 고려하면 알코올이 인간행동에 직접적인 영향을 미칠 것이라는 예상은 누구나 가능하다. 술을 마시면 술은 간에서 아세트알데히드로 분해되었다가 결국 이산화탄소와 물로 분해된다. 이 아세트알데히드 일부는 혈액 속에 흡수되고, 대부분의 인체 조직에 영향을 미친다. 중국인들, 일본인들, 그리고 한국인들의 약 50퍼센트는 알코올 분해 효소(술을 아세트알데히드로 분해하는 효소)가 부족하다. 그래서 술을 많이 마시면 얼굴이 붉어지고 심장박동이 심하게 뛸 수 있다. 그뿐 아니다. 알코올은 직접적으로 생리학적인 영향을 미친다. 낮은 양은 자극제가 되지만 높은 양은 진정제가 된다. 사람들이 파티를 시작할 때 말이 많다가 결국 인사불성이 되어 앉아 있는 모습을 보이는 것이 그 때문이다. 상당량의 알코올과 아세트알데히드는 수면 중에 호흡장애, 평온한 REM 수면의 감소, 두통, 남성호르몬인 테스토스테론의 합성을 억제한다.

또한 음주를 하면 공격성이 증가한다. 심리학자들은 그것이 사실인지 밝혀내려고 했다. 그중 한 가지 이론은 '자제력'과 관련 있다. 자제력은 충동적으로 선택하지 않고 지연이 되더라도 더 가치 있는 것을 선택하는 것이다. 사람들은 음주를 하면 지연되는 것을 무시하는 경향이 증가했다. 음주자는 즉각적인 보상을 선택하는 경향이 높은데, 그런 행동을 '알코올성 근시'라고 한다. 게다가 술은 음주자에게 부정적인 결과가 존재하지 않는 것처럼 행동하게 한다. 예를 들어 음주자는 감옥에 갈 수 있는 것은 생각하지 못하고 누군가를 충동적으로 때릴 수도 있다. 이는 술 취한 사람들이 위험한 운전을 포함한 위험한 행동을 할 가능성이 높은 이유를 설명한다.

Tip 10.

반주는 식욕을 자극한다

적절한 반주는 식사를 더 많이 하게 만들고 먹은 것을 지방으로 더 많이 저장하게 한다. 과학자들은 점심식사로 원하는 것을 원하는 만큼 먹기 전에 반주를 마시는 실험을 반복적으로 했다. 반주의 종류는 포도주, 맥주, 지방성 과일주스, 단백질 과일주스, 탄수화물 과일주스, 물이었다. 매일 다른 반주를 먹게 했다. 물을 제외하면 이 모든 반주에 함유된 칼로리 수치는 같았다. 참여자들은 포도주나 맥주를 반주로 마신 경우 음식을 더 많이, 더 빨리, 더 오래 먹었고, 반주에 알코올이 함유되지 않은 것을 마셨을 때보다 나중까지 더 배가 불렀다. 반주에 알코올이 함유되어 있으면, 반주 후 24시간 동안 더 많이 먹었다. 알코올이 맛 평가, 입맛의 생리학적 지표뿐만 아니라 에너지 집약 음식의 섭취를 직접적으로 증가시켰다. 체중 조절을 하는 사람이라면 술을 피해야 하는 이유다.

술을 마셨다는 생각만으로 기억에 문제가 생긴다

알코올이 기억에 영향을 미치는 것은 전혀 놀라운 사실이 아니다. 밤에 술을 많이 마시고 의식이 있었어도 무슨 일이 있었는지 전혀 기억이 나지 않는, 소위 필름이 끊기는 현상을 겪어보고 들어보았을 것이다. 알코올은 기억에 중요한 역할을 담당하는 해마의 뉴런 활동성을 억제한다. 하지만 몇 가지 조건하에서는 많은 술을 마시지 않아도 필름이 끊기는 현상이 일어난다. 기억 장애는 얼마나 많은 술을 마셨는지, 기억하려고 애쓰는 것이 무엇인지, 그리고 동시에 무슨 일이 있었는지에 달려 있다. 심지어 술을 마셨다는 생각만으로 기억에 지장을 줄 수 있다. 음주는 인간의 마음을 헤매게 하는 경향성을 증가시키고 동시에 잘 인식하지 못하게 한다. 그 외에도 다른 인지능력 또한 방해한다. 폭음한 다음 날 학교 시험이 있다면 시험을 치르는 데 큰 지장은 없지만 주의력과 반응시간엔 영향을 준다.

음주자들이 어떤 조건에서 알코올 내성이 발달하는지 중요한 연구가 있었다. 예를 들어 술에 취한 채 운전한 경험이 많은 음주자들은 위험한 행동을 해본 적 없는 음주자보다 운전을 더 잘했다. 연구자들은 '경험'이란 변수가 알코올의 생리학적 효과를 감소시키는지, 아니면 사람들이 알코올 효과를 보상하는 방식을 학습했기 때문인지 알아내려고 애썼다. 이것이 중요한 것은 술에 내성이 발달하면 사람들이 취한다는 느낌을 받을 때까지 많은 양을 마시고, 결과적으로 인체에 손상을 입히기 때문이다. 따라서 알코올 내성에 대한 정보는 음주를 감소시키는 방법을 알아내는 데 도움이 된다.

알코올 내성이 발달하는 것은 부분적으로 학습 때문이라는 중요한 증거가 있다. 심리학자 밥 레밍톤과 동료들은 일부 참여자들에게 친숙한 술(맥주)을, 다른 참여자들에게는 친숙하지 않은 푸른색 페퍼민트를 마시게 했다. 두 술의 알코올 도수는 정확히 같았고 양도 같았다. 술을 마신 후 참여자들은 글자 퍼즐의 글자를 찾는 '손-눈 협업과제'를 수행했다. 그 결과 친숙하지 않은 푸른 페퍼민트를 마신 참여자들은 자신들을 더 취한 것으로 평가했고, 맥주를 마신 사람들보다 수행능력이 낮았다. 특정 알코올음료를 마시는 사람들은 어떤 술이든 이전에 마셔본 경험이 있을 때뿐만 아니라 전반적으로 수행능력이 높았다. 이것은 친숙하지 않은 알코올과 카페인이 섞인 음료인 포로코Four Loko를 섭취할 때 알코올 내성이 떨어진다는 결과와 일치한다.

이것은 '보상'이라는 개념으로 설명할 수 있다. 이 개념은 알코올이 인체의 생리적인 반응을 바꿀 때마다 인체의 상태를 원래대로 되돌리려는 정반대의 생리적인 반응이 존재한다는 생각에서 나왔다. 이것은 인체가 최적의 안정된 상태를 유지하는 데 도움을 준다. 경험이 동반되면 정반대의 생리적인 반응이 더 커진다.

학습을 통해 그 반응이 약물과 관련 있는 환경에 의해 일어난다고 가정해보자. 어떤 사람이 같은 조건에서 특정 약물을 반복적으로 섭취하면 생리적인 반작용이 커지고 그 사람은 약물에 내성을 보여줄 것이다. 하지만 약물의 주변환경이나 모습이 바뀌면 반작용이 강하지 않고 내성은 줄어든다. 이것은 보통의 양을 복용하는 헤로인 중독자들이 환경이 친숙하지 않을 때 왜 과다복용하는지를 설명해준다.

과음이 주는 문제들

매일 술을 여러 번 마시면 장기적으로 인체는 심한 손상을 입는다. 하루 1~2잔 정도의 음주가 금주에 비해 심혈관계 위험과 인지능력 하락을 감소시키는 좋은 효과가 있다고 해도, 많이 마실 경우엔 심혈관계 위험과 심장 손상으로 이어진다. 게다가 술의 대사 과정에서 생긴 아세트알데히드와 과잉수소는 결과적으로 간경화증과 A형 간염의 원인이 된다. 또 반복적으로 술을 마시는 것은 알코올 내성과 의존성으로 이어진다. 신체 의존적인 알코올 중독자들은 음주를 멈추면 잠재적으로 위험한 금단 증상을 겪을 수 있다.

그뿐만이 아니다. 시간이 흐르면 음주는 영양에 해롭다. 알코올 대사 작용으로 생긴 아세트알데히드는 비타민 효과를 감소시킨다. 게다가 술은 위장관에 염증을 일으킨다. 또 알코올 중독자들에게 흔한 간경화증은 식욕을 감소시킬 뿐만 아니라 미각과 후각에 지장을 준다. 이 모든 요소가 결합하면 알코올 중독자는 영양 부족 상태가 될 수 있다. 적절한 음주는 체중 증가로 이어지지만 장기간 술을 지나치게 마시면 체중은 오히려 증가하지 않는다. 매일 식사로 2,200칼로리를 섭취하는 사람들이 술로 매일 2,000칼로리를 더 섭취해도 4주 후에 지속적인 체중 증가를 보이지 않았다. 하지만 매일 식사로 2,200칼로리를 섭취하는 사람들이 추가로 초콜릿을 2,000칼로리를 섭취하면 2주만에 평균 약 3킬로그램이 증가했다.

술을 많이 마시는데도 체중이 증가하지 않는 것은 알코올 대사 과정에 에너지가 필요하기 때문이다. 술을 마셔도 체중이 증가하지 않는다고 들뜨기 전에, 많은 양의 술을 마시는 것은 인체에 심한 손상을 입힌다는 점을 기억해야 한다. 인지능력 역시 장기 음주의 피해를 면할 수 없다.

과음을 반복하면 뇌밀도가 떨어지고 다른 일반적인 뇌손상이 불가피하다. 지적인 능력이 요구되는 다양한 작업에서 알코올 중독자들은 다른 사람들보다 수행능력이 떨어졌다. 학습, 기억, 추상적 개념, 지각 운동 기술 그리고 문제 해결 능력까지 말이다. 알코올 중독자들이 일정 기간 금주하면 그 후에 수행능력이 얼마나 증가하는지는 아직 분명하게 알려져 있지 않지만 장기간 금주를 하면 많이 개선된다.

알코올 중독도 유전일까?

사람들은 술의 유해한 효과를 알면서도 왜 그렇게 많이 마실까? 왜 인간은 알코올 중독에 취약하도록 진화했을까? 지난시절 에탄올 냄새는 익은 과일의 유일한 신호였다. 그 냄새에 긍정적으로 반응한 사람들이 생존과 생식 가능성이 높았다. 또 역사에서 물의 원천이 오염된 경우가 많았는데 술과 결합하면서 안전성을 확보할 수 있었다. 그래서 많은 양의 술을 대사시킬 수 있는 사람들이 생존과 생식의 가능성이 더 높았던 것이다. 하지만 우리는 이제 과식과 비만 이론처럼 이런 특성이 적용된 환경에서 살고 있지 않다. 우리는 술이 넘쳐나는 환경에서 자신과 타인에게 해를 입힐 정도로 많이 마시는 사람들이 존재하는 세상에서 살고 있다.

알코올 중독에 유전적 요인이 작용한다는 가설이 있다. 술을 얼마나 마시는지는 유전적인 영향이 상당하다는 것이다. 알코올 중독이 될 가능성에 기여하는 다양한 유전자가 모습을 드러냈다. 술을 마시지 않는 친족들보다 알코올 중독자들에게 더 흔한 유전자들도 있었다. 하나의 결정적인 알코올 중독 유전자가 존재하는 것이 아니라 많은 유전자가 알코올 중독에 복합적인 방식으로 기여했다. 그 유전자들은 술을 어떻게 대사시키는지, 술을 마신 사람의 뇌에 어떤 영향을 미치는지, 술을 마신 사람의 스트레스에 어떤 반응을 보이는지와 관련이 있었다.

그렇다면 어떤 사람이 알코올 중독자가 될까? 이 알코올 중독에 유전이 작용한다는 연구 사례는 내게 특히 매력적이었다. 초미각자들은 다른 사람들보다 술의 화끈거리는 느낌을 더 많이 받기 때문에 술을 섭취할 가능성이 더 적다. 나 역시 그런 이유로 술 맛을 좋아해본 적이 없다. 술은 맛이 쓸 뿐만 아니라 매우 화끈거린다.

알코올 중독에 일조하는 특정 유전자를 찾는 연구 외에도 다른 많은 형태의 연구가 알코올 중독에 유전자가 영향을 미치는지 입증했다.

예를 들어 유전적으로 결정되는 발달 순서로 청소년기 아이들은 나이 든 사람들보다 술이 주는 쾌감에 더 민감했고, 나이 든 사람들보다 술을 충분히 마셨다는 느낌에 덜 민감했다. 그렇다면 알코올 중독자가 속한 혈연 그룹과 그렇지 않은 그룹을 구분하는 생리학적인 특성이나 유전자가 있을까? 과학자인 마크 슈키트와 비다만타스 레이세스는 나이, 인종, 혼인 여부, 음주 약력이 비슷한 젊은 남자 두 집단을 선택했다. 젊은 남자들의 절반은 알코올 중독 부모나 형제가 있었고 다른 절반은 있지 않았다. 그들에게 각각 5분간 2잔 이상의 술을 마시게 하고 혈중 아세트알데히드 농도를 측정했다.

아세트알데히드는 대부분의 인체 조직에 영향을 미치는 화학물질이다. 알코올 중독자 친척이 있는 참여자들은 그렇지 않은 참여자들에 비해 아세트알데히드 수치가 훨씬 높았다. 두 그룹 참여자들의 음주 이력은 비슷했기 때문에 아세트알데히드 수치 차이가 경험 차이는 아니었다. 과학자 마크 코스테인이 알코올 중독자들과 그렇지 않은 사람들을 대상으로 얻은 결과와 비슷했다. 알코올 중독자들과 친척들은 다른 사람들과 다른 알코올 대사 과정을 물려받았을 가능성이 있었다.

슈키트는 알코올 중독자의 아들들을 일부 포함한 것 외에는 모두 비슷한 남자들 수백 명(스무 살 때부터 약 서른 살이 될 때까지)을 연구했다. 비록 두 그룹 참여자들의 음주력이 비슷해도 슈키트는 알코올 중독자들의 스무 살 아들들이 운동 수행 능력에 음주의 영향을 덜 받는다는 걸 발견했다. 또 알코올 중독자의 아들들은 음주 후에 취기가 덜한 느낌을 보고했다. 십 년 후엔 어떨까? 서른 살에는 스무 살 때 술에 대한 반응을 거의 보여주지 않은 참여자들이 스무 살 때 많은 반응을 보여준 참여자들보다 알코올 중독자가 될 확률이 높았다. 알코올 중독자의 아들들만을 대상으로 하면 그들의 56퍼센트가 스무 살 때 거의 반응을 보여주지 않는데 서른 살엔 알코올 중독자가 되었다. 술을 쉽게 접하고 이용할 수 있는 사회에서는 술에 반응을 거의 보여주지 않던 사람들도 시간이 지나면서 과음 가능성이 높아졌다.

과학자 헨리 베글레이터는 알코올 중독자 친척이 있는 사람들과 없는 사람들을 비교하는 또 다른 연구를 했다. 이 연구는 몇 가지 시각적 작업 중에 알코올 중독자 친척을 둔 남자들과 소년들이 금주하는 성인 알코올 중독자의 경우와 비슷하게 'P3 유발전위P3 evoked potential evoked'라고 하는 특정 뇌파가 불완전한 것을 보여주었다. 알코올 중독자 친척이 없는 남자들과 소년들은 그것이 불완전하지 않았다.

알코올 중독에 유전적인 요소가 있는지 알기 위해 쌍둥이와 입양아를 대상으로 한 연구가 있다. 유전적인 요인이 작용한다면 알코올 중독 또한 일란성 쌍둥이가 이란성 쌍둥이보다 더 높은 유사성을 보여줄 것이고, 입양아들은 양부모보다 생물학적인 부모와 더 비슷할 것이다. 하지만 일란성 쌍둥이조차 한 명이 알코올 중독이면 다른 한 명은 알코올 중독이 될 가능성이 50퍼센트뿐이었다. 게다가 알코올 중독자들의 생물학적인 자녀 대부분이 알코올 중독이 되지 않았다. 다시 말해 누군가가 알코올 중독자가 되는 데 유전자가 어느 정도 영향을 미치지만 다른 요인들 또한 그 이상으로 개입한다.

우리는 함께 있는 사람들을 따라 술을 마신다

주변환경의 여러 측면 또한 술을 마실지, 그리고 얼마나 마실지 영향을 미친다. 간단한 예로 몇 시인지, 다른 사람들과 함께 있는지 여부가 음주에 영향을 미쳤다. 좀 더 구체적으로 하루를 마감할 무렵과 저녁, 그리고 비번인 날이나 다른 사람들과 함께 있을 때 사람들은 더 많이 마셨다. 또 사람들은 혼자 술을 마실 때 술의 효과를 부정적으로 인식할 가능성이 높았고, 다른 사람들과 함께 마시면 술의 효과를 긍정적으로, 이를테면 희열감을 주는 것으로 인식할 가능성이 더 높았다.

그렇다고 다른 사람들과 단지 함께 있다고 해서 반드시 음주 증가로 이어지지는 않았다. 술을 많이 마실 때 도움이 될 수는 있다. 과학자 도니 왓슨과 마크 소벨이 64명의 평범한 음주자를 대상으로 한 실험결과가 이를 반영한다. 지원자들은 '예술작품과 맥주에 대한 평가'로 알고 참여했다. 지원자들은 실험자가 미리 내정한 공모자들과 짝을 이루었다. 그들은 공모자들 또한 자신들과 같은 참여자로 알고 있다. 절반의 공모자들은 맥주를 평가하면서 그것을 많이 마셨다. 다른 절반의 공모자들은 예술작품을 평가하면서 술을 마시지 않았다. 지원자들은 평가 작업을 하는 동안 공모자가 술을 많이 마시는 경우 같이 많이 마셨다.

이처럼 사람들은 술을 마실 때 다른 사람들이 얼마나 마시는지를 보고 비슷하게 따라간다. 바로 '모델링 효과'다. 모델링은 과도한 음주 치료에 도움이 된다. 한편 모델링은 사춘기 과음에 영향을 준다. 술을 마시고 많은 사회적 활동에 참여하는 친구가 있는 사춘기 아이들이 그렇지 않은 아이들에 비해 과음할 가능성이 더 높다.

만약 부모가 자녀들이 술을 많이 마실 것이라고 믿는다면 나이가 들어 아이들이 그럴 가능성이 높았다. 또 과음하는 룸메이트가 있는 대학생 성적이 낮아진다면 술 때문일 가능성이 높았다.

무엇보다 음주에 간접적인 영향을 미치는 것은 광고다. 술 제조자들과 공급자들은 당연히 이 사실을 활용한다. 미주리대학교 학생들에게 맥주 캔을 자신의 학교 색깔로 만든 것을 주었더니-'팬 캔즈fan cans'라는 맥주 마케팅-맥주를 마시는 것이 위험하지 않다고 평가했다.

술을 마시면 스트레스가 잠시나마 줄어들까?

또 열다섯 살 이전에 알코올에 노출되면 훗날 알코올 남용 가능성이 더 높았다. 알코올 내성(주량)을 학습된 행동으로 해석하기 때문이다. 쥐들을 대상으로 실험한 결과, 낮은 알코올 농도와 연계된 맛에 선호 학습을 보여주었다. 과학자들은 이 효과가 알코올에 함유된 칼로리 때문이며 쥐들이 칼로리와 맛을 연관시켜 선호를 학습한다고 믿었다.

알코올은 설탕과 비슷하게 탁월한 에너지원이다. 이것이 알코올을 제한하는 경우, 쥐와 사람 모두 알코올 선호가 증가하는 이유다. 알코올 의존도 때문이 아니라 칼로리의 원천을 구할 수 없을 때 그것에 선호가 증가한 것을 반영한 것이다. 사람들이 처음에는 버번(위스키)의 맛을 좋아하지 않을지 모르지만 칼로리와 여러 번 연계하면 좋아한다.

음주는 앞으로의 음주에도 영향을 미친다. 사람들은 '불안과 긴장, 혹은 스트레스'를 줄이기 위해 음주를 한다. 술이 이런 부정적인 증상을 경감시키기 때문이다. 조사 결과 술이 언제나 이런 느낌을 경감시키는 것은 아니었지만, 불확실한 상황에 그 대응으로 술을 마시면 스트레스는 경감되었다.

　　하지만 이 스트레스 경감 이론이 스트레스와 알코올에 관한 모든 상황에 해당되는지는 의문이다. 내가 하버드대학교 실험심리학 박사과정에 막 들어섰을 때의 일이다. 대학원과정 첫해 후에 시험을 봐서 대학원 과목 일부를 포기할 생각이었다(제도적으로 가능했다). 일주일에 3시간짜리 시험이 4개 있었다. 마지막 시험은 전공에 관한 것이었다. '학습'이었다. 나는 학부 때 많이 하지 못한 다른 시험이 더 걱정스러워 학습에 관한 공부를 많이 하지 못했다. 그것은 내 예상보다 훨씬 어려웠다. 시험이 끝났을 때 나는 마지막 시험을 잘 치르지 못한 것 같았고 모든 노력이 허사로 돌아간 것 같아 매우 걱정스러웠다(일 년차 과정을 버리려면 모든 시험을 통과해야 했다). 나는 시험에 실패했는지 알 수 없었지만 최악의 결과가 두려웠다. 아버지는 내게 전화로 술을 마셔보라고 강하게 권유했다. 그것이 내 기분을 좀 나아지게 해줄 거라고. 그래서 나는 술을 잔뜩 마셨다. 하지만 속상함이 사라진다는 느낌보다 술에 취해 속상해하는 나 자신을 발견했다. 나는 술을 마시면 부정적인 증상이 줄어든다는 대중적 믿음이 부정확하다는 것을 처음 경험했다(그런데 나는 모든 시험을 통과했다!).

알코올 중독은 유전자와 환경 모두 충족되어야 한다

우리 주변 환경이 우리 동기와 상호작용하면서 음주에 영향을 미치기도 한다. 앞에서 쥐들은 배가 고플 때, 그리고 먹이가 일정하게 제공될 때 언제든지 마실 수 있는 물을 엄청나게 많이 마셨다. 그것이 '일정이 유도하는 목마름[SIP]'라고 언급했다. 과학자들은 이런 상황에 있는 쥐들이 먹이를 먹고 싶은데 원하는 만큼 먹을 수 없다보니 대신 물을 마신다고 생각했고, SIP가 알코올 남용을 연구하기에 좋은 방법일 거라고 생각했다. 그들은 몇몇 과도한 음주 사례가 사람들의 다양한 동기나 충동을 충족시키지 못하기 때문이라는 가설을 세웠다. 심리학자 존 L. 포크가 이 이론을 지지했는데, 그는 SIP 실험에서 물을 알코올 용액으로 대체했다. 그 결과 쥐들은 물리적으로 의존할 정도로 많이 마셨다.

연구자들은 동기가 음주 행동에 영향을 미친다면 돈과 경제학 효과와도 관련 있다고 믿었다. 누군가가 술을 얼마나 마실지는 알코올의 내재적 가치뿐만 아니라 그것을 손에 넣는 것이 얼마나 어려운지, 그리고 어떤 대안이 있는지에 달려 있었다. 금주령 중에 술이 불법이고 이용이 용이하지 않을 때 음주가 감소한 것처럼 술을 얻는 데 제약이 많으면 많을수록 음주량이 감소했다. 하지만 술만 한 보상을 주는 다른 것이 없을 때 음주가 증가했다. 이 마지막 결과는 알코올 남용의 몇몇 경우가 술의 효과를 삶의 제일 좋은 부분으로 인식하고 있다는 걸 보여준다. 지겨운 환경에서 살 때 사람들이 왜 더 많은 술을 마시는지, 초파리들이 교미하지 못할 때 알코올을 왜 더 선호하는지도 설명한다.

이 모든 정보에서 우리가 끌어낼 수 있는 결론은 두 가지다. 먼저 알코올 중독은 케이스별로 다른 원인이 존재한다. 중요한 결론인데 알코올 중독은 케이스별로 치료를 달리 하면 어느 정도 성공을 거둘 수 있다. 둘째, 알코올 중독의 각각 케이스가 한 가지 이상의 요인으로 유발될 가능성이 있다. 많은 과학자가 알코올 중독이 유전적 경향성 때문이라고 하지만, 알코올 중독을 조장하는 환경이 추가로 존재하는 경우에 그렇다. 다시 말해 알코올 중독이 되려면 유전자와 환경 모두 충족되어야 한다.

금주 vs 조절된 음주

"술 취하는 것의 제일 좋은 치료는
술에 취해 있지 않을 때
취해 있는 사람을 보는 것이다."

–중국 속담

알코올 중독 치료가 성공적인지 확인할 때 중요한 것이 있다. 첫 번째, 치료가 지속적인 효과가 있는가? 체중 조절이 그렇듯이 알코올 중독은 재발이 빈번하다. 치료가 성공적이려면 오랜 기간 효과가 지속되어야 한다. 이는 알코올 중독 치료의 효과를 주장하는 그 어떤 연구도 여러 해가 지난 후 성공 데이터를 보고하지 않으면 의심스럽다는 말이다.

두 번째, 입원 환자 대상인가, 외래 환자 대상인가? 연구자들은 영리를 목적으로 하는 사설기관의 입원 환자 치료가 이점이 많다는 데 초점을 맞추었다. 베티 포드 센터Betty Ford Center(알코올·약물 의존증자 재활센터) 같은 사설기관의 비용은 꽤 비싼 편이다. 이 연구는 외래 환자를 치료 대상으로 할 때, 혹은 집중 치료가 아닐 때에는 성공적이 아니다. 치료의 성공 여부는 치료가 제공되는 배경이 아니라 치료 형태에 달려 있다.

이제 가장 논쟁이 많은 금주 vs 조절된 음주이다. 알코올 중독을 질병으로 보는 사람들은 알코올 중독 치료의 목표가 완전한 금주 외에는 없다고 믿는다. 또 몇 잔만 마셔도 완전한 재발로 이어진다고 믿는다. 반면 다른 일부, 즉 알코올 중독이 여러 가지 요인 때문이라고 여기는 행동치료사들은 알코올 중독 환자의 치료 목표를 적절하고 안전한 양의 술을 마시는 '조절된 음주'로 정한다. 완전한 금주는 대다수의 클리닉과 알코올 중독 치료 전문가들뿐만 아니라 익명의 알코올 중독자 모임 구성원들의 접근 방식이다. 이 접근은 금주가 완전한 회복에 필수적이라는 증거의 지지를 받는다.

그럼에도 불구하고 지난 35년간 알코올 중독자들이 조절된 음주를 목표로 성공한 증거는 많다. 많은 연구자, 임상의, 환자, 그리고 가족은 일부 알코올 중독 환자들의 조절된 음주를 성공적으로 판단했다. 문제는 '조절된 음주 효과'보다 어떤 사람과 어떤 조건에서 효과가 있느냐 하는 것이다. 치료 목표가 조절된 음주일 때 환자들은 알코올 의존도가 거의 없고 조절된 음주가 가능하다는 믿음이 있어야 한다.

금주가 목표인 환자들이 재발하면 훨씬 더 심각해졌는데, 다시 술을 마실 때 금주를 목표로 한 환자들이 조절된 음주를 목표로 한 환자들보다 훨씬 더 많이 마셨다.

최적의 알코올 중독 치료는?

알코올 중독 치료는 제시된 것만 해도 한두 가지가 아니다. 행동 치료, 약물 치료, 그리고 자가 도움 집단 치료가 그것이다.

심리학자 윌리엄 밀러와 동료들은 가장 효과적인 알코올 중독 치료는 '짧은 간섭'임을 발견했다. 이 치료는 세 가지 치료로 이루어져 있는데, 음주자의 문제, 충고, 혹은 카운슬링의 평가 같은 요소가 그것이다. 음주자들에게는 보충자료로 '셀프 헬프 매뉴얼'을 주는데 치료보다는 교육이 목표다. 학습 이론 원리를 사용해 음주자 환경의 다양한 측면을 바꿔 음주 행동을 교정하는 데 초점을 둔다. 이는 중독자들에게 금주보다 책임감 있는 음주를 목표로 한다. 하지만 짧은 간섭은 심하지 않은 음주자만을 대상으로 한다.

밀러와 동료들이 성공적으로 여기는 다른 치료로는 사교적 기술 교육(스트레스가 쌓이는 상황에 대처하는 법을 가르치는 것), 동기의 강화, 공동체 강화 접근(술을 마신 후에 행동한 것보다 맑은 정신으로 한 행동에 더 많은 보상이 따른다는 것을 알게 함), 그리고 행동 계약(구체적인 목표의 근사치에 접근하면 구체적 보상이 주어지는 계약에 동의하게 하는 것)이 있다. 하지만 심신이 심각하게 약화된 알코올 중독자들을 치료하는 것은 매우 어렵다.

알코올 혐오 학습

알코올 중독은 술 남용자의 인지능력을 심하게 저하시킨다. 술을 마시는 동안에도 그렇고 맑은 정신일 때도 그렇다. 밀러의 연구 중 매스꺼움을 이용한 혐오 치료가 있다. 이런 유형의 치료는 '맛 혐오' 학습 원리가 바탕에 있다. 기본적인 원리는 술 맛에 혐오가 생기도록 술을 마신 후에 매스꺼움이 뒤따라 일어나게 만든다. 이 방법은 음주 감소에 상당히 성공적이었다.

맛 혐오 학습과 관련한 실험실 연구는 매스꺼움을 기반으로 하는 혐오 치료를 효과적으로 만들기 위해 많은 방법을 제시한다. 첫째, 강한 혐오를 형성하려면 알코올 맛에 매스꺼움이 뒤따라 일어나야 하며 선행해서는 안 된다. 둘째, 중독자들이 한 가지 알코올 음료에 맛 혐오가 생기면 다른 알코올 음료로 바꾸어 이용할 수 있다는 걸 예상해야 한다.

내가 두 명의 심리학과 학생과 입원한 알코올 중독 환자 102명을 대상으로 한 연구에서 대략 15퍼센트의 환자들이 알코올 음료에 맛 혐오를 보고했다. 참여자 상당수가 혐오 전에 이 알코올 음료에 강한 선호가 있었고 그것을 자주 마셨다. 하지만 이렇게 형성된 혐오가 다른 알코올 음료를 포함해 다른 것으로 일반화되는 경우는 거의 없었다. 알코올 중독자들이 매우 선호하는 알코올 음료의 맛 혐오는 알코올 음료를 바꾸어 마시게 했을 뿐이다. 알코올 중독자들에게 혐오 치료가 성공적이려면 다른 많은 유형의 음료들과 매스꺼움이 짝을 이루게 하면 된다.

성공적인 혐오 치료로 안전하고 효과적인 방법은 매스꺼움을 유도하는 것이다. 화학물질을 주사제로 투여하는 것은 위험하고 기능적으로 멀미를 유도하는 방법은 지저분하다. 이런 문제를 피해가는 내재적 민감화covert sensitization라고 불리는 기술이 있지만 혐오 유도에는 효과적이지 않다. 내재적 민감화는 참여자들로 하여금 매스꺼움이 드는 느낌을 상상하게 만든다. 불운하게도 이 방법으로 충분한 증상이 일어나기는 어렵다.

　　놀랍게도 밀러의 연구는 알코올 중독 치료제인 디술피람disulfiram을 알코올 중독 치료 효과로 매우 제한적으로 보았다. 디술피람은 안타부스Antabuse라는 이름으로 시판되었는데 술의 정상적인 대사 과정을 차단한다. 만약 누군가가 안타부스를 먹고 술을 마시면 복용하지 않은 사람에 비해 아세트알데히드 농도가 5~10배 더 커져 매스꺼움, 정신적 혼란, 구토증, 호흡 곤란, 불안 같은 극도의 신체적인 반응을 보일 것이다. 이 반응은 피 속에 알코올이 남아 있는 한 지속되며 술 마시기 14일 전에 복용해도 생긴다. 따라서 알코올 중독자들이 안타부스를 복용하면 술을 마실 때마다 맛 혐오 학습 상황에 노출될 수 있다. 여기서 환자의 협조가 필요한데 환자에게 안타부스를 지속적으로 복용하게 만드는 것이 어렵기 때문이다.

　　과학자인 조지 비겔로우와 동료들은 알코올 중독 환자들이 클리닉에 예금을 하게 했다. 환자들이 음주 조절에 실패할 때마다 예금액의 일정 부분을 자선단체에 보냈다. 남은 돈은 연구가 끝날 때 환자에게 되돌아갔다. 이런 절차를 사용하자 음주가 일관되게 감소했다.

　　또 다른 접근은 재발 방지이다. 이 치료는 인지·행동적 치료 접근을 사용한다. 인지행동치료사들은 알코올 중독자가 술을 마시는 것이 여러 가지 긍정적인 결과들이 따르기 때문이며 재발은 치료가 되지 않은 표시라는 가설을 세웠다. 그래서 인지행동치료사들은 음주자들에게 재발로 이어질 가능성이 높은 상황에 대처하는 법을 가르친다. 셀프 헬프 매뉴얼, 즉 행동지향적 부부 치료와 가족 치료, 그리고 인지 치료가 (치료사들이 알코올 중독자들의 부적절한 생각을 교정시킨다) 작지만 긍정적인 효과를 입증했다. 하지만 음주 습관을 바꾸는 법을 가르치는 것과 행동 자제력 훈련은 긍정적인 효과를 일관되게 보여주지 않았다.

약물 치료보다 심리 치료

독자들은 환경 변화를 포함한 이 모든 치료의 접근이 본질적으로 심리학적 치료라는 것을 알아차렸을 것이다. 수십 년간 안타부스를 빼면 알코올 남용에 효과적인 약물은 거의 없었다. 생리적인 금단 증상에 도움을 주는 약과 불안이나 우울을 느끼는 알코올 중독자들에게 도움이 되는 약은 언제나 있다. 음주 효과로 생긴 긍정적인 느낌을 차단하는 약 또한 유용하다. 그런 약들을 임상적으로 사용할 수 있는 것은 기분 좋은 일이다. 그 약들은 효과적이다. 약물 날트렉손Naltrexon과 날메펜Nalmefene은 술의 긍정적인 반응을 떨어뜨린다. 또 술에 대한 갈망을 감소시키는 데 도움을 준다.

　　알코올 남용 치료의 대안이 너무 많으면 이것이 필요한 사람들이 어리둥절할 수 있다. 상태가 심하지 않고 알코올 의존성이 거의 없고 조절된 음주가 현실적인 목표라고 믿는 알코올 중독 환자에게는 충고를 하는 것만으로도 충분한 치료가 된다. 하지만 그런 접근이 모든 알코올 중독자들에게 효과가 있는 것은 아니다. 어떤 알코올 중독자들은 환경을 더 극단적으로 바꾸어야 한다. 현재는 심리학자들이 알코올 남용의 효과적인 치료에 주된 역할을 하고 있다.

대학생들과 그들의 과도한 음주

나는 사람들이 대학생들의 음주와 술의 남용에 특별한 관심을 가졌으면 좋겠다. 최근 설문조사에서 엄청난 비율의 대학생들(21세 미만조차)이 술을 마시고, 그것도 과도하게 마신다고 밝혀졌다. 매년 거의 2천 명에 가까운 대학생들이 술과 관련된 사고로 죽는다. 또 60만 명이 부상을 당하고 9만 7천 명이 술과 관련된 성폭행을 당하거나 데이트 강간의 희생자가 된다. 동시에 고등교육 기관에서 일하는 나 같은 사람들의 논문은 매년 수십 건이다. 한결같이 대학생들의 알코올 섭취 감소에 관한 논문들이다.

논문에서 제시된 방법은 금주에서 적절한 음주로 목표 바꾸기, 기숙사 술 반입 금지, 학생들에게 온라인으로 관련 과정을 듣게 하기, 다른 학생들이 자신들이 마시는 것만큼 마시지 않는다는 것을 알게 하기, 금요일에 더 많은 일정을 넣기, 학생 신문에 술 광고 금지, 술 마시기 대회 금지, 그리고 지역 술집에서의 음주 기회 감소시키기 등이 있다.

어느 후보의 대통령 선거 운동 캠페인은 법적인 음주 연령을 18세로 낮추자는 것이었다. 폭음과 숨어서 술 마시는 행동을 줄이는 데 도움이 된다는 이론에 따른 것이었다. 하지만 이 모든 노력에도 불구하고 음주는 끝없이 이어지고 있다. 사실 학생들은 21을 위한 게임 21(술집에서 제공하는 구토용 들통을 주변에 두고 숫자를 외치다가 21에 걸릴 때 술을 마시는 게임), 항문으로 술 마시기(항문에 직접 술을 부어 빠르게 흡수하게 하는 것으로 위험함), 그리고 40인용 비어봉(학생들이 높이 올려진 곳에 있는 맥주 통에 직접 연결된 호스로 맥주를 계속 마심)처럼 많은 양의 술을 마실 방법을 지속적으로 개발한다.

　　대학 총장들이 대학생들의 음주를 가장 큰 문제로 여기는 것은 놀랍지 않다. 등록금 인상도 아니고 운동팀 스캔들도 아니고 교수단 동요나 졸업율도 아니다. 이 책에서 내가 한결같이 제시하는 것은 교육계의 리더들이 증거 중심 진료를 사용하여 학생 음주를 감소시키는 데 노력해야 한다는 것이다. 우리는 엄격한 방법의 평가와 더불어 유망한 전략들에 대한 인식을 높이고 성공적인 전략은 한층 더 응용하고 확대할 필요가 있다.

술을 통해 얻는 보상을 대체하기

우리는 사람들이 음주와 연관된 문제가 많아도 여전히 술을 마신다는 것을 알고 있다. 사람들이 술을 마실 때 경험하는 긍정적인 느낌 때문이다. 달리 긍정적인 느낌을 제공해주는 다른 수단이 없기 때문이기도 하다. 좋은 대안이 존재하지 않으면 술의 가치는 엄청나 보인다. 따라서 과음을 줄이려면 술을 통해 얻는 보상을 다른 것을 통해 얻을 수 있어야 한다. 알코올 중독만 많을 뿐 좋은 일자리가 드문 곳에서는 좋은 취업 기회가 제공되어야 한다. 게다가 법적인 음주 연령을 유지시키는 강한 조치를 지속하고 음주운전법 강화 조치를 해야 한다. 이 모든 조치는 문제 음주를 효과적으로 치료하고 개발하는 데 도움을 준다.

하지만 술 로비는 문제 음주를 줄이는 일을 어렵게 만든다. 이것은 가장 많은 돈이 움직이고 가장 효과적이고 가장 연결성이 좋은 로비다. 그들은 정치 후보자를 위한 펀드를 자주 모금하는데 그 이벤트에는 당연히 술이 포함된다. 실제로 미국의 모든 주도(주의 수도)에 알코올 로비스트들이 있다.

무엇보다 음주 문제가 계속되는 데에는 또 다른 이유가 있다. 알코올 광고는 법적으로 음주 허용 나이 이하의 아이들에게 호소력 있는 유머와 동물을 자주 사용한다. 게다가 알코올 음료 제조자들은 술을 적절히 마시면 심장병에 이롭다는 사실을 널리 유포한다. 알코올 남용으로 인한 엄청난 건강 비용에도 불구하고 이 모든 요인이 음주 감소를 어렵게 만든다. 이 책이 그에 맞서는 무기가 될 수 있기를 진심으로 바랄 뿐이다.

The
Psychology
of
Eating
and
Drinking

Chapter 11

우리가
먹고 마시는
것과
당뇨병

당뇨병의 심리학

"삶이 짧고 지긋지긋하고 고통스럽다."

_ 아레테우스 (그리스 내과의사)

당뇨병은 췌장이 인슐린을 충분히 생산해내지 못하거나 또는 충분한 양의 인슐린이 효과적으로 사용되지 못할 때 걸리는 위험한 질병이다. 인슐린은 혈당의 신진대사와 관련 있는 화학물질로 포도당을 인체의 여러 조직으로 보내 소비하게 하며 혈당을 조절한다. 당뇨병이 있는 사람들은 혈당이 비정상적으로 높고 소변에 과도한 당분이 들어 있다.

독자들은 왜 당뇨병이 이 책에 포함되었는지 고개를 갸웃거릴지도 모르겠다. 인슐린은 당뇨병과 떼려야 뗄 수 없는 관계이지만 배고픔, 포만, 그리고 지방 저장에도 매우 중요한 역할을 한다. 당뇨병의 기원, 효과 그리고 치료는 단것 선호, 비만에서 운동의 중요성, 체중 유지, 갈증,

그리고 음식과 인지 기능을 포함한 이 책의 다른 많은 주제들과 연결되어 있다.

당뇨병을 이해하려면 먹고 마시는 심리학에 우리가 아는 것을 총동원해야 한다. 이 병이 산업화된 나라의 사람들에게 끔찍한 피해를 입히기 때문이다. 미국에서 당뇨병이 있는 사람들의 수와 비율은 엄청나다. 약 2천 6백만 명의 사람들(총 인구의 8.3퍼센트)이 이 병을 앓고, 7천 9백만 명이 당뇨병 전증을 앓고 있다. 당뇨병 증상은 주로 노년층에서 나타나지만 훨씬 더 어린 나이에도 걸리는 일이 흔해졌다. 20~65세 사이의 1천 5백만 명의 미국인들이 이 질병을 앓고 있다고 추정된다(우리나라는 인구의 5퍼센트, 3백만 명 정도가 당뇨병 약을 먹고 있다고 한다). 우리 주변에 누군가 한 사람은 어느 순간 당뇨병에 걸릴 확률이 높은 것이다.

당뇨병, 왜 문제일까

인종과 민족 그룹 간 당뇨병에 걸리는 빈도는 현저한 차이가 있다. 예를 들어 미국 성인을 대상으로 보면 아시아인들이 비히스패닉 백인(미국 주류 백인)에 비해 당뇨병이 있을 확률은 18퍼센트 더 높고, 히스패닉은 66퍼센트 더 높고, 비히스패닉 흑인들은 77퍼센트 더 높다. 가장 높은 비율은 알래스카 원주민이다. 지역에 따라 다소 차이가 있어도 성인의 16퍼센트가 당뇨병이 있다.

최근 여러 해 동안 당뇨병은 세계적인 문제였다. 나라가 발달할수록 당뇨병 발병률이 증가했다. 인도만 해도 3천 5백만 명이 당뇨병을 앓는 것으로 추정된다.

이 흔한 병은 방치되면 인체에 끔찍하다. 혈액 내 혈당량이 정상보다 늘어나 신체 이상이 생긴다. 장기적으로 혈관벽 손상, 시력 상실, 신경 손상, 발기 불능, 콩팥 질환, 발과 다리를 절단할 정도의 혈액순환 문제, 그리고 심혈관계 질환으로 이어질 수 있다. 미국에서 모든 심혈관계 질환의 약 40퍼센트는 당뇨병이 원인이다. 당뇨병은 혈중 높은 유해 지방량과 고혈압과도 연관이 있다. 이 모든 효과를 고려할 때 AD 200년에 그리스 내과의사 아레테우스Aretaeus가 당뇨병을 앓는 사람들의 경험을 다음과 같이 기술한 것이 놀랍지 않다.

"삶이 짧고 지긋지긋하고 고통스럽다."

이렇다 보니 당뇨병 치료에는 당연히 많은 돈이 든다. 미국에서 연간 대략 1억 7천 4백만 달러를 당뇨병 치료 비용으로 쓴다. 전 세계적으로 당뇨병은 노동생산성을 떨어뜨리고 경제적 건강과 성장에 영향을 미치고 있다.

당뇨병에는 몇 가지 타입이 있다. 가장 흔한 타입은 '2형 당뇨병'이다. 이 장 역시 2형 당뇨병에 초점을 맞출 것이다. 2형 당뇨병으로 가는 사다리의 1단계는 '인슐린 저항성'이다. 인슐린 저항성이 생기면 췌장이 인슐린을 분비해도 인체 조직에서 반응하지 않는다. 결과적으로 췌장은 높은 인슐린을 분비해 당의 대사를 조절한다.

설사 혈당량이 당뇨병으로 진단받을 요건까지 아니라고 해도 높은 편이 된다. 결국 췌장은 높은 혈당량을 따라잡지 못하거나 많은 인슐린을 분비하지 못한다. 2형 당뇨병은 그렇게 진행된다.

복부지방이 많을수록 당뇨병에 걸릴 가능성이 높다

가장 흔한 2형 당뇨병은 섭식행동과 밀접하다. 섭식과 당뇨병의 관계를 이해하기 위해서는 섭식행동과 관련한 인슐린의 기본적인 몇 가지 역할을 알아야 한다. 인간이 음식이나 음식과 연관 있는 환경(음식 냄새나 모양)에 노출될 때 췌장이 인슐린을 분비한다고 했다. 예를 들어 사람들이 초콜릿케이크를 먹으려고 할 때 인슐린이 분비된다. 인슐린은 혈당을 감소시키고 섭취된 음식물을 지방으로 저장한다. 게다가 누군가가 음식을 인지했지만 아직 먹지 않았을 때 인슐린이 분비되어 혈당량이 감소하면 그 음식 섭취 가능성이 높아진다. 다시 말해 혈당량 변화는 배고픔 신호 기능을 한다. 달거나 맛이 좋거나 식이 섬유소가 적은 음식을 먹을 때 더 많은 인슐린이 분비된다. 이 모든 것은 사람들이 달거나 맛이 좋은 음식을 먹을 때 더 많이 먹고 살이 더 찐다는 다른 관찰과 일치한다.

이제 먹는 것과 당뇨병의 원인을 설명하는 인슐린 양을 알아보자. 포도당 지수가 높은 음식(더 많은 인슐린이 분비되는 음식)을 먹는 사람들이 심혈관계 질환에 걸리고, 비만이 되고, 인슐린 저항성이 있고, 2형 당뇨병에 걸릴 가능성이 높다. 당 지수가 높은 음식과 2형 당뇨병은 연결되어 있다. 몸에 지방이 많으면 많을수록-특히 복부 지방-인슐린이 더 많이 만들어진다. 그러면 악순환의 사이클이 시작된다. 인슐린이 많으면 많을수록 지방이 더 많이 몸에 축적되고, 지방이 축적될수록 인슐린은 더 많이 생성된다. 사실 체지방과 2형 당뇨병 간의 관계는 너무 강고하다. 2형 당뇨병 환자들 대부분은 비만이다. 이 관계는 2형 당뇨병이 미국인들에게 왜 그렇게 흔한 병인지를 설명한다. 비만이 만연해지면서 당뇨병이 따라 증가한 것이다.

체지방과 당뇨병 간의 관계를 연결하는 연구에서 인슐린 수치는 신체 활동량과 관련 있었다. 신체적으로 건강하면 훗날 2형 당뇨병에 걸릴 확률이 훨씬 더 낮았다. 게다가 특정 민족을 대상으로 한 연구에서 일부가 운동을 많이 하는 반면에 다른 일부는 거의 운동을 하지 않았고, 후자가 2형 당뇨병에 걸릴 가능성이 훨씬 더 높았다. 체지방 증가율과 운동 감소는 노인들에게 왜 인슐린 저항성이 더 많은지를 설명한다. 이쯤에서 평생 동안 건강을 유지하게 하는 중요한 요인이 운동이라고 다시 한 번 반복하면 지겨울 것이다. 하지만 데이터가 계속 말해준다!

유전자가 당뇨병에 영향을 미칠까

유전자가 2형 당뇨병의 발병에 영향을 미칠까? 결과적으로 특정 유전자를 제거하면 인슐린 민감도가 높고 비만 가능성이 낮은 쥐의 번식이 가능했다. 인간의 사례로는 일란성 쌍둥이 중 한 명이 2형 당뇨병을 가지고 있으면, 다른 한 명도 2형 당뇨병에 걸릴 확률이 90퍼센트 이상이었다. 최근 당뇨병에 걸리는 데 기여하는 것처럼 보이는 10개의 다른 유전자를 확인했다. 하지만 유전자가 있다고 그것만으로 2형 당뇨병에 걸리지는 않는다. 운동을 많이 하고 날씬하고 주로 당 지수가 낮은 음식을 먹는 사람들은 유전에 상관없이 당뇨병에 걸릴 확률이 낮았다. 하지만 불운하게도 이런 생활습관을 가진 미국인들은 정말 드물다.

그렇다면 예전에는 인간에게 당뇨병에 걸리는 유전자가 있으면 왜 이로웠을까? 왜 인간은 그런 유전자를 가지도록 진화했을까? 그런 유전자를 가진 사람들이 왜 다른 사람들보다 생존과 생식 가능성이 더 높았을까?

한 가지 가능한 설명은 지방을 축적하고 에너지를 덜 쓰게 하는 비만 유전자인 '절약 유전자thrifty gene' 가설이다. 이 이론에 따르면 인슐린의 빠른 반응은 먹을 것이 흔치 않은 혹독한 환경에서 매우 유용했다. 인슐린은 섭취된 음식물이 지방으로 저장되는 것을 용이하게 해준다. 먹을 것이 부족할 때 축적된 지방은 생존에 유익했다. 수세기 동안 아리조나 피마족 인디언들은 일정한 간격으로 기근을 겪었다. 유일하게 생존한 피마족 인디언들은 인슐린 분비가 많아 지방을 저장하는 경향이 높은 사람들이었다.

하지만 먹거리가 풍부할 때에는 지방을 많이 저장해봐야 좋을 것이 없다. 많은 인슐린의 생성은 궁극적으로 인슐린 저항성과 2형 당뇨병을 낳을 뿐이다. 사실 아리조나 피마족들 사이에서 2형 당뇨병의 빈도는 이 세상 다른 어떤 그룹보다 높다. 다시 말해 인간의 인체와 현재 환경의 부조화가 심각한 의학적 우려로 이어진 것이다.

당뇨병 환자는 더 단맛을 추구한다

당뇨병 환자들은 보통 사람들과 다른 행동을 보인다. 이 행동 중 몇 가지는 쉽게 관찰되어 당뇨병 진단에 도움을 준다.

먼저 그들은 쉽게 피로감을 느낀다. 또 물을 마시고 소변을 보는 일 또한 잦다. 높은 혈당량 때문에 소변에 비정상적으로 높은 당이 있고, 그 당의 농도를 희석시키기 위해 물을 많이 마신다. 따라서 소변 양은 더 많고 몸의 탈수도 더 많다. 결국 갈증이 증가한다.

당뇨병 환자들은 인슐린 수치가 낮을 때보다 높을 때 더 많이 먹는다. 이런 결과에 근거하면 인슐린 수치가 낮을 때 단 음식은 거의 먹지 않을 것 같다. 하지만 그들은 인슐린 수치가 낮아도 단것을 먹을 수만 있다면 엄청나게 먹는다. 이를 관찰한 과학자들은 일반인들이 단 음식을 많이 섭취하는 것은 높은 인슐린 때문이 아니라고 생각한다.

당뇨병 환자들과 비당뇨병 환자들의 음식 선호가 다른 이유는 음식 감수성과 관련 있다. 일반적으로 당뇨병 환자들은 비당뇨병 환자들보다 포도당을 포함한 다양한 맛에 덜 민감하다. 당뇨병을 앓은 기간이 길면 길수록, 당뇨 합병증이 많으면 많을수록 맛 장애를 가질 가능성이 더 높다. 맛 장애는 장기적인 고혈당 수치로 생긴 신경 손상 때문이다. 이런 단맛 감수성의 감소로 당뇨병 환자들은 음식의 단맛을 느끼려면 당도가 더 강해야 한다. 이것은 당뇨병을 오히려 악화시킨다.

분명히 당뇨병 환자들의 맛 장애가 그들이 먹는 음식 종류에 어떤 영향을 미치는지는 연구가 더 필요하다. 당뇨병의 많은 생리적 효과를 고려하면 인지 기능이 약화되는 것은 전혀 놀랍지 않다. 이런 인지 기능의 저하는 당뇨병에 걸린 노인들에게 일어날 가능성이 더 높다. 이런 인지 문제는 당뇨병 치료를 방해한다.

Tip 11.

당뇨병에 걸린 수영선수는 수영을 계속할 수 있을까

당뇨병은 관리하기가 어렵다고 해도 매우 적극적인 사람이라면 삶에 큰 지장을 초래하지는 않는다. 세계적인 수영선수 개리 홀은 1형 당뇨병이 있지만-인슐린이 부족한 2형 당뇨병과 비슷하지만 대개 유전적인 원인으로 더 어린 나이에 발생한다.-그럼에도 불구하고 그는 2000년 시드니 올림픽에서 금메달 2개, 은메달 1개 그리고 동메달 1개를 땄다. 그는 2000년 여름, 당뇨병 진단을 받았다. 그가 진단을 받은 후에 세 명의 의사는 그에게 다시 시합에 나갈 수 없다고 말했지만 가까이에 있는 지원 의사가 조금만 적절히 관리하면 승리할 수 있다고 말해주었다.

당뇨병엔 체중 관리와 운동이 답이다

당뇨병은 환자들에게 많은 손상을 입힐 뿐만 아니라 널리 퍼져 있는 질병이지만 2형 당뇨병에 도움이 되는 많은 치료들이 있다. 이런 치료들이 병행되면 당뇨병의 부정적인 결과는 현저히 줄어든다. 한 가지 예로

1990년 이후 당뇨병으로 인한 심장마비는 68퍼센트 감소했다. 비당뇨병으로 인한 심장마비가 31퍼센트 감소한 것에 비하면 상당히 많이 감소한 편이다.

2형 당뇨병을 가진 환자들 대부분이 비만이라는 점과 비만이 2형 당뇨병의 주요 원인이라는 점을 고려해, 모든 의사가 2형 당뇨병 환자에게 제일 먼저 권하는 것은 살을 빼는 것이다. 체중 감량 그 자체가 2형 당뇨병 증상에 도움이 된다. 몇몇 연구자들은 체중을 7~10퍼센트 정도 감량하면 그만큼 좋은 결과가 나타난다고 믿는다. 하지만 살을 빼는 것은 쉽지 않고 뺀 체중을 유지하는 것은 더 어렵다. 그렇다보니 체중 감량 자체는 2형 당뇨병 환자들에게 장기 치료의 역할로는 효과적이지 않을 수 있다.

여러 번 이야기했듯이 운동은 당뇨병 환자든 아니든 살을 빼고 그것을 유지하도록 도와준다. 운동이 꼭 체중 감량으로 이어지지 않아도 당뇨병에는 이롭다. 중년 남자들을 대상으로 한 실험에서 9주간의 에어로빅 운동 프로그램을 따르게 한 결과, 딱히 체중 감량으로 이어지지 않더라도 인슐린 민감도가 증가했다. 2형 당뇨병에 걸린 다양한 나이대의 남자들과 여자들을 대상으로 3개월간 에어로빅 운동 프로그램을 따르게 했을 때 체중 감량이 없어도 인슐린에 대한 요구가 감소했다. 에어로빅과 저항력 훈련의 병행이 가장 효과적인 결과를 만들어낸 것이다. 이런 효과는 실험 참여자들의 근육 양의 변화와 관련 있다. 몸무게에 변화가 없어 몸에 근육이 생기면서 지방이 줄어든 것이다.

체지방이 높으면 높을수록 당뇨병에 걸릴 가능성은 높다. 그런 요인 때문에 2형 당뇨병은 노인들이 잘 걸린다. 노인들은 몸에 지방이 많고 근육이 적은 편이기 때문이다. 이것으로 추론해보면 노인들이 살아가는 동안 운동을 꾸준히 하면 당뇨병을 예방할 수 있다.

이 모든 연구 결과와 일치하는 또 다른 것은 몸을 많이 사용하지 않고 주로 앉아서 생활하는 사람들이 당뇨병에 걸릴 가능성이 더 높다는 것이다. 그리고 2형 당뇨병을 가진 사람들이 신체적으로 비활동적일 때 사망 확률이 더 높았다.

음식 섭취에 변화를 주는 것 역시 당뇨병 치료에 도움이 된다. 포도당 지수가 높은 음식을 많이 먹으면 당뇨병에 걸릴 확률이 높다. 예를 들어 탄산수, 아이스크림, 그리고 초콜릿케이크 같은 당 지수를 빠르게 증가시키는 음식이 그렇다. 따라서 빠르게 혈당 증가를 유발하지 않는 음식(이를테면 콩이나 빵, 오렌지)을 먹는 것은 혈당 수치를 정상화하고 당뇨병을 조절하는 데 도움이 된다. 연구에 따르면 식이섬유소가 높은 음식을 많이 섭취하면 혈당량 조절에 많은 도움이 되었다.

그럼에도 마지막 대안은 약물 치료

체중 감량, 운동, 그리고 음식 섭취 변화로 당뇨병을 조절할 수는 없을 때 대안은 약물 치료이다. 2형 당뇨병의 3분의 1 정도는 당뇨병 조절을 위한 경구용 약물을 사용한다. 시중에 이런 목적의 약들이 많이 있고 수와 다양성이 지속적으로 증가하고 있다. 일부 약물은 췌장이 더 많은 인슐린을 분비하게 만들고, 다른 약물은 인슐린 양에 영향을 미치지 않으면서 혈당량만을 감소시킨다. 그리고 탄수화물 소화율을 낮추는 약물도 있다. 당뇨병을 치료할 새로운 약물은 계속 개발되고 있다.

섭취된 음식, 인슐린 분비량, 그리고 당뇨병 사이에 대한 학습이 많아질수록, 특정한 지점에 개입해 치료할 수 있는 약을 개발할 기회 또한 더 많아질 것이다. 앞에서 어떤 유전자가 제거된 쥐는 지방을 많을 먹을 때조차 살이 찌지 않았고 인슐린 민감도를 유지했다. 이 결과는 특정 유전자 효과를 차단해 2형 당뇨병 치료가 가능하다는 것을 말해준다. 이런 식의 개입이 성공적이지 못할 때 2형 당뇨병 조절에 인슐린 주사를 사용한다. 환자들은 혈당량을 측정하고 인슐린을 적정량 주사하는 법을 배운다. 대략 2형 당뇨병 환자들의 3분의 1이 이렇게 한다.

약간의 희소식은 당뇨병 환자들이 반복적으로 혈당 체크를 하지 않고도 매일 자동으로 인슐린 주사를 맞을 수 있다는 것이다. 소형 무선 호출기 크기의 작은 인슐린 펌프가 있는데 일정한 간격으로 혈당량을 체크하는 감지기가 붙어 있다. 이것을 허리에 차면 바늘로 혈당량이 체크되고, 그 결과에 따라 펌프의 인슐린이 당뇨병 환자의 주사 바늘이 꽂힌 곳으로 자동으로 주입된다. 이 바늘은 며칠에 한 번씩 교체해준다. 이 결합장치는 본질적으로 인공 췌장의 기능을 한다. 인슐린 펌프는 값이 비싸도 점점 더 대중화되고 있다.

최근 인도에서 그룹으로 자전거 여행을 한 적이 있다. 회원 중 한 명은 고등학교를 졸업할 나이의 인상적인 젊은 여성이었는데, 그녀는 자전거 팬츠에 인슐린 펌프를 달고 있었다. 그녀는 언덕과 어슬렁거리는 소떼들 사이로 능숙하게 길을 찾아나갔다.

하지만 인슐린 주사로도 혈당량을 통제할 수 없을 때가 있다. 그럴 때 성공률이 높은 마지막 치료법은 위절제술이다. 수술 후에는 흔히 당뇨병의 완전 완화(완치가 아닌 병의 증상 완화라는 의학 용어)가 있고 그 상태가 수년간 이어진다. 왜 이런 일이 일어나는지 아직 분명하지 않지만 아주 강력한 긍정적 결과이다.

2형 당뇨병 치료를 위한 이 모든 방법에는 당뇨병 환자들이 음식을 가려먹든, 운동을 하든, 약을 먹든, 인슐린을 주입하든 어떤 구체적인 행동을 포함한다. 쟁점은 이 치료법들이 효과가 있는지 여부가 아니라 당뇨병 환자들이 적절한 행동을 하는가 여부이다. 전문적이거나 비전문적인 지원을 받는 것도 매우 도움이 된다. 이것은 당뇨병 환자들의 삶의 질 증가로 이어진다.

하지만 여기에는 냉정한 주석이 달린다. 비록 당뇨병 치료법이 좋은 것이 많다고 해도 모든 사람이 모든 정보를 얻을 수 없고 2형 당뇨병 예방 충고를 들을 수 있는 것도 아니다. 대체로 그들은 가난하고 교육 수준이 낮다. 진료를 받는 횟수 또한 빈번하지 않다. 더 부유하고 더 많은 교육을 받은 사람들이 받는 좋은 의학적 조언을 들을 가능성도 낮다. 같은 양의 의료서비스를 받을 때조차 같은 질의 의료서비스를 받는다고 할 수도 없다.

의료전문가들은 당뇨병을 치료할 뿐만 아니라 예방하기 위하여 이 질병에 걸리기 쉬운 사람들과 긴밀한 협력을 해야 한다. 우리는 주위 사람들이 모두의 건강을 촉진시키는 방법으로 먹고 운동할 수 있도록 할 수 있는 것을 해야 하는 책임감이 있다.

The
Psychology
of
Eating
and
Drinking

Chapter 12

엄마가
먹고 마시는
것이
아이가
먹고 마시는
것이다

섭식과 생식의 심리학

"모든 어머니의 최우선적인 걱정은 출산한 아이가 살아 있고 건강하면 성공적인 수유 관계를 형성하는 것이다"

_ 피터 라이트 (심리학자)

암컷이 수컷과 기본적으로 다른 점은 생식과 관련이 있다. 포유류 암컷들은 체내수정을 하고 태아가 바깥세상에서 생존할 수 있을 때까지 체내에서 기른다. 어린 포유류는 출생 후에 수주에서 수년간 주로 모유에 의존해서 산다.

이 장은 섭식이 암컷 포유류 생식에 어떤 식으로 영향을 미치는지, 또 암컷 포유류 생식이 섭식에 어떤 영향을 미치는지 알아볼 것이다. 그리고 우리가 가장 관심이 많은 포유류 암컷인 여성과 여자아이들에게 초점을 맞출 것이다. 여성들에게 초점을 맞추는 것이 수컷 포유류의 섭식과 생식이 서로 상관관계가 없다는 말은 아니다. 예를 들어 남자들도 거의 먹지 않거나 잘못된 것을 먹으면 정자의 질에 영향을 미친다.

암컷 포유류는 임신 중에, 그리고 출생 후에 어린 것들에게 먹이를 주는 궁극적인 제공자이다. 초기의 이런 영양 관계는 후손의 생존에 중요하다. 아이가 생존하려면 아이가 젖을 뗄 정도로 자랄 때까지 어머니가 충분히 먹어야 한다.

따라서 여성의 생존은 후손의 생존과 직결된다. 이것은 임신과 수유 기간에 여성과 아이가 생존할 만큼 먹을 것이 충분하지 않으면 임신이 되어서는 안 되는 것을 의미한다. 또 여성의 몸이 생식 기능 그리고 먹고 마시는 행동과 밀접하게 진화했다는 것을 의미한다. 결과적으로 여자가 남자보다 인체에 훨씬 더 많은 지방을 저장해야만 식량이 부족했던 기간에 생존과 생식이 가능했을 것이라는 예측이 가능하다. 여성의 경우 평균적으로 총 체중의 27퍼센트가 지방으로 구성되어 있지만 남자들은 15퍼센트만이 지방이다.

왜 생리 전에 많이 먹을까

내가 친구와 '저주'라고 불렀던 월경주기는 인간의 생식에 매우 중요한 역할을 한다. 이 월경주기에 배란과 배아, 태아의 착상과 성장을 위한 자궁 내벽의 준비를 포함한 많은 신체적 변화가 일어나기 때문이다. 하지만 배란 외에도 월경주기는 여성이 무엇을 얼마나 먹는지 영향을 미친다. 먹는 것 또한 월경주기에 영향을 미칠 수도 있다.

많은 여성이 특정한 음식을 갈망하는데, 특히 생리 직전엔 고탄수화물, 고지방, 그리고 초콜릿 같은 음식을 선호한다. 생리 전 증후군은 이런 음식 갈망과 더불어 우울, 불안, 그리고 짜증 같은 증상이 일정하게 동반된다. 기초대사율은 생리 2주 전인 황체기(배란 후)에 현저히 높다. 우리는 인간과 동물이 더 많은 칼로리를 소모할 때 더 많이 섭취한다고 학습했다. 또 사람들이 학습 효과로 배가 고플 때 고칼로리 음식을 선호한다고 했다. 따라서 황체기에 초콜릿 같은 고칼로리 음식을 선호하는 것 또한 예상이 가능하다.

난포기	배란	황체기	생리
1주 정도	1일	2주 정도	3-5일

〈표 12 - 1〉정상적 생리주기

　　하지만 여성들이 황체기 중에 섭취한 칼로리가 그 시점에 소모되는 칼로리보다 더 클 수 있다. 에너지 소모는 배란 전보다 황체기(배란 후)에 8~20퍼센트 더 높았고, 에너지 섭취는 배란 전보다 황체기(배란 후) 중에 10~30퍼센트 더 높았다. 따라서 생리 전 음식 갈망이 여분의 에너지 소모량을 보충해야 하기 때문이라는 말은 정확하지 않다. 그럼에도 불구하고 주변에 먹을 것이 늘 부족했던 상황에서는 황체기에 여분의 칼로리를 더 섭취하는 것은 나쁘지 않았다. 이 여분의 칼로리는 여성의 몸에 지방으로 저장되고, 임신이 되면 여성과 후손의 생존 확률을 높이기 때문이다.

　　생리 전 음식 갈망은 계절성 우울증, 그리고 탄수화물 갈망이 있는 비만자들과 관련이 있다. 겨울에 최악인 계절성 우울증[SAD]이 있는 사람들과 탄수화물 갈망이 있는 비만인들(증상이 하루 중 어떤 시간대에 최악일 가능성이 있다)과 비슷하게 생리 전 증후군^{PMS}이 있는 여성들 또한 주기적으로 증상을 경험한다. 게다가 이 문제 중 하나라도 있는 사람들은 탄수화물을 갈망하는데 세로토닌 수치를 증가시키는 약물을 복용하면 이 갈망이 억제된다. 심리학자 리처드 우트먼과 주디스 우트먼은 계절성 우울증과 탄수화물 갈망으로 인한 비만, 그리고 생리 전 증후군이 세로토닌 수치의 불충분 때문에 일어나거나 악화될 수 있다는 가설을 세웠다. 이런 질환이 있는 사람들이 탄수화물을 섭취하면 세로토닌 수치가 증가하고 행복감이 증가한다고 한다(하지만 모든 과학자가 이 이론에 동의하는 것은 아니다. 낮은 세로토닌 수치가 생리 전 음식 갈망의 구체적인 원인임을 보여주는 더 많은 연구가 필요하다).

생리주기에 맛과 냄새 민감도의 변화 또한 생리 전 음식 갈망과 관련 있다. 한 연구에서 생리주기 단계에서는 단맛 선호에 변화가 없었지만, 또 다른 연구에서 냄새 민감도는 배란일 전후로 증가했다. 이것은 임신 가능성을 높이도록 설계된 메커니즘의 부작용이다. 배란 전후로 여성의 몸은 자궁경관과 후각상피(코 안쪽에서 냄새를 감지하는 조직)를 포함해 인체 내 점액질 분비가 점점 묽어진다. 정자가 난자에 도달하는 것을 더 쉽게 만들기 위한 것이나 이것이 여성들이 냄새를 더 쉽게 감지하게 만든다. 그리고 냄새 민감도 증가는 여성이 자신이 좋아하는 음식을 더 먹게 만든다.

그렇다면 피임약을 복용하는 여성들과 폐경기에 들어선 여성들은 어떨까? 그들의 음식 갈망은 정상적인 생리주기를 경험하는 여성들과 다를까? 두 그룹의 여성들 모두 정상적인 생리주기를 가진 여성들과 비교해보면 음식 갈망이 약간 감소하는 정도거나 전혀 감소하지 않았다. 이는 음식 갈망이 호르몬에 근거하지 않는다는 걸 시사한다.

식이 제한은 배란의 활동을 방해한다

반대로 우리가 먹는 것이 생리주기에 영향을 미칠까? 정상적인 임신을 하고 아이를 낳기까지 대략 5만~8만 칼로리가 추가로 필요하다. 그보다 부족하면 체중 미달이나 심지어 생존 확률이 낮은 아이를 낳을 가능성이 있다. 진화론적 관점에서 보면 표준 이하의 후손을 생산하는 것은 여성에게 에너지 낭비이고 어떤 경우에도 피해야 한다. 만약 여성이 건강한 아이를 낳는 데 필요한 충분한 섭식을 할 수 없다면 임신이 되어서는 안 된다.

이렇게 추론해보면 불충분한 음식 섭취가 생리주기의 혼란을 초래하고 배란을 억제하는 것이 놀랍지 않다. 심지어 섭취를 줄이고 원하는 것보다 덜 먹어도 생리는 불규칙해진다. 이런 사실은 거식증 환자들이 생리를 하지 않는다고 말할 때 이미 지적했다. 같은 맥락에서 과도한 영양 섭취는 아동의 성조숙증을 불러일으킨다. 성조숙증 여자아이들은 열 살 전후에 가슴 발육과 체중 증가를 보인다.

식이 제한이 배란을 방해하는 메커니즘에는 두 가지 경쟁 가설이 있다. 과학자 로즈 프리치는 여성의 체지방 비율이 결정적이라고 했다. 여성의 인체는 지방 없이는 에스트로겐과 프로게스테론 같은 여성호르몬을 만들지 못한다. 인간 최초의 예술 표현이라고 하는 22,000년 전에 만들어진 매우 뚱뚱한 조각상 빌렌도르프의 비너스도 뚱뚱함과 다산 사이의 연결을 인정한다.

심리학자 질 슈네이더와 조지 웨이드는 대안의 가설을 제안했다. 배란이 일어나는 데 중요한 것은 일반적으로 이용할 수 있는 연료인데, 저장된 지방에서 대사 작용되는 지방산은 연료의 한 가지 요소일 뿐이라는 것이다. 음식 섭취에서 포도당을 얻는 것 또한 중요하다. 이 가설은 오랜 기간 충분히 섭취하지 않아 배란이 되지 않은 여성이 단기간 음식을 충분히 섭취하면 다시 배란을 시작하는 이유를 설명하는 데 도움이 된다.

그렇다면 운동은 생리에 영향을 미칠까? 운동은 생리의 불규칙성에 분명히 일조한다. 운동을 많이 하는 여성들은 호르몬 수치가 낮고 때로 생리 중단이 일어나기도 한다. 생리 전 증후군도 심하지 않다. 하지만 운동이 에너지 부족을 초래하고 체지방 비율을 낮춰 그런지, 아니면 섭취된 음식의 양과 체지방 비율 효과와 별개로 영향을 미치는지는 정확하지 않다. 분명한 것은 이 세 가지 요인-섭취된 음식량, 저장된 지방량, 그리고 운동 수준-이 생리의 규칙성 여부에 일조한다.

비록 세 가지 요인 모두 생리 규칙성과 관련 있어도, 세 요인 중 어떤 것이 어느 정도 문제가 있어야 생식에 문제가 생기는지는 의문이다. 분명한 것은 여성이 거의 먹지 않거나, 운동을 너무 많이 하거나, 너무 말라 생리를 하지 않으면 생식이 되지 않는다. 조금 더 먹고, 조금 덜 운동하고, 혹은 체지방을 조금 더 가진 것이 생리를 계속하게 만들기에는 충분할지 모르지만 배란이 제대로 일어나기에는 충분치 않을 수도 있다. 햄스터를 대상으로 한 실험이 이런 가능성을 뒷받침한다.

6마리 햄스터에게 4일의 발정기 동안(햄스터는 빨리 번식한다) 보통 먹는 것의 50퍼센트를 주었다. 햄스터들은 먹이의 일정 부분만 박탈당했고 겨우 4일간 이어졌을 뿐인데도 햄스터 중 한 마리는 전혀 배란을 하지 않았고, 나머지 햄스터들이 생성한 난자 수도 평균 11개에서 9개로 감소했다.

부분적인 음식 제한이 여성의 생식을 억제한다면 상당히 우려스러운 일이다. 일부 여성은 만성적인 다이어트로 대사율이 낮고 다이어트를 하지 않을 때조차 체중 증가를 막으려고 음식을 소량 먹는다. 또 여성들은 저녁에 레스토랑에서 양껏 먹을 생각으로 아침과 점심을 거의 먹지 않는다. 게다가 미국 여성들의 60퍼센트가 일 년에 한 번 체중 감량 다이어트를 하고, 적어도 19~39세 사이(임신이 가능한 기간 동안) 미국 여성의 약 3분의 1이 최소한 한 달에 한 번 다이어트를 한다. 이 여성들은 생식에 문제가 생길 위험에 처해 있는 것이다. 또 임신기에 비교적 짧게 부분적인 식이 제한을 해도 조산으로 이어질 수 있다.

몇 가지 생각할 것이 더 있다. 섭식, 호르몬, 대사율의 모든 관계가 여성이 폐경기에 도달하면 바뀔까? 먼저 대사율을 보자. 과학자들이 생리주기 중 황체기에 대사율(에너지 소모율)이 더 높은 것을 깨달은 지 25년이 되었다. 경험상 나는 황체기 중에 체중을 빼거나 유지하는 것이 더 쉬웠다. 그렇다보니 황체기의 대사율 상승 효과가 다이어트에 자주 동반되는 대사율 하락 효과를 중화시킬 수 있는지 궁금했다(황체기에 대사율 상승 효과가 다이어트의 대사율 하락 효과보다 더 커서 결과적으로 살이 빠지는 데 도움이 된다). 연구자들이 내 가설을 사실로 확인시켜주었을 때 벅

찬 기분이 들었다.

다른 많은 베이비부머들처럼 나도 이제 어떤 연령대에 도달하고 보니 폐경 이후가 어떻게 될지 궁금해진다. 폐경 이후 여성들의 대사율과 관련해 믿을 만한 연구 데이터가 없다. 폐경기 여성들은 황체기가 없어 만성적으로 대사율이 낮고, 결국 체중 증가 가능성이 더 높을 수밖에 없다.

입덧 중에 고지방 음식이 싫은 이유

임신을 하면 여성의 몸에서는 다양한 변화가 일어난다. 이 변화의 상당 부분은 태아의 생존에 맞추어져 있다. 여성이 먹는 것이나 여성의 몸에 저장된 것에서 태아는 적절한 영양분을 얻어야 한다. 여성이 임신 중에 먹고 마시는 것이 대개 태아에게 긍정적인 효과를 미치지만 때로 심각한 해를 입히는 것도 있다.

임신한 여성들이 어떤 음식이 매우 먹고 싶다고 반복적으로 말하는 것을 들어보았을 것이다. 그것은 아이스크림 같은 고칼로리 음식일 수도 있고 과일이나 식초 같은 저칼로리 음식일 수도 있다. 임산부가 아이스크림 같은 고칼로리 음식을 몹시 먹고 싶어 하는 것은 황체기에 고칼로리 음식을 갈망했던 이유와 비슷하게 몸이 에너지를 요구하기 때문이다. 임신 기간 중 대사율은 황체기처럼 높다. 태아는 엄마에게 추가적인 칼로리를 요구한다. 그래서 대부분의 임산부들이 고칼로리 음식을 선호한다.

임신 중에 여성의 몸에서 일어나는 변화들이 식성에도 영향을 미친다. 임신 중에는 소화관에서도 변화가 일어나는데, 특히 임신 1기 중에는 소화에 중요한 CCK(콜레시스토키닌Cholecystokinin: 소화호르몬의 일종)의 분비가 증가한다. 이 증가된 CCK는 임신 중에 여성들을 졸게 만든다. 또 음식물의 소화관 통과를 느리게 만들어 임신 1기에 25퍼센트 이상의 여성들이 '입덧'이라고 불리는 매스꺼움과 구토증을 경험한다. 일부 여성들이 이 시기에 고지방 음식을 혐오하는 이유는 고지방 음식이 저지방 음식보다 소화관 통과가 더 느리기 때문이다. 냄새 민감도가 증가하는 것 또한 입덧에 일조한다는 가설도 있다.

입덧이 태아에 나쁘다고 생각하는 사람들이 있다. 임신한 여성들이 잘 먹지 못하고 자주 토하기 때문이다. 하지만 몇몇 과학자는 실제로는 정반대라고 한다. 과학자 메기 프로펫은 입덧이 냄새, 음식 민감도, 그리고 음식 혐오와 연관이 있고 태아의 생존을 높인다는 가설을 세웠다. 그녀는 입덧이 작은 양만으로도 태아에게 해로울지 모르는 맛이 쓴 음식과 자극적인 냄새가 나는 음식 섭취를 감소시킨다고 말한다. 임신 초기에 구토하는 여성이나 심한 매스꺼움을 느끼는 여성의 낮은 유산 가능성은 그 가설을 뒷받침한다. 하지만 이 가설은 흥미진진하고 매력적인 만큼 암시적인 증거만을 근거로 했다. 아직까지 입덧과 유산 사이에 인과적인 연관성을 보여주는 증거는 없다.

나는 독자들이 입덧 이야기에서 맛 혐오 학습을 떠올리길 바란다. 이 학습으로 인간과 동물은 음식을 섭취한 후에 구역질만으로도 음식 혐오를 습득할 수 있다. 게다가 이 혐오는 실제로 병이 음식에서 온 것인지 알 수 있게 한다. 입덧의 매스꺼움과 구역질이 음식 혐오가 생길 수 있는 특정한 음식과 같이 일어나면 어떻게 될까? 임신 중에 매스꺼움을 느낄 때와 맛 혐오가 발달할 때는 상당한 상관관계가 있었다. 맛 혐오 학습은 임신한 여성들의 음식 혐오 몇 가지를 설명하는 데 도움이 된다.

입덧은 여성뿐만 아니라 태어난 아이의 음식 선호에도 영향을 미친다. 임신 기간 중에 구토를 많이 한 임산부가 구토를 경험하지 않은 임산부보다 짠맛을 선호하는 아이를 낳을 가능성이 더 높았다. 많이 구토한 결과 임산부가 탈수 상태가 되는 것과 연관이 있었다.

임신 중에 다이어트는 금물

임신부들은 음식 혐오가 있고 대사율이 높아도 체중이 증가한다. 임신 1기에도 여성들의 지방 저장은 증가한다. 이 증가는 음식 섭취량의 증가 때문만은 아니다. 임신 1기 중에 CCK 분비가 증가하는 것의 효과이다. 분명히 인간의 진화 중에 임산부의 지방 저장 경향성은, 특히 임산부가 구역질로 잘 먹지 못할 때 엄마와 태아의 생존 가능성을 높였다. 이 저장된 지방은 먹을 것이 마땅치 않거나 엄마가 아플 때 엄마와 태아가 생명을 유지하는데 도움이 된다. 하지만 여전히 체중 증가는 많은 임신한 여성들에게 가장 큰 걱정거리다. 여성들은 체중이 너무 많이 불어나면 출산 후에도 빠지지 않을까 봐 두려워한다. 임신 기간에 임산부는 평균 15킬로그램 정도 불어나며 이중에서 4킬로그램 정도가 지방으로 저장된다.

미국의학연구소는 임신 중에 체중이 얼마나 늘어날지는 키 대비 체중에 따라 다르다고 발표했다. 키에 비해 체중이 보통인 여성은 11~16킬로그램 정도 증가하고 쌍둥이를 임신한 경우에는 그보다 더 증가한다. 여성들은 평생 이어지는 체중 증가의 원인이 대개 임신이라고 생각한다. 의학연구소에서 권장하는 이상으로 체중이 증가하는 여성들은 수십 년 후에 그만큼 체중이 늘어났다는 일부 증거가 있다. 하지만 그 비만의 원인이 임신임을 입증하지는 못했다. 일부 여성들은 체중이 지속적으로(임신과 그 이후까지) 증가하는 경향성이 있었다.

임신한 여성들의 섭취와 체중 증가가 아이에게 영향을 미칠까? 먼저 여성들이 많이 먹지 않고 체중이 많이 증가하지 않으면 어떤 일이 일어날까? 분명한 것은 그렇게 태어난 아기는 체중이 별로 나가지 않고 위험할 수 있다(임신 중에 충분한 체중 증가를 하지 못한 여성들이 일일 1,878칼로리를, 충분한 체중 증가를 한 여성들이 2,232칼로리를 섭취했다).

임신한 여성의 체중이 충분히 증가하지 않으면 아이에게 악영향을 미칠 수 있다. 네덜란드(2차세계대전 중에), 비아프라(나이지리아 동부지역 1967~1970년 기근 중에), 인도(100년 전의 기근 중에), 그리고 브라질의 슬럼가처럼 공통점이 없는 지역에서 다수의 연구가 이루어졌다. 연구에서 영양 부족이 심할 때 태어난 아기는 체중 미달일 뿐만 아니라 성인이 되면 비만과 당뇨병에 노출되었다. 연구자들은 임신 중 영양 부족이 후손의 유전자가 발현되는 방식을 바꾸어 이후에 체중 증가나 당뇨병 같은 질환을 발병시킬 가능성을 높인다고 했다. 게다가 이 유전자 발현 방식의 변화는 유전이 되고 영양이 부족한 여성의 후손들이 영향을 받는다고 주장했다. 이 모든 것은 여성이 임신을 하면 충분한 체중 증가 필요하고, 그 기간에는 다이어트를 해서는 안 된다는 것을 의미한다.

임신 중 과도한 체중 증가는 임신당뇨병을 높인다

임신 기간 중에 충분한 체중 증가가 필요하다면 임산부가 살이 지나치게 많이 찌는 것은 괜찮을까? 과거에 몸에 좋지 않은 음식을 먹은 여성들과 몸무게를 조절하려고 애썼던 여성들이 임신 중에 체중이 더 많이 증가할 가능성이 높았다. 또 임신 중에 체중이 많이 증가하고 2형 당뇨병을 가지고 있지 않은 임산부는 임신당뇨병에 걸릴 가능성이 높았다. 임신당뇨병은 2형 당뇨병과 비슷하고 임신한 여성의 태반호르몬이 인슐린 기능을 방해하면서 발생한다. 임신당뇨병이 있는 여성들은 임신 말기에 단것에 대한 갈망이 더 심해진다. 게다가 이 여성에게서 태어난 아기는 출생 시에 매우 큰데, 제왕절개를 하지 않으면 분만이 매우 어렵거나 산모가 위험할 정도다. 게다가 아기는 척수나 뇌에 기능 장애를 가지고 태어나기도 한다. 임신한 여성은 체중 외에 혈당을 지속적으로 체크하고 임신 기간 중에 가능한 한 정상적 범주를 유지하는 것이 중요하다.

임신 중 알코올 섭취가 태아에게 주는 영향

산모를 통해 태아에게 전달되는 가장 해로운 것 중 하나는 태아알코올증후군FAS이다. 이 증후군은 임산부가 술을 마신 경우, 태아에게 일어날 수 있는 생리적이고 행동적인 변화로 이루어져 있다. 먼저 이 증후군을 가지고 태어난 아이의 얼굴은 정상적인 아이와는 조금 다르다. 이 증후군을 가지고 태어난 아이는 정상적인 아이보다 머리와 코가 더 작고 인중이 더 낮고 윗입술이 더 얇다. 이 아이들은 정상적 아이와 달리 눈 안쪽의 피부가 접혀 있다. 이런 신체적 특성은 아이 때 표시가 나지 않을 수도 있다.

태아알코올증후군 아이와 태아알코올증후군 어른의 뇌는 보통의 아이와 어른의 뇌보다 작다. 그리고 태아알코올증후군 아이는 나이가 들면서 평균보다 지능이 상당히 낮아졌고, 과잉 행동, 우울, 지각 이상과 충동성이 있고 협응성, 기억, 공간능력, 수리능력이 떨어졌다.

왜 여성이 임신 중에 술을 마시면 아이에게 그런 끔찍한 영향을 미칠까? 임신한 여성의 혈중 알코올 농도(50도 위스키 한 잔에서 한 잔 반 정도)가 탯줄에 노출되면 동맥과 정맥이 수축하고 경련이 일어나는데, 본질적으로 태아에게 가는 혈액(산소 공급 박탈)에 영향을 미친다. 쥐들을 대상으로 한 실험에서 알코올 노출로 인해 수백 만 개의 뇌의 특정 부위 뇌세포가 죽을 수 있었다.

최근 연구에서 임신 중에 하루 알코올 네 잔을 마신 여성들의 아이 얼굴에서 태아알코올증후군의 특징이 나타나지 않아도 거의 모든 아이에게서 부정적인 신경 효과가 나타났다(지능 저하, 언어 지연, 행동 과잉 증가). 또 한 연구에서 임신을 인지하기 전에 매일 술을 마신 여성과 하루 걸러 술을 마신 여성의 경우에도 태아에게 유해한 효과가 나타났다. 또 임신 중에 주당 1~6잔을 마신 여성이 낳은 아이는 보통의 아이보다 IQ가 낮았다. 더욱이 임신했다는 것을 알기 바로 전 달에 마신 술조차 태아에게 해로울 수 있었다.

임신한 여성들이 술을 마시면 안 된다는 1980년대 미국 국립 알코올 연구소의 권고가 당시에는 논란이었지만 매우 현명한 경고였다. 남자와 여자가 키와 몸무게가 같아도(같은 양의 술을 마셔도), 인체 차이 때문에 여자가 남자보다 혈중 알코올 수치가 더 높고, 더 많은 뇌손상을 초래한다. 태아알코올증후군이 알려지지 않았던 1970년 이후로 비약적인 진전이 이루어져 미국은 1989년부터는 임신한 여성들이 알코올 음료 마시는 것을 경고하고 있다.

그럼에도 수백만 명의 미국 여성에게 알코올 문제가 있고, 더 많은 이들이 문제성이 있어도 절제하지 못한다. 임신을 알아도 약 10퍼센트는 가끔씩 마시고 일부는 더 마신다. 이런 경고에도 미국에서는 1,000명당 한두 명의 아기가 완전한 태아알코올증후군을 가지고 태어난다. 그리고 더 많은 경우는 드러나지 않는 해로운 영향에 노출되고 있다.

알코올 외에도 임신한 여성들이 섭취하는 것 중에 잠재적으로 해로운 것들이 있어 우려스럽다. 그중 하나는 카페인이다. 하지만 최근엔 임신 중에 적당한 양의 카페인 섭취는 해롭지 않다는 흐름이다.

결국 임산부들은 조심스럽게 먹고 마셔야 한다. 임신 초기, 의학 상담과 영양 상담은 매우 중요하다. 모든 임산부가 적절히 먹고 마시는 일은 아이들이 더 건강하고 기능 장애가 없는 어른이 된다는 점에서 우리 사회와 경제에 미치는 이득이 훨씬 더 크다.

태아의 섭취도 여러 모로 중요하다. 태아가 세상에 태어나면 더 이상 태아가 아니라 신생아로 분류되고 신생아는 단맛을 느끼고 단맛을 선호한다. 태아의 경우, 맛세포는 임신 14주에 최종 구조를 가진다. 게다가 임신 12주부터 태아는 양수를 삼키고, 임신 말기가 되면 매일 세

컵 이상의 양수를 삼킨다. 이런 행동은 양수의 양을 합리적으로 유지하는 데 실제로 중요하다. 태아는 양수를 삼키다가 실제로 양수 속에 있는 화학물질을 감지한다. 양수에는 당분, 단백질, 지방을 비롯하여 다양한 화학물질이 들어 있다. 다양한 화학물질의 양은 태아가 처음 배설한 직후, 그리고 임신 중에 상당히 변한다(태아는 자궁에 있는 동안 오줌을 눈다).

우리는 임신한 여성이 먹는 것이 양수의 화학물질과 이후 아이의 음식 선호에 많은 영향을 미친다는 걸 명심해야 한다.

모유수유의 질은 엄마가 먹는 것에 달려 있다

모유수유를 선택하는 여성들은 그것이 아이의 생존에 중요하다는 것을 잘 안다. 심리학자 피터 라이트는 "모든 어머니의 최우선적인 걱정은 출산한 아이가 살아 있고 건강하면 성공적인 수유 관계를 형성하는 것이다"라고 진술했다. 하지만 모유수유를 하는 어머니들은 이 관계의 복잡성을 깨닫지 못한다.

모유수유는 구체적으로 아이의 욕구를 충족시키도록 설계되어 있다. 비록 모유가 카페인이나 약물 같은 좋지 않은 물질에 오염되어 있다고 해도, 모유수유는 유동식과 달리 비위생적인 물과 섞이는 일은 없다. 게다가 모유에는 어머니의 몸에서 형성된 항생제가 들어 있어 아이가 감염질환에 걸리는 것을 예방해준다. 모유의 질은 어머니가 먹는 것에 따라 달라지는데, 모유에는 아이의 지능을 높이는 지방산 같은 물질

315

이 들어 있다. 모유수유는 양이 충분치 않아 수유를 받는 아이의 영양이 불충분할 때가 있지만 일반적으로 가장 탁월한 섭식 방법이다.

그 외에도 젖을 먹이고 젖을 빠는 것은 여러 면에서 아이에게 긍정적이다. 아이가 젖을 빨면 아이의 몸에서 특수한 천연 마약성 물질이 분비되어 아이가 진정된다. 그 결과 아이는 칭얼대거나 몸을 나대지 않고 불편해도 참을 수 있다. 아이를 순하게 만드는 이런 변화는 아기의 에너지를 보존하는 데도 도움이 된다.

모유 먹은 아이와 분유 먹은 아이의 비만 가능성

그렇다면 '모유 vs 분유'를 먹인 아이들과 성인 비만과의 연계성은 어떨까. 모유를 먹은 아이들이 비만 가능성이 더 낮고 모유수유를 한 기간이 길면 길수록 비만 가능성은 더 낮았다. 이것은 모유가 아이가 성인이 되었을 때 비만과 연관 있는 심혈관계 질환에 걸리지 않을 가능성을 높인다. 반면에 아이를 분유로 키우다보면 아이를 돌보는 사람이 아이가 배가 고프지 않아도 더 먹이려는 가능성이 높았다(그럼에도 모유가 이후에 비만의 가능성을 낮추는지는 아직 분명하지 않다).

그리고 모유수유를 선택한 어머니들은 아이들에게 아무 음식이나 먹이지 않고 가급적 건강한 음식을 먹이고 운동을 더 하게 했다. 또 모유에 있는 렙틴은 훗날 모유를 먹은 아이들의 체중이 덜 나가는 데 역할을 했다. 그럼에도 성인 비만은 모유수유 여부와는 별개로 다른 요인들이 많은 영향을 미친다. 대사율 차이나 생물학적인 부모가 비만인지 여부 같은 요인 말이다.

모유수유가 아이에게 미치는 영향 중 내가 가장 흥미롭게 여기는 부분은 바로 모유수유의 맛과 냄새가 아이에게 미치는 효과이다. 무엇보다도 아기들은 우리가 생각하는 것보다는 훨씬 더 풍요로운 미각과 후각의 세계 속에서 산다. 신생아들은 다양한 맛과 냄새를 감지한다. 게다가 모유수유를 하든 하지 않든 아기는 출생 후 처음 며칠 동안 젖이 나오는 엄마의 가슴 냄새를 선호한다. 시간이 지나면서 모유를 먹는 아이들은 다른 엄마와 구별되는 자기 엄마만의 독특한 가슴과 겨드랑이 냄새를 선호하는 법을 배운다. 이 선호는 아이에게 엄마가 가까이 있는 느낌이 들게 하여 인간이 진화한 환경에서 아이의 생존 가능성을 높이는 데 일조했다.

한 걸음 더 나아가 젖을 분비하는 엄마가 섭취하는 것은 모유의 맛과 냄새에 영향을 미치고 결과적으로 아이의 음식 선호에 영향을 미쳤다. 필라델피아의 모넬 화학 감각 센터Monell Chemical Senses Center의 심리학자 줄리 메넬라, 개리 보챔프와 동료들은 한 실험에서 여성들에게 임신 말기나 수유 기간 중에 물을 마시거나 당근주스를 마시게 했다. 이후 당근주스를 마신 여성의 아기들이 물보다 당근주스로 만든 시리얼에 더 높은 선호를 보였다.

또 염분이 부족한 유동식을 먹고 자란 아이들이 훗날 짠 음식에 선호가 높았다. 게다가 엄마가 음주를 하면 아이들이 알코올 성분이 있는 모유에 선호를 보여주고, 그것과 관련 있는 환경 측면을 좋아하는 법을 배웠다. 지금 엄마가 먹고 마시는 것이 이후에 아이가 먹고 마시는 것에 영향을 미치는 것이다.

흡연하는 엄마가 모유수유를 하면 아이들에게 어떤 영향을 미칠까? 메넬라와 보챔프는 연구를 통해 모유 샘플 중에서 흡연 여성의 것과 아닌 것을 구분할 수 있고, 니코틴 농도로 흡연 여성의 모유를 확인할 수 있었다. 따라서 수유하는 여성이 흡연을 하면 니코틴의 위험 외에도 아이가 모유에 있는 흡연과 관련된 맛과 냄새를 감지하여 훗날 아이가 흡연에 노출될 위험이 있었다.

Tip 12.

술이 모유의 질을 향상시킨다?

미국을 포함한 많은 문화권에서 음주가 모유의 양과 질을 향상시킨다는 믿음이 널리 퍼져 있다. 그것 때문에 일부 여성들은 임신했을 때는 술을 마시지 않아도 일단 수유를 시작하면 술을 마신다. 민간으로 전해지는 이런 소문은 실제 사실과는 정반대이다. 엄마가 술을 마시면 아기는 실제로 젖을 덜 먹는다. 그리고 엄마가 자주 술을 마시는 경우 그 젖을 먹는 아기들은 알코올을 첨가한 모유를 가장 선호했다. 엄마가 술을 마시는 경우 아기가 젖을 덜 먹는 이유는 엄마가 술을 마시면 그만큼 젖을 만들어내지 못하기 때문이다. 또 술을 자주 마시는 엄마의 모유를 먹고 자란 아기들이 훗날 그렇지 않은 아이들보다 알코올 선호도가 훨씬 더 높았다.

모유수유 중 다이어트는 괜찮을까?

모유수유 전이나 수유 기간 중에 생기는 변화는 아이들뿐만 아니라 수유하는 여성들에게도 직접적으로 긍정적인 영향을 준다. 여성의 몸에서도 특별한 천연 마약성 물질이 분비되는데 이것은 스트레스와 우울을 감소시킨다. 수유하는 여성들은 임신한 여성보다 더 많은 칼로리와 영양분이 필요하다. 임신한 여성들은 임신 전보다 일일 769~980칼로리를 더 섭취하는 데, 수유하는 여성들은 그것보다 더 많은 양을 섭취해야 한다. 게다가 소화에 중요한 CCK 같은 화학물질의 양은 수유 기간 중에 증가한다. 임신한 여성의 대사율이 그렇지 않은 여성보다 높다고 한 것이 기억날 것이다. 하지만 수유하는 여성들의 경우 음식을 먹은 후에만 비교적 높다. 다른 때에는 출산했지만 수유하지 않는 여성들과 비슷했다. 이것은 수유하는 여성들이 수유로 인해 칼로리 고갈이 되는 것을 막는 데 도움을 준다.

아이에게 젖을 물리는 일은 수유하는 여성의 근육 열을 감소시키고 몸의 어떤 부위에는 에너지 저장을 증가시킨다. 또 졸리게 만든다. 졸림과 활동 감소는 엄마가 아이 옆에 붙어 있을 수 있어 아이의 생존에 이롭다. 아이가 젖을 빠는 효과 또한 엄마의 에너지 사용을 감소시켜 모유를 생성하기 위해 소모한 에너지를 줄이는 데도 이롭다. 출산한 대부분의 여성이 임신 전의 몸무게로 돌아갈 만큼 체중이 충분히 빠지지 않는 이유가 이것 때문이다.

많은 여성이 수유 기간을 임신 중에 축적된 지방을 뺄 수 있는 기회로 본다. 과체중 수유 여성들이 다이어트와 운동으로 일주일에 평균 0.5킬로그램 정도 빼면 아이들은 정상적으로 자란다. 수유 중에 살을 빼는 것은 아기에게 해롭지는 않다. 이 기간에는 임신 중에 지방이 축적된 엉덩이와 복부 부분이 더 잘 빠지는데 일반적으로는 살을 빼기 힘든 부위이다.

먹기, 마시기, 그리고 여성의 생식은 서로 떼어놓을 수 없을 정도로 얽혀 있다. 섭식행동의 많은 측면은 건강한 아이가 태어나게 하고 엄마가 앞으로 출산을 이어나갈 수 있도록 건강을 유지하게 한다. 우리가 충분히 먹고 마시지 않으면 생존할 수 없고 생식할 수 없다.

The
Psychology
of
Eating
and
Drinking

Chapter 13

흡연은
체중 조절에
도움이
될까?

흡연의 심리학

"모든 것 중심에는 언제나 먹는 것이 있다."

_ 소니아 소토메이어 (대법관)

미국 성인의 대략 18 퍼센트가 담배를 피운다(약 4천 2백만 명이 현재 담배를 피우고 있고, 5천만 명이 피운 경험이 있다). 흡연이 다른 어떤 예방 가능한 행동보다 질병과 죽음에 더 많은 영향을 미친다는 점을 고려하면 이 수치는 비극적이다. 미국에서 한해 거의 50만 명이 흡연으로 사망한다. 흡연은 심장질환, 호흡기질환, 뇌졸중, 그리고 암의 위험을 높인다. 게다가 흡연은 수백만 달러를 담배에 소비하게 만든다.

금연을 한 사람이 금연에 성공하기까지는 여러 번 중단과 시도가 반복되고, 금연 후에는 니코틴 금단 증상을 경험하기도 한다. 금단 증상에는 짜증, 불안, 집중력 결핍, 그리고 이 책에서 다루는 식욕 증가도 있다. 임신과 수유 중 흡연은 아이들의 염분 선호 증가(임신 중에 피우는 경우)와 아이들의 수면 방해(수유 중에 피우는 경우)를 포함하여 많은 부정적인 영향을 미친다. 이 모든 끔찍한 결과에도 왜 사람들은 흡연을 할까? 왜 시작한 후에는 잘 끊지 못할까? 이 질문의 좋은 답은 매우 많다. 하지만 대부분 이 책에서 다루는 주제의 범주를 벗어난다. 이 책의 범주에 속하는 한 가지 답은 체중 증가 때문이다.

사람들은 흡연이 체중 조절에 도움이 된다는 믿음을 가지고 있다. 한 연구에서 남자 흡연자들의 10퍼센트와 여자 흡연자들의 5퍼센트가 담배를 피우는 이유로 체중 조절에 도움이 되기 때문이라고 답했다. 또 다른 연구에서는 남자들 47퍼센트와 여자들 59퍼센트가 흡연을 지속하는 이유가 중단하면 살이 찌는 것이 두려워서라고 했다. 사실 이 연구 참여자들 일부는 흡연을 중단한 뒤에 살이 찌는 두려움 때문에 다시 담배를 피우기 시작했다. 주로 여자들이었다.

미국 심리학 전문지 〈사이콜로지 투데이Psychology Today〉는 1997년 남자들을 대상으로 설문조사를 했는데, 흡연자들의 30퍼센트가 체중 조절을 위해 담배를 피운다고 진술했다. 또 다른 연구는 9~14세의 아이들 중에 담배를 피울까 생각하는 아이들이 체중 걱정을 하는 경향을 보고했다.

흡연을 하면 체중을 빼거나 유지하는 데 도움이 되고 흡연을 중단하면 체중이 불어난다고 믿는 사람들이 의외로 많다. 이 믿음은 어느 정도 정확할까? 만약 흡연이 체중에 영향을 미친다면 어떤 메커니즘으로 그것이 일어날까? 일단 흡연과 체중에 관한 사실을 정확히 알면 누군가가 체중 때문에 흡연을 할지 말지 망설일 때 도움을 줄 수 있을 것이다.

담배와 대마초가 식욕에 미치는 영향

대마초를 피우는 것과 그냥 담배를 피우는 것은 식욕과 식이에 매우 다른 효과를 낸다. 대마초가 공복감을 준다는 말은 기본적으로 맞다. 과학자 리처드 폴틴과 마리안 피치맨, 그리고 마리안 바이런은 매우 어려운 실험으로 이것을 검증했다. 6명의 참여자들을 (3명씩 두 그룹으로 나뉘어) 13일간 거주지로 마련된 실험실에 살게 했다. 참여자들은 다른 사람들과 직접적인 접촉을 하지 않았고 그들의 섭식행동을 모니터해 지속적으로 관찰했다. 이 실험 기간 중에 그들은 매일 4대의 대마초, 혹은 플라시보 담배를 피웠다. 대마초를 피웠을 때나 플라시보 담배를 피웠을 때나 식사를 할 때 먹는 양에는 큰 차이가 없었지만, 대마초를 피운 날에 참여자들은 캔디바 같은 달고 단단한 것을 먹는 양이 매우 증가했다. 그들이 섭취한 총 칼로리 또한 40퍼센트 증가했다. 참여자들이 대마초를 피운 기간 동안 상당한 체중 증가를 한 것은 어찌 보면 당연했다. 체중 조절을 하고 싶다면 절대 대마초를 피워서는 안 된다.

흡연자들의 평균 체중이 비흡연자들보다 더 낮은 이유

사람들이 흡연을 시작하면 평균적으로 체중이 빠진다. 게다가 흡연자들의 평균 체중은 대개 비흡연자들의 평균 체중보다 낮다(이 일반화의 예외는 흑인 여성의 경우로 흡연자든 아니든 다른 집단보다 비만율이 상대적으로 높다).

니코틴에 노출된 쥐들 또한 사람들과 비슷했다. 심리학자 닐 그룬버그와 캐서린 포프, 수잔 와인더는 쥐들에게 규칙적으로 실험실 먹이 외에 오레오쿠키를 간 것, 포테이토칩을 간 것과 물을 추가로 내놓았다. 말하자면 쥐들이 마구 먹는 것들이었다. 어떤 시기에는 쥐들에게 니코틴이 주입되었고, 또 다른 시기에는 식염수가 주입되었다(이것은 생리학적 효과가 없는 소금물이다). 쥐들은 니코틴이 주입되면 오레오쿠키를 덜 먹었고 식염수가 주입될 때보다 체중이 낮았다. 흡연이나 니코틴을 접하는 자체가 체중 증가를 제한했다.

흡연이 총 섭취 칼로리수를 감소시킨다는 설명도 있다. 이 감소는 연이은 식욕 감소, 손을 사용하는 방식의 변화(손으로 음식이 아닌 담배를 집는 습관), 입을 사용하는 방식의 변화(입으로 음식 대신 담배를 가져가는 것), 그리고 기타 등등 때문이다.

하지만 심리학자 조안 벡위드는 766명의 20~30대 여성들을 대상으로 실험을 했는데 섭취량과 흡연의 의미 있는 상관관계가 없었다. 과학자 케네스 펄킨스의 실험도 비슷했다. 하룻밤 동안 담배를 피우지 못하게 하고, 그 이후에는 니코틴 함량이 다른 담배를 피우게 했는데 흡연자들의 배고픔이나 음식 섭취량에 별 차이가 없었다. 일부 참여자들은 아예 불을 붙이지 않은 담배를 받았고, 일부는 극소량의 니코틴이 들어 있는 담배를, 또 다른 일부는 보통 때 피우는 담배를 피웠다. 이 두 실험에서만큼은 흡연자들의 체중이 낮은 원인이 식욕과 섭취 칼로리 양의 감소로 보이지 않았다.

그럼에도 또 다른 실험에서는 니코틴을 접한 경우, 음식이 위장관을 통과하는 속도가 현저하게 느려졌다. 이 속도의 감소는 식욕 감소와 연관이 있다. 이 증거와 비슷하게 쥐들을 대상으로 한 실험은 흡연과 관련해 체중이 낮은 원인은 음식의 총 섭취량 감소 때문임을 시사한다.

담배 연기에 장기간 노출된 쥐들뿐만 아니라 니코틴을 주입받은 쥐들의 경우 성장이 억제되는 지점까지 섭취량이 감소했다. 게다가 담배 연기나 니코틴 노출이 쥐들의 혈당량을 높여 배를 덜 고프게 하고 덜 먹게 만들었다. 쥐들을 대상으로 한 최근 연구는 니코틴이 시상하부에 영향을 미치고 식욕에 영향을 미치는 것을 보고했다(시상하부는 식욕 조절 중추이다).

흡연은 단맛을 감소시킨다

흡연자들의 체중이 더 낮은 두 번째 설명을 보자. 흡연과 니코틴 노출은 단 음식의 섭취량을 감소시켰다. 누군가가 흡연을 시작하면 칼로리 총 섭취량은 변하지 않지만 단 음식에서 취하는 칼로리 비율이 감소했다. 심리학자 닐 그룬버그와 데이비드 몰스는 상당한 수의 샘플로 이 가설을 조사했다. 이들은 미국 사람들이 1964~1977년 사이 41개 식품에서 얻은 평균 섭취량과 그것의 상관적 요소로 일인당 피운 평균 담배 수를 조사했다.

일부 연도는 개인당 피운 평균 담배 수가 예년과 많이 달랐다. 사람들이 개인당 피운 담배 개수가 많을 때 설탕 섭취량이 낮았고, 담배 개수가 적을 때는 설탕 섭취량이 높았다. 그룬버그와 몰스의 데이터가 다소 암시적이지만 담배 개수와 설탕의 파운드 수치 사이의 상관관계를 주목하는 것은 중요하다. 이 변화를 유발하는 것은 반드시 두 변수뿐이 아니다. 어떤 세 번째 변수, 알코올 섭취량 같은 것이 두 가지(담배와 단음식) 섭취량에 변화를 초래한다.

개인의 행동에서 흡연이 단것의 섭취를 감소시킨다는 가설을 더 직접적으로 뒷받침하는 데이터를 찾아볼 수 있다. 흡연자들은 보통 단맛 선호가 감소했고, 어떤 냄새에 민감도도 떨어졌다. 그래서 그것의 선호도 줄어들었다. 사실 여성 흡연자들은 당분 농도가 낮은 맛을 감지하는 데 비흡연자들보다 많은 어려움을 겪는다. 이것은 흡연자들이 비흡연자들보다 단것을 더 적게 섭취하는 것과 연관 있다. 또 흡연자가 특정 담배 브랜드의 상쾌함을 평가한 것이나 특정 담배 브랜드가 제공하는 만족감이 흡연자들의 단맛 인지 보고와 깊은 상관관계가 있었다. 흡연자들이 단 음식을 더 적게 먹는 것은 특정 담배가 단맛 욕구를 충족시켜 주기 때문이다.

마지막으로 흡연자들이 체중이 낮은 이유는 흡연으로 대사율이 증가하면서 칼로리 소모량 또한 증가했기 때문이다. 이것이 사실이라면 흡연자들이 비흡연자들과 같은 양을 먹어도 흡연자들의 체중이 비흡연자들보다 덜 나갈 것이다. 24시간 동안 흡연을 했을 때와 24시간 동안 흡연하지 않았을 때를 비교한 결과, 흡연했을 때 대사율은 10퍼센트 증가했다. 하지만 이 결과는 해석에 어려움이 있다. 그들은 만성 흡연자이기 때문이다. 그들이 흡연했을 때 관찰된 대사율이 흡연하기 전보다 큰 것인지는 확실치 않다. 단, 흡연을 시작할 때는 대사율에 변화가 없지만 흡연을 그만두면 대사율이 감소할 가능성은 있다.

금연이 체중에 미치는 효과

담배를 피우던 사람들이 금연을 하면 이들 중 대부분은 체중이 증가한다. 한 연구에서 금연한 5천 명 이상의 흑인들과 백인들, 그리고 여성들의 몸무게를 측정했다. 백인들은 평균 4.2킬로그램, 흑인들은 평균 6.6킬로그램이 증가했다. 금연 후에 장기간 금연 상태를 유지한 사람들은 단기간 유지한 사람들보다 체중 증가가 더 높았다. 성공적인 금연 뒤에 환영받지 못하는 결과가 뒤따르는 것이다. 하지만 이 그림은 보이는 것만큼 나쁘지 않다. 우선 금연으로 인한 체중 증가는 담배 때문에 빠졌거나 찌지 않은 살에 불과하다. 게다가 금연 후에 체중 증가는 개인적인 차이가 있다. 전혀 살이 찌지 않는 사람들도 있다.

연구자들은 금연과 체중 증가 요인을 조사했다. 이 요인의 일부는 앞부분에서 흡연을 시작하거나 지속할 때 더 낮은 체중의 원인으로 이야기한 것들과 밀접했다. 음식 섭취량 증가, 단것 섭취 비율 증가, 대사율 감소가 그것이다. 또 그들은 금연 후 음식 섭취량 증가가 스트레스 해소 때문인지, 흡연 충동 감소에 도움이 되는 음식 냄새 때문인지, 니코틴 금단 증상이 인슐린 양에 지장을 주기 때문인지, 아니면 계속 입을 만족시키려는 욕구 때문인지를 조사했다.

내 아버지는 하루에 담배 네 갑을 피우는 흡연자였는데 금연 이후로는 사탕을 달고 살았다. 그것은 단기적으로 치아에 문제를 일으켰다. 흔히 금연 후에 단것 선호가 증가하는 경우, 금연자들은 담배가 제공하던 달달함을 단것으로 대체하려고 애쓴다. 금연 시에 대사율이 낮아지는 것은 니코틴이 신경계에 미치는 효과 때문인데, 이것은 금연 후에 니코틴 껌을 사용하는 사람들의 체중 증가가 더 낮고 에어로빅을 하면 체중이 증가할 가능성이 줄어드는 현상을 설명하는 데 도움이 된다. 운동은 대사율을 증가시키기 때문에 금연자들의 체중 조절에 유용하다.

또 골초들이 금연하는 경우, 적당한 흡연자나 가벼운 흡연자들보다 체중 증가 가능성이 더 높았다. 니코틴을 주입받던 쥐들이 니코틴 대신 식염수를 주입받으면 다른 쥐들보다 엄청나게 많은 양의 오레오쿠키를 먹고 상당히 살이 많이 쪘다. 니코틴 제거가 식욕, 음식 선호, 그리고 활동 수준에 영향을 주는 것이다.

과학자인 자넷 그로스, 맥신 스티처, 그리고 자넬 말도나도는 금연 후에 니코틴 껌을 사용한 흡연 유경험자들이 플라시보 껌을 사용한 흡연 유경험자들보다 배고픔과 음식 섭취량 증가가 더 적은 것을 발견했다(플라시보 껌은 니코틴이 있다고 생각하지만 실제로는 없는 껌이다).

쥐와 인간을 대상으로 한 실험에서는 금연 후 어느 정도 체중 증가를 할지 결정하는 데 신경전달물질인 도파민이 관련 있다는 걸 밝혀냈다. 뇌의 도파민 농도에 영향을 주는 어떤 유전자가 금연 후 체중 증가에 영향을 미쳤다. 이 결과는 흡연자가 금연 후 체중을 조절할 때 맞춤형 치료를 받을 수 있는 가능성을 열어준다.

그럼에도 불구하고 니코틴 제거가 체중 증가에 영향을 미치는 방법과 관련한 데이터는 여전히 제한적이다. 피부에 붙이는 니코틴 패치 효과가 니코틴 껌의 그것과 비슷한지, 아니면 니코틴 껌을 씹은 사람들의 식욕 감소가 껌의 니코틴 때문이 아니라 껌을 씹는 행위 때문인지 알아내는 것은 특히 흥미롭다(앞서 언급했지만 껌을 씹는 행위는 식욕 조절에 도움이 된다).

　금연 후 체중 증가 원인과 관련한 마지막 가설은 금연자의 성격 관련성이다. 성격 특성과 체중 증가의 상관관계를 연구한 논문이 있다. 심한 우울증을 앓았던 개인사가 있는 여성들이 그렇지 않은 여성들보다 금연 후 체중 증가 가능성이 더 높았다. 남자의 경우는 정반대였다. 우울증을 앓았던 남자들이 금연 후에 체중 증가가 더 낮았다. 게다가 다이어트에서 이탈하면 과식하는 경향이 있는 사람들, 통제하기 어려운 식습관이 있는 사람들이 금연 후에 체중 증가가 높았다.

　금연과 체중 증가 사이의 밀접한 관계는 심리학자 보니 스프링과 그녀의 동료들이 '흡연 중단과 체중 조절'이라는 병용 치료법을 발달시키게 했다. 그들의 연구는 병용 치료법이 해롭지 않으며 오히려 금연에 성공해, 흡연 유경험자로 남기를 원하는 흡연자들에게 이로울 수도 있다는 것을 보여주었다. 금연 후에 체중 증가가 특히 걱정되는 여성 흡연자들은 병용 치료 중 하나로 운동을 선택했는데, 운동을 하면 부정적인 기분에 빠질 가능성이 줄어들었다.

금연 후 체중 증가를 최소화시키는 제안

- 니코틴 껌을 씹거나 니코틴 패치 사용하기.

- 우울증을 앓은 여성이라면 금연 후에 인지 행동 치료와 항우울제 투약으로 우울증을 완화시키기.
- 금연은 스트레스가 많은 기간 중에 하지 않기.
- 규칙적으로 에어로빅 운동 하기.
- 9장 〈현재 체중을 유지하거나 체중을 줄이는 검증된 제안들〉 시도해보기.

니코틴에 대한 우려

흡연자들이 비흡연자들보다 체중이 덜 나가고 금연하면 체중 증가의 위험이 따른다는 광범위한 생각은 틀린 것만은 아니다. 이 불운한 결과가 사람들에게 위험한 흡연 습관을 갖도록 권장하고, 일단 흡연을 시작하면 끊는 것을 어렵게 만든다. 특히 이것이 사실로 받아들여지는 것은 체중 변화가 흡연과 때맞추어 일어나기 때문이다. 반면에 흡연으로 인한 좋지 않은 결과는 대개 당장 나타나기보다 매우 더디게 나타난다. 따라서 금연으로 인한 체중 증가가 흡연을 지속한 경우에 생길 수 있는 극단적인 해로운 결과보다 심각하지 않은데도, 일부 사람들은 금연이 흡연보다 더 이롭다는 것을 쉽게 느끼지 못한다.

나는 많은 연구에서 언급한 니코틴을 담배 성분이 아니라 그 자체로 우려한다. 전통적인 궐련 담배, 시가, 파이프담배, 그리고 씹는 담배뿐만 아니라 니코틴 껌, 니코틴 패치, 그리고 전자담배 모두에 적용된다.

사람들은 금연 보조수단으로 니코틴 패치나 니코틴 껌처럼 전자담배를 사용하지만, 또 어떤 사람들은 유해한 연기를 들이마시지 않고 니코틴만 흡수하는 수단으로 전자담배를 사용한다. 전자담배를 피우면 암을 유발하는 유독한 물질을 피할 수 있어도, 중독성이 있는 니코틴과 그것이 체중에 미치는 모든 효과에서 해방되지는 못한다.

The
Psychology
of
Eating
and
Drinking

부록

어떤 것이
요리가
될까?

풍미 원리

부록

"사람들이 어떻게 음식을 먹고 어떻게 선택하는지는
가장 정치적이고 더없이 개인적인 행위의 결합이라고 믿는다."

_ 앨리스 워터스 (쉐 파니스 레스토랑 설립자)

 버클리의 유명한 쉐 파
니스^{Chez Panisse} 레스토랑 설립자 앨리스 워터스의 말이다. 이 레스토랑은
1960년대 초 마스터셰프인 줄리아 차일드의 텔레비전 쇼와 더불어 미
국 요리에 영감을 불어넣었는데, 미국 요리가 통조림 채소, 팟로스트(고
기찜), 과일 칵테일, 그리고 즉석식품을 능가하게 만들었다.

 미국 텔레비전 프로그램에는 음식 전문 방송 채널 외에도 많은 미
식가 요리쇼가 있다. 수천 명의 뛰어난 셰프들과 요리사들이 전통 미국
음식인 토마토, 옥수수, 그리고 초콜릿 같은 것을 사용하여 새로운 풍미
와 독특한 식감을 창조한다. 미국의 많은 레스토랑에서는 와인과 맥주
뿐만 아니라 지역 재료로 특징 있는 요리를 한다.

하지만 미국 요리를 미국적으로 만드는 것이 무엇일까? 어떤 것이든 요리를 요리로 만드는 것이 무엇일까? 어떤 요인이 특정 요리의 특별한 성격을 결정할까? 이 장은 이런 질문에 답을 내놓을 것이다.

맥주와 와인 테스팅 정보는 말할 것도 없다. 사람들이 어떤 음식과 마실 것을 어떻게, 그리고 왜 선택하는지 기술된 연구가 이 장에 들어 있다. 이런 연구와 결합되어 구체적으로 어떤 조합과 패턴으로 사람들이 먹을 것과 마실 것을 섭취하는지 알아볼 것이다. 과학적인 연구(인간뿐만 아니라 쥐를 대상으로 한 연구)는 우리가 섭취하는 음식과 마실 것을 더 잘 이해하고 더 잘 즐길 수 있는 방법을 알려줄 것이다. 우리는 자신의 유전자가, 경험이, 그리고 진화 과정이 실제로 저녁식탁 앞에 앉았을 때의 행동에 어떻게 기여하는지 알게 될 것이다. 이 장에는 사랑도 있고 전쟁도 있고 요리를 하는 즐거움과의 상호작용도 있다.

요리를 요리로 만드는 것

엘리자베스 로진은 요리책의 저자이자 요리 역사가다. 내가 대학원생이었을 때 하버드대학교 교수인 그녀가 1973년에 출간한《풍미 원리 요리책》이야기를 해주었다(지금은 절판되었다).

이 책은 그 당시 심리학자들 사이에서 숭배의 대상이었고, 순식간에 내가 제일 좋아하는 요리책이 되었다. 그 책에는 매혹적이고 만들기 쉬운 많은 요리의 레시피가 들어 있었을 뿐만 아니라 요리의 차원을 뛰

어넘는 심리학적인 원리 일부가 설명되어 있었다. 그 원리는 이전에 한 번도 생각해본 적이 없던 것이어서 나는 완전히 빠져들었다. 예를 들어 그 요리책만 있으면 중국 햄버거를 만드는 것이 원칙적으로 가능했다. 먹는 것을 즐기지만 음식 혐오도 상당했던 초짜 실험 심리학자에게 이 책은 과학적 분석을 통해 음식 세계로 들어가는 안전한 방법이었다.

로진은 매혹적인 글쓰기로 우리에게 요리의 기본 요소를 설명한다. 이 요소에는 사용된 음식, 식품 변형에 사용되는 기술, 가미되는 향신료, 그리고 음식이 어떤 타입으로 섭취되고, 혹은 음식을 제약하는 문화적 구속이 무엇인지 다루고 있다. 이 모든 것을 종합해보라. 그러면 요리가 된다. 비록 다른 동물의 행동이, 이를테면 원숭이들이 고구마를 소금물에 살짝 담갔다가 먹는 행위가 요리의 일부 요소를 보여준다고 해도 모든 특성이 들어 있는 진정한 요리는 오직 인간 세계에만 존재한다.

어떻게 요리가 될까

요리의 요소는 주변 음식으로 시작된다. 어떤 특정한 음식이 요리의 일부가 되려면 우리 주변에 존재해야만 한다. 하지만 주변 음식과 특정 요리의 성격은 새로운 곳으로 이주할 때 또는 이주했던 사람들이 그곳의 먹거리를 가지고 들어오면 바뀔 수 있다. 콜럼버스가 신대륙을 처음 발견한 것이 역사적으로 어느 정도 중요성이 있는지 의견이 분분하다고 해도 결과적으로 세계의 요리를 많이 바꾸었다는 사실에는 논쟁의 여지가 없다. 토마토, 칠리고추, 그리고 초콜릿은 모두 아메리카가 원산지이다. 그것들은 1492년이 되어서야 비로소 전 세계적으로 퍼져나갔다. 토마토가 없는 이탈리아 요리, 매운 고추가 없는 스촨 요리, 초콜릿이 없는 스위스 디저트가 상상이 되는가. 하지만 이런 음식은 지난 몇백 년 동안 요리의 일부였을 뿐이다.

그럼에도 불구하고 이용 가능한 모든 음식이 요리의 일부가 되는 것은 아니다. 요리인지 아닌지를 결정하는 가장 강력한 요인은 그 음식이 시각, 후각, 그리고 미각적으로 고유한 즐거움을 줄 수 있는가 하는 것이다. 사람들은 달거나 짜고 고칼로리와 관련이 있는 음식을 매우 선호하는 경향이 있다. 또 극도의 고지방 식품을 좋아하는 법을 배운다. 심리학자 루나 압달라와 동료들이 102명의 정상 체중 남자들에게 지방과 당분 함량이 각기 다른 39가지 비스킷과 케이크를 먹고 평가해달라고 요청했을 때 가장 좋은 평가를 받은 것은 설탕과 지방 함량이 가장 높은 것이었다.

Tip 14.

맛있는 음식은 지방으로 이루어진 경우가 많다

음식 선호에 우리가 아는 것을(달고 짜고 고칼로리 음식) 생각하면 어떤 유명한 요리사가 요리의 비밀 재료가 우리 추측대로 지방이라고 말해준다고 해도 그다지 놀랍지 않다. 사람들은 음식점 음식이 왜 집에서 하는 것보다 더 맛있는지 궁금할 것이다. 답은 음식점 요리는 집에서 사용하는 것보다 더 많은 지방을 사용하기 때문이다.

어느 유명한 뉴욕 음식점 메뉴에 '근대와 함께 찐 넙치'가 있었다. 얼핏 보면 칼로리가 낮아 보인다. 하지만 그것은 뜨거운 거위 지방 속에 푹 담가 13분간 찐다. 그래서 느끼하지 않은 담백한 생선을 먹고 싶어 하는 사람들이 찐 생선을 주문하면 그런 요리로 나온다. 어쩌면 그 사람은 내가 좋아하는, 비계가 적은 쇠고기 등심을 먹을 때보다 더 많은 지방을 섭취할지도 모른다.

칠리고추와 (혹은 매운 고추) 커피처럼 사람들이 태생적으로 꺼리는 먹거리를 학습을 통해 선호하는 경우도 있다. 그리고 이런 음식은 요리의 일부가 되었다. 칠리고추가 어떻게 전 세계적인 먹거리가 되었는지는 다음 부분에서 이야기할 것이다. 커피의 경우 처음에는 사람들이 기피했지만 설탕이나 우유, 혹은 카페인과 연관되어 점차 선호하는 음료가 되었다.

한 식품이 요리의 일부가 되는지는 사람들이 그 식품을 소화하거나 대사시킬 수 있는지에 따라 다르다. 우유를 구할 수 있어도 그것을 소화시킬 수 있는 사람들이 다수여야만 요리가 된다. 유전적으로 유당불내증(유당 분해효소 결핍증)이 있는 성인들이 많다. 만약 대다수의 사람이 유당불내증이 있다면 우유는 그 집단의 요리가 되지 못한다. 또 다른 예로 파바빈('잠두'라는 콩)은 어떤 사람들에게 독성이 있는 먹거리인데, 또 다른 사람들에게는 말라리아에 저항성을 높이는 먹거리이다. 따라서 파바빈의 유독성보다 말라리아 저항성이 더 유용한 인구 집단에서 파바빈은 요리의 일부가 된다.

음식 취사 기술을 포함하여 특정 집단 사람들이 이용할 수 있는 기술 또한 그 집단의 요리를 결정하는 중요한 요인이다. 발효 기술이 발견되고 나서야 술이 요리에 들어갈 수 있었다. 조리를 할 수 있게 된 것과 냉장고의 등장은 기술의 발달이 사람들의 식생활에 엄청난 변화를 유발한 부차적인 예이다. 최근 몇십 년간 음식애호가들은 요리를 새로운 수준으로 끌어올리려 과학을 이용한 맛있고 혁신적인 요리를 만들어내고 있다. 그래서 지금은 셰프, 화학자, 그리고 식품공학자 사이의 선이 흐릿해졌다. 심지어 하버드대학교에서는 매주 셰프들의 강의와 함께 공학과 응용과학 교수단에서 가르치는 〈과학과 조리: 고급요리와 연성물질 과학〉이라는 일반 교육 과정까지 있다.

영양, 비용, 음식 관행이 요리를 결정한다

요리의 구성 요소를 결정할 때 또 다른 중요한 요인은 영양이다. 생존이 가능한 문화는 영양적으로 균형 잡힌 음식을 얻고 섭취하는 것이 가능한 문화이다. 방법은 많다. 그중 한 가지는 음식을 적절히 배합하는 것이다. 미국 북동부에서 영양적으로 완전한 식사는 치킨 조각, 샐러드, 그리고 구운 감자다. 하지만 멕시코에서 영양적으로 완전한 식사는 콘 또띠아, 콩, 그리고 토마토다. 영양적으로 완전한 요리를 보장하는 또 다른 방법은 특정 음식을 다르게 처리하는 것이다. 미국 원주민들은 옥수수를 알칼리 용액으로 처리하는 방법을 개발해 옥수수의 영양가를 높였다.

또 다른 요인은 비용이다. 이것은 음식을 만드는 데 필요한 비용을 의미하지 않는다. 비용도 중요하지만 음식을 준비하는 데 얼마나 많은 에너지가 투입되는지를 의미한다. 만약 근근이 먹고 사는 10명의 집단이 사막을 가로질러 50킬로미터를 걸어야 곡물을 얻을 수 있고, 그 곡물로 빵 한 덩이를 만들기 위해 며칠간 노동을 해야 한다면 빵은 그 집단의 요리가 되지 못한다.

음식 선호와 관행 또한 요리에 영향을 미친다. 음식 선호에는 환경이 기여한다. 사람들이 아침식사나 저녁식사로 먹고 싶어 하는 간단한 것들이 여기에 포함된다. 북미인들은 스크램블에그 같은 아침식사를 좋아하고 저녁식사로는 강낭콩이 들어 있는 것을 선호한다.

문화적 믿음에는 음식으로 여기는 어떤 종류의 물질까지 포함된다. 유대인들에게는 '코셔의 법칙(유대교의 율법에 따라 식재료를 선택하고 조리한 음식)'이 있는데, 세대를 이어 내려오는 음식 관행을 말한다. 코셔의 문화적 전통은 너무 강해 그 경계에 있는 음식에까지 영향을 미친다. 금지 음식이 있으면 그것과 비슷해 보이는 것을 먹을 때도 사람들은 어려움을 느낀다.

1985년 내 여동생은 정통파 랍비의 아들과 결혼했다. 우리는 그 행사를 치르기에 형편이 넉넉하지 않았다. 그래서 모든 음식을 여동생과 내가 직접 만들었다. 내 여동생의 시아버지처럼 코셔를 철저히 준수하는 유대인들은 식사로 고기와 유제품 두 가지 모두를 먹지 않는다. 그중 하나는 있어도 된다. 우리는 웨딩 리셉션에 유제품 식사를 차리기로 결정했다. 그 식사에는 '버섯 파테'(파이 안에 버섯을 넣은 것)가 들어갔다. 그것은 보통의 고기 파테와 모양이 같지만 오직 채소와 유제품만으로 만든 것이었다. 그날 내 여동생의 시아버지 될 사람이 그것을 유심히 살피던 모습을 잊을 수가 없다. 그는 의심스러운 시선으로 "이것이 뭐냐?"

라고 물었다. "버섯 파테예요" 우리가 대답했다. 상당한 설득 후에 그는 그것을 먹었다. 하지만 썩 내키는 표정은 아니었다.

어떤 음식이 먹기에 적절한지와 관련한 문화적 믿음은 좋은 음식을 먹는 데 도움이 될 수도 있고 안 될 수도 있다. 케냐의 엠브리 사람들 사이에서는 임신한 여성들이 약용 주스 같은 쓴 물질의 섭취를 허락하지 않는다. 이는 여성들이 태아를 보호하는 데 도움이 된다. 서부 케냐의 민족 여성들은 달걀 먹는 것을 전통적으로 허락하지 않는다. 먹을 수 있는 계란이 많을 때조차 말이다. 전에는 이런 금지가 건강에 이로웠는지는 모르겠다. 하지만 지금은 불분명하다. 고대시절에는 코셔를 지키려는 관행이 유대인들의 건강을 지키는 데 한몫했는지 모르지만 지금은 그렇지 않다.

음식 문화의 믿음이 요리에 어떤 영향을 미치는지는 한 문화에서 다른 문화로 이주할 때 알 수 있다. 이민자들이 새로운 땅에서 자신들이 즐겨 먹을 만한 음식을 찾는 것은 힘든 일이다. 그럼에도 이민자들은 자신이 그 문화의 일원임을 보여주기 위해 새로운 문화의 음식을 먹어야 한다고 생각한다. 이처럼 요리가 어떻게 전파되고 소멸하는지 살펴보면 지배 문화도 보인다.

새로운 음식에 대한 두려움

요리에 영향을 미치는 마지막 요인은 네오포비아neophobia이다. 새로운 음식에 대한 두려움이다. 이는 음식 선호에 경험이 기여하는 부분을 다룰 때 언급한 적이 있다. 대부분의 요리가 여러 풍미 원리를 기본으로 하여 엇비슷한 향신료가 들어가는 것은 아마도 새로운 음식에 대한 이런 두려움 때문일 것이다. 풍미 원리는 음식이 친숙하고 안전하게 보이게 한다. 사람들은 기존 요리에 친숙한 향신료를 추가하면 새로운 음식이라도 먹어볼 수 있다. 따라서 아시아 문화권에 잘 없는 햄버거에 간장, 청주, 그리고 생강을 가미하면 중국 음식 맛이 나는 햄버거를 만들 수 있다. 중국 음식을 먹는 사람들은 독특한 중국 풍미가 스며 있으면 먹어볼 가능성이 높다. 친숙한 음식 선호는 사람들이 어린 시절 먹어본 음식과 관련 있는 요리를 만들게도 하고, 고향을 떠나온 사람들이 이전에 먹던 것을 그리워하게도 한다.

1990년대 초 개인적으로 3주간 일본 여행을 했다. 앞에서 내 식성이 감각 추구 특성이 매우 낮고 생선을 먹지 않는다고 했다. 일본 요리는 흔히 미국인에게 친숙하지 않은 재료나 요리법을 사용하고 생선이나 생선 소스가 잘 들어간다. 결과적으로 당시 일본에서 내 입맛에 맞는 음식을 찾을 수가 없었다. 모든 것이 낯설었고 먹을 수 있는 것이 없는데다 어떤 것도 배불리 먹을 수가 없었다. 심지어 서구식 레스토랑에 갔을 때 나온 초콜릿케이크 디저트조차도 너무 가볍고 공기층이 많아 만족스럽지 않았다(추정컨대 저지방이었을 것이다).

절망감 속에서 나는 남편에게 미국에서도 가본 적 없는 레스토랑인 데니스Denny's를 가보자고 설득했다. 나는 메뉴에 햄버거로 표기된 것을 주문했다. 하지만 나온 것은 미국 햄버거 고기와는 매우 맛이 다른 그라운드 미트 패티였다. 게다가 햄버거 빵도 아니었고 패티가 육즙에

익사한 모양새를 하고 있었다. 실망했음에도 나는 디저트로 바닐라 아이스크림을 주문하면 괜찮을 것이라고 생각했다. 하지만 아이스크림에는 가루를 낸 콘플레이크 시리얼이 뿌려져 나왔다. 나는 그것을 먹었지만 매우 낯설었다.

이제 진짜 절망하여 다섯 살짜리 아들을 데리고 대중교통을 이용해 도쿄 디즈니랜드로의 긴 여정에 올랐다. 그곳에서 우리는 친숙하고 만족스러운 음식을 찾았다. 주변을 두리번거리며 걸어가던 중에 우리는 어딘가에 피자가 그려진 것을 보았다. 희열감에 나는 레스토랑으로 다가갔지만 피자는 단 두 가지 종류뿐이었다. 파인애플 토핑과 새우 토핑뿐인 피자였다. 새우는 내가 절대 못 먹는 것이고 피자에 과일을 토핑으로 올린 것은 먹어본 적이 없었다. 그래서 우리는 그것을 먹지 않고 그곳을 떠났다. 여행 중 살이 빠진 유일한 여행이었다. 여행에서 돌아왔을 때 나는 전형적인 고지방, 고당분 음식으로 마음껏 배를 채웠다. 빠진 살이 순식간에 다시 쪘다.

풍미 원리 먹거리들

과학자들은 풍미 원리라는 개념에서 한 단계 더 나아가 새로운 기술을 사용하여 식사 중에 풍미 원리가 어떻게 상호작용하는지 알아냈다. 그들은 다른 성분들이 서로 얼마나 겹치는지 알아내기 위해 수백 가지 요리 재료 속에 있는 풍미 혼합물을 조사했다. 서구 요리는 아시아 요리와 달리 공통적으로 풍미 혼합물이 있는 재료들이 식사의 일부로 잘 어울렸다.

또 아스트린젠트(떫은 맛이 나는 적포도주 같은 음료)와 지방질 음식이 서로 어떻게 보완적인지 조사했다. 아스트린젠트 음료와 지방질 음식을 교대로 먹고 마시면 음료의 맛이 너무 떫지 않고 지방질 식품이 느끼하지 않았다. 따라서 아스트린젠트 음료와 지방질 음식(이를테면 붉은 고기 같은 것)이 결합된 요리가 많은 것은 놀라운 일이 아니다.

엘리자베스 로진은 다른 요리들의 풍미 원리를 보여주는 방대한 표를 내놓았다. 지리학적으로 서로 근접한 문화는 풍미 원리 역시 겹쳤다. 예를 들어 간장은 일본, 중국, 그리고 한국 요리에 보편적이다. 그리고 올리브오일은 다양한 지중해 요리에 보편적이다. 요리는 이민자 집단의 영향을 받는다. 남아프리카 케이프 말레이 요리^{Cape Malay cuisine}에는 그 지역의 토착 요리뿐만 아니라 남아프리카에 있는 네덜란드, 프랑스, 인도, 그리고 인도네시아 출신 이주민들의 영향이 그대로 남아 있다. 그리고 베트남 요리에는 중국, 프랑스, 인도, 태국, 라오스, 그리고 캄보디아의 풍미가 섞여 있다.

어떤 영향으로 특정 요리가 탄생한 사례로 나는 케이준 요리를 든다. 케이준이라는 말은 뉴올리언스에 가까운 루이지애나 지역에 사는 사람들 그룹을 일컫는 말로 아카디언^{Acadian}이라는 말에서 비롯되었다. 케이준들은 원래 캐나다에 살던 프랑스인들로 18세기 영국 군인들이 프랑스인들을 루이지애나로 강제 이주시켰다. 그들이 새로 이주한 지역에는 프랑스인들, 미국 원주민들, 그리고 노예로 끌려온 아프리카인들이 살고 있었다.

중국		간장, 청주, 생강
	북경	+ 일본 된장(미소), 마늘, 참깨
	쓰촨	+ 달콤 새콤 매운
	광동	+ 검은콩, 마늘
일본		간장, 정종, 설탕
한국		간장, 황설탕, 참깨, 고추
인도		커리
	북부인도	커민^{cumin}, 생강, 마늘, + 변화
	남부인도	겨자 씨앗, 코코넛, 타마린드^{tamarind}, 고추, + 변화
중앙아시아		계피, 과일, 견과류
서남아시아(중동)		레몬, 파슬리
서부아프리카		토마토, 땅콩, 고추
북동아프리카		마늘, 커민, 민트
모로코		커민, 고수, 계피, 생강 + 양파, 토마토, 과일
그리스		올리브 오일, 레몬, 오레가노^{oregano}
남부이탈리아와 남부프랑스		올리브 오일, 마늘, 파슬리, 앤초비
이탈리아, 프랑스		올리브 오일, 마늘, 바질
프로방스		올리브 오일, 백리향^{thyme}, 로즈마리, 마저럼^{Marjoram}, 세이지^{sage}
스페인		올리브 오일, 양파, 후추, 토마토
북부유럽과 동부유럽		사우어 크림, 딜^{dill}, 파프리카, 올스파이스^{allspice}, 캐러웨이^{caraway}
노르망디		애플, 과일주, 칼바도스^{calvados}
북부이탈리아		와인, 식초, 마늘
멕시코		토마토, 칠리고추

〈부록〉다른 요리에서의 풍미 원리
출처: 엘리자베스 로진의 민족 요리:《풍미 원리 요리책》

케이준들의 새 정착지는 멕시코만 근처의 작은 만이었다. 그곳은 늪지, 호수, 그리고 섬들로 가득 차 있었다. 해산물이 풍부했고, 특히 굴과 일종의 크레이피시^{Crayfish}(새우와 게의 중간, 몸 길이는 가재랑 비슷하다)와 게가 많았다. 칠리고추 또한 잘 자랐다. 오크라(풋고추 같은 채소류)는 아프리카 흑인들 사이에서 인기 있는 음식이었다. 원주민들은 양념으로 사사프라스 잎$^{Sassafras\ leaves}$으로 만든 가루를 좋아했다. 그 지역에 자리 잡은 다양한 민족 그룹은 자신들만의 독특한 요리 기술이 있었다. 케이준과 프랑스인들 모두 녹인 버터와 밀가루로 만든 소스 베이스인 루^{roux}에 익숙했다. 아프리카인들은 서서히 달궈지는 요리용 불과 무거운 무쇠솥을 사용했다.

이 모든 재료와 기술의 결합이 '검보(채소와 고기로 만든 스튜)'라는 요리를 탄생시켰는데 지금 유명한 케이준 요리가 되었다. 이 요리가 다른 어떤 것보다 더 케이준을 대표하는데, 문화의 독특한 혼합을 나타내기 때문이다. 케이준 요리는 뉴올리언스 부근의 크레올(유럽인과 흑인의 혼혈인) 요리와는 매우 다르다. 크레올 요리는 전통적인 프랑스 재료 대신 지역 재료가 사용되는 것만 제외하면 프랑스 요리와 거의 똑같다.

왜 사람들은 매운 음식을 좋아할까? : 칠리고추

가장 당혹스러우면서도 가장 흥미진진한 풍미 원리 중 하나는 칠리고추이다. 그것의 성분인 캡사이신은 먹으면 매우 매워서 입 안이 화끈거리고 얼얼하다. 대부분의 사람이 처음 칠리고추를 먹어볼 때는 별로 좋은 맛을 느끼지 못한다. 입 안을 화끈거리게 할 뿐만 아니라 얼얼한 통증을 불러온다. 처음에 칠리고추는 가루로 만들어져 하이커들과 스키 타는 사람들이 추운 날씨에 발의 온기를 유지하는 용도로 팔렸다. 또 코끼리들이 농작물에 접근하지 못하도록 울타리에 사용했고, 인간과 곰의 공격을 막는 스프레이 용도로도 사용했다. 20세기 초반에는 쥐들이 벽지를 뜯어먹지 못하도록 벽지를 바르는 풀에도 사용했다. 놀랍게도 이 신천지 작물은 적어도 6천 년 동안 재배되었고, 지금은 전 세계적으로 재배되는 먹거리이다. 칠리고추는 멕시코, 쓰촨, 그리고 헝가리 음식 같은 다양한 음식에 필수다.

뉴멕시코 주립대학교에서는 칠리고추 정보를 널리 알리고 보존하는 칠리고추 연구기관이 있다. 이 연구기관의 웹사이트(chilepepperinstitute.org)에 들어가보면 다양한 칠리고추의 매운 맛을 구분할 수 있게 알려준다(가장 매운 것은 트리니다드 모루가 스콜피온Trinidad Moruga Scorpion). 칠리고추가 보기와는 달리 인기 있는 재료인데 사람들이 어떻게 그것을 좋아하는지 살펴보면 풍미 원리에 풍미가 어떤 식으로 다양하게 사용되는지 알 수 있다.

칠리고추를 좋아하는 사람과 좋아하지 않는 사람은 누굴까? 칠리고추를 처음 접한 쥐들은 그것을 먹지 않아도 다른 쥐들이 먹는 것을 접하면 선호를 배운다. 침팬지들 또한 사람들과의 접촉을 통해 칠리고추를 접하면 역시 선호를 배운다. 그럼에도 불구하고 칠리고추를 규칙적으로 먹는 잡식성 동물은 인간뿐이다. 칠리고추 선호는 사람들 선호와 동물들 선호 사이에 거의 차이가 나지 않는 것 중 하나이다. 하지만 칠리고추를 좋아하는 정도는 개인 간 차이가 상당히 난다. 많이 먹는 것을 선호하는 사람들이 있는 반면 전혀 선호하지 않는 사람들도 있다. 그 이유를 한번 살펴보자.

첫째, 칠리고추를 먹고 얼마나 매운지 느끼는 데에는 유전적 차이가 있다. 과학자들은 칠리고추의 화끈거림을 감지하는 수용 세포가 부족한 형질 전환 쥐들을 만들 수 있다. 이 쥐들은 사람들처럼 칠리고추를 많이 선호한다. 왜냐하면 유전적으로 칠리고추의 매우 매운 맛을 감지하지 못하기 때문이다. 대조적으로 PTC/PROP 초미각자들은 칠리고추의 이런 매운 맛을 과민하게 감지한다. 입 안에 통증 감지에 전문화된 세포가 더 많기 때문이다. PTC/PROP 초미각자들이 화끈거림을 더 많이 느낀다는 점을 고려하면, 그들은 다른 사람들에 비해 칠리고추 선호가 더 낮을 수밖에 없다.

칠리고추를 선호하는 원인 중 하나가 유전임을 감안한다고 해도 아이들이 칠리고추를 처음 먹어보았을 때 선호하는 것은 매우 특이하다. 성인들은 칠리고추를 많이 접하고 난 후에 선호가 증가했다. 그러므로 칠리고추 선호에는 유전자뿐만 아니라 경험 또한 일조한다. 처음에 사람들은 사교적 모임에서 한번 먹어보라는 압력이 가해지자 어쩌다 칠리고추를 먹어 보았을지도 모른다. 이후에는 비타민 A와 C 함량이 많은 것을 알고, 또 침 분비와 위 운동이 증가해 녹말 음식 소화에 도움이 되서, 또 식사에 산뜻한 풍미를 더하기 때문에 먹어보았을지도 모른다. 또 요리를 망쳐도 칠리고추의 냄새와 맛이 그것을 가릴 뿐만 아니라, 몸에 땀이 나게 하고 시원하게 하기 때문에 먹어보았을지도 모른다. 더운 기후에서 칠리고추는 유용하다고 알려져 있는데, 아직까지 이 설명을 뒷받침할 직접적인 증거는 거의 없다.

칠리고추를 먹는 데 동반되는 얼얼함이 위험해 보이지만 실제로는 안전하기 때문에 사람들은 즐겨 먹는다. 감각 추구 특성의 결과이다. 비록 같은 식사에서 칠리고추를 여러 번 먹어 화끈거림이 엄청나게 증가해도 매일 그렇게 먹다보면 시간이 지날수록 매운 느낌이 점차 감소한다. 경험이 또 다른 방식으로 칠리고추 선호를 증가시키는 것이다.

칠리고추를 처음 맛볼 때 느끼는 얼얼함 같은 부정적인 생리학적 반응은 경험의 연속으로 긍정적인 심리학적 반응에 압도될 수 있다. 이 가설은 사람들이 처음에 내켜하지 않은 커피로 실험한 결과 어느 정도 지지를 받았다.

또 칠리고추가 음식 박테리아를 죽이기 때문에 음식이 빠르게 상하는 따뜻한 기후에서 유용하다는 추정이 오랫동안 있었는데 증거로 확인되었다. 과학자 폴 셔먼과 동료들의 실험은 칠리고추가 음식 박테리아의 80퍼센트를 억제한다는 것, 또 따뜻한 기후에서 나온 요리책에 칠리고추 레시피가 더 많이 들어 있는 것을 보여주었다. 하지만 이 결과들이 아무리 흥미진진하다고 해도 왜 추운 기후에 사는 사람들도 칠리고추를 좋아하는지는 설명하지 못한다.

사람들이 칠리고추를 선호하는 데는 여러 가지 면이 있다. 특히 이 책과 관련해서 설명하자면, 캡사이신이 들어 있는 식사는 덜 먹어도 배부른 느낌이 들었고, 칠리고추를 먹는 사람들은 탄수화물을 비교적 더 많이, 지방을 더 적게 먹었다. 따라서 칠리고추 섭취는 체중 조절 전략에 유용하다.

사람들이 가장 좋아하는 먹거리, 초콜릿

풍미 원리를 다루고 싶은 또 다른 먹거리는 초콜릿이다. 초콜릿 맛은 칠리고추 못지않게 매혹적이다. 초콜릿은 칠리고추와 비슷하게 전 세계적으로 인기가 많다. 신대륙에서 유래된 것은 칠리고추와 비슷하지만 전 세계에서 이용가능해진 것은 몇백 년이 되지 않았다. 초콜릿이 설탕과 우유의 첨가로 우리에게 가장 친숙한 초콜릿 형태로 제조된 것은 유럽에 도입된 이후였다. 이를테면 밀크 초콜릿 같은 형태이다. 적어도 2천 5백 년 동안 중앙아메리카 집단에서는 초콜릿에 단것을 첨가하지 않고 다양한 형태로 사용했다. 오늘날 칠리고추와 비슷하게 초콜릿은 전 세계적으로 연간 매출 최고 900억 달러에 달하는 거대 산업이 되었다.

하지만 칠리고추와 초콜릿 사이에 유사점이 끝나는 지점이 있다. 초콜릿은 누가 먹더라도 처음 맛보는 순간 회피 음식은 아니다. 비록 초콜릿을 먹은 지 약 24시간 정도 후에 편두통이 생긴다는 일부 보고가 있다 해도 대다수는 맛보는 순간부터 좋아하고 매번 그것을 먹는다. 많은 연구가 초콜릿이 사람들이 가장 자주 먹고 싶어 하는 먹거리 중 하나라고 말해준다. 예를 들어 미국 여성들의 50퍼센트에 가까운 수가 초콜릿을 갈망한다. 자칭 초콜릿 중독이라고 밝힌 사람들을 대상으로 한 연구는 92퍼센트가 여성이며 일주일에 2온스(약 56그램)짜리 초콜릿을 평균 12개 먹는다고 보고했다. 초콜릿 사랑은 지역과 나라를 가리지 않는다. 내가 몇 년 전에 방문한 필라델피아의 한 음식점 벽에는 이런 글이 붙어 있었다.

"사랑 따위는 잊어라. 차라리 초콜릿을 더 사랑할지어다."

몇 년 전 독일 여행에서 임호프 초콜릿 박물관을 방문한 적이 있었다. 이 박물관에는 초콜릿을 만들기 위해 카카오나무의 씨앗을 가공처리하는 방법부터 예술 작품으로 만든 초콜릿에 이르기까지 초콜릿과 관련해 없는 것이 없었다. 그리고 무료로 주는 초콜릿 샘플도 많았다. 내 마음에 쏙 들었던 것은 커다란 초콜릿 분수에 살짝 찍은 웨이퍼 과자였다. 그 박물관과 사랑에 빠진 사람은 나만이 아니었다. 박물관은 나이와 스타일을 불문하고 많은 사람으로 붐볐다.

지난 십여 년간 심리학과 초콜릿 연구는 폭발적이었다. 〈에피타이트Appetite〉라는 식품저널에 개재된 논문만 적어도 몇십 편에 달한다. 이 연구는 초콜릿이 우리 행동에 미치는 영향, 초콜릿을 믿을 수 없을 정도로 좋아하게 만드는 요인, 또 그 선호를 바꿀 방법과 정보를 준다. 이제는 초콜릿에 심장혈관과 또 다른 질환을 예방하는 데 도움되는 화학물질이 상당량 들어 있다는 것을 모르는 사람은 없다.

최근 실험에서 초콜릿을 섭취하면 기분이 개선되는 효과가 있었다. 초콜릿은 경도 인지 장애를 앓는 사람들을 포함하여 나이든 사람들의 인지기능도 개선시켰다. 그런 효과는 오래전부터 우리 조상들이 초콜릿을 많이 섭취했던 사례만 봐도 알 수 있다.

하지만 지금 우리가 초콜릿을 많이 먹는 요인은 다르다. 지금은 초콜릿에 대개 설탕이 들어 있어 태생적인 단맛 선호가 그대로 적용되고, 매우 관능적이고 기분 좋은 느낌을 강하게 불러일으키기 때문에 많이 먹는다. 또 초콜릿에 지방 함량이 높아 많이 먹는다. 앞의 음식 선호에서 우리가 칼로리 함량이 높은 음식을 선호하는 법을 학습하고, 지방에 탄수화물이나 단백질보다 더 많은 칼로리가 함유되어 있다고 했다. 밀크 초콜릿 1온스에는 칼슘, 포타슘, 마그네슘, 비타민 A 그리고 비타민 B3 같은 모든 필수 영양소뿐만 아니라 150칼로리가 들어 있다. 초콜릿에는 독특한 풍미의 카페인 또한 들어 있는데, 1온스의 달콤쌉싸름한 초콜릿에는 차 한 잔의 3분의 1에 해당하는 카페인이 들어 있다. 앞에서 카페인이 자극제라는 사실을 언급했다. 그래서 초콜릿을 많이 먹는 사람들 일부는 쥐들처럼 자극적인 효과 때문에 먹을 만하다고 여긴다. 또한 부드럽고 감미로운 식감이 있고 체온에 녹는데, 그것이 초콜릿의 매력을 추가한다. 그리고 이런 점이 우리를 사랑으로 향하게 한다.

초콜릿은 유럽에 소개된 후에 미약(최음제)으로 홍보되었다. 2001년에 개봉한 영화와 그것의 원작 〈초콜릿〉은 사랑과 초콜릿을 서로 연결시킨다. 우리는 발렌타인데이 때문에 초콜릿과 사랑이 연관되는 것에 친숙하다. 역사 전반에서 초콜릿을 사랑과 섹스와 지속적으로 연결시키는 이유는 초콜릿이 뇌에 화학적 효과를 내기 때문이다. 하지만 이 흥미로운 가능성과 관련한 과학적인 증거는 없다.

초콜릿에는 인체에 좋은 기분과 보상 효과처럼 느껴지는 다른 화학적 효과가 있다. 예를 들어 초콜릿을 먹으면 뇌에 대마초와 비슷한 효과를 내는 화학물질이 있다. 게다가 초콜릿을 갈망하는 사람들은 그렇지 않은 사람들보다 더 우울감을 호소한다. 그들이 초콜릿을 먹으면 우울감이 다소 낮아진다고 주장하는 과학자들이 있다. 그 주장을 뒷받침하는 것은 세로토닌과의 관련성이다. 특정한 항우울제 약물 치료를 받으면 초콜릿 갈망이 사라진다는 것, 초콜릿에 많은 트립토판이 들어 있다는 것이 그것이다(트립토판은 세로토닌 전구체이다). 낮은 세로토닌 수치와 우울은 연관성이 있다.

초콜릿 갈망은 부정적인 효과를 초래하기도 한다. 초콜릿 과다 섭취와 그 결과로 생기는 부정적인 부분 외에도 마음을 산만하게 하고 기억을 방해한다. 초콜릿 갈망을 줄이는 방법은 현재로선 탈동일시(현재에 집중하여 갈망에서 벗어날 수 있는 능력)의 기술을 연마하거나 활기찬 산책 같은 전략이 도움이 된다.

요리가 되지 못하는 문화적 제약

이제부터는 문화적 제약 때문에 요리가 되지 못하는 세 가지 사례를 이야기할 것이다. 우리 사회의 특별한 관심을 받은 것들로 인도의 성스러운 소, 식인주의 그리고 채식주의가 그것이다. 이 세 가지 모두 즉시 이용할 수 있어 요리의 일부가 될 수 있었지만 문화적인 제약으로 되지 못했다.

인도의 성스러운 소

인도에서 힌두교도들이 쇠고기를 먹는 것은 금기사항이다. 그들에게 소는 성스러운 존재다. 힌두교도들은 정화 목적으로 자신들의 이마에 소의 꼬리를 가져다 대기도 한다. 인도의 많은 사람에게 먹거리가 충분치 않다는 사실과 인도의 소들이 풀을 과도하게 뜯어 환경을 유해하게 만드는 것을 고려하면 소를 성스럽게 여긴 역효과는 더 커 보인다.

하지만 인류학자 마빈 해리스와 다른 이들은 이런 종류의 음식 선택을 분석하면서 인도에서 소를 성스러운 존재로 취급하는 것이 실제로 인도 경제에 큰 이득이 된다고 주장했다. 해리스에 따르면 황소(거세된 수컷)는 토양을 경작하는 데 필요한 힘을 제공하는 동물로 인도 농경 시스템에 필수적이다. 몬순 우기로 모든 작물이 추수 시즌에 맞추어 동시 수확을 해야 해서 대부분의 농부에게는 자신의 황소가 필요하다. 황소들은 수송 또한 제공한다.

인도에서는 소떼가 도로를 따라 돌아다니는 것을 허용한다. 비록 소들이 '성스럽다'는 이유로 자유롭게 돌아다니게 하는 것처럼 보여도 실제로는 주인들이 따로 먹이를 먹일 필요가 없도록 길을 따라 도로변의 풀을 뜯게 하는 것이다. 유랑하는 소들이 종교적으로 보수적인 뉴델리의 다운타운까지 들어가(그곳에서 소 때문에 교통사고가 유발되기도 하고 소가 비닐봉지를 먹고 죽기도 한다) 막다른 곳에서 더 이상 갈 곳이 없어지면, 지방 자치 단체의 소잡이들이 소를 부드럽게 포획하여 교외의 넓은 곳에서 여생을 편안하게 보낼 수 있게 해준다.

만약 농부가 암소나 황소 중에서 한쪽만 먹이를 먹여야 한다면 미래의 생존을 희생하더라도 직접적인 생존을 보호해주는 황소를 먼저 먹일 것이다. 대개 소떼들에게 주는 먹이는 식물 중에서도 인간이 먹을 수 없는 부분으로 이루어져 있다.

소떼는 배설물 또한 제공한다. 이것은 인도에서 요리 연료와 비료로 요긴하다. 인도의 거의 모든 곳에서 소의 배설물을 실제로 그런 목적으로 사용한다. 최근 인도에 방문했을 때 여자들이 불쏘시개로 쓰려고 배설물을 패티 모양으로 만들어(햄버거 패티 모양을 만드는 것을 상상하면 될 것이다) 기하학적인 더미를 만드는 것을 보았다.

암소 vs 수소의 상대적 수와 관련한 통계를 보면 암소보다 황소가 훨씬 더 많다. 이는 차별로 인한 외면 때문일지도 모른다. 암소가 죽으면 인도에서 가장 낮은 카스트 계급인 불가촉천민들만 만진다. 이 카스트 구성원들은 소의 사체에서 가죽을 얻어 가죽 제품을 만든다. 그것은 판매해도 된다. 어떻게 보면 이것은 인도에서 가장 가난한 사람들 일부를 위한 일종의 복지 시스템 역할을 한다. 이런 여러 이유로 해리스와 다른 사람들은 인도에서 소를 성스럽게 취급하는 것이 실제로 인도 경제에 이롭다고 믿는 것이다.

수세기 동안 소를 성스럽게 취급한 인도인들은 그렇지 않은 경우보다 생존 가능성이 더 높았다. 따라서 종교에 기반을 두고 있는 것처럼 보이는 음식 선택의 문화적 특성은 실제로는 일련의 경제적, 생태적, 그리고 정치적인 요인들의 결과일 수도 있다. 대개 인간이 먹을 것이 귀한 환경에서 진화된 것을 감안하면 음식에는 문화 측면뿐만 아니라 생존의 극대화라는 최적의 해결책이 반영되어 있다.

식인주의

자기 종족을 먹는 것을 금지하는 것은 이해하기 어렵지 않다. 결국 인간이 같은 종족인 다른 인간을 먹는다면 인간의 생존 가능성은 매우 낮아질 것이다. 그럼에도 불구하고 브로드웨이 뮤지컬 〈스위니 토드: 어느 잔혹한 이발사의 이야기Sweeney Todd: The Demon Barber of Fleet Street〉와 영화 〈한니발Hannibal〉 〈양들의 침묵Silence of the Lambs〉은 식인주의와 관련해 우리 상상력에 불을 지폈다.

역사에서 식인주의가 절대적 기아의 상황이었던 때를 제외하면 현실의 일부가 된 적은 거의 없었다. 기아의 상황에서도 수용보다는 유감스러운 행위로 간주되거나 반사회적 행동으로 인식했다. 영화 〈얼라이브Alive〉에서 안데스 산맥의 비행기 추락 생존자들이 추락한 후에 인간의 사체를 먹는 장면이 등장한다. 쥐들의 세계에서 일어나는 일과 비슷하게 극도의 기아 상태가 사체를 먹는 극도의 거부감을 다소 중화시켰던 것이다. 영화는 시신을 완전히 덮여 있는 장면으로 처리해 고기가 인간의 것이라는 단서를 최소화했다.

역사에서 식인주의가 일반적인 관행인 적은 없었을까? 아니면 우리가 단지 그렇게 믿고 싶을 뿐일까? 인간과 가장 가까운 동물인 침팬지는 가장 가까운 관계인 일부 원숭이들을 사냥하고 죽인다. 수십 년 동안 학자들 사이에서도 일반적인 식인주의가 존재하는 인간 사회가 있었는지 여부에 대해서는 의견이 분분하다. 일부 연구자들은 1900년 이전에 일반적인 식인주의 사회가 있었다고 생각하지만, 그 당시 정확하고 완전한 기록을 얻는 것은 쉽지 않았다.

스페인에서 대략 75만 년 전의 인간 뼈를 발견했는데 일면에서 도살 과정과 일치하는 배열이었다. 대략 10만 년 전에 프랑스 네안데르탈인이 남긴 것 역시 비슷한 증거를 제공한다. 또 다른 연구자들은 AD 1000년경에 아메리카 남서부의 아나사지 인디언(오늘날 호피족과 주니족의 조상들이다)들이 남긴 유적에 식인주의의 증거가 있다고 주장했다. 하지만 발견된 것을 설명할 정확한 방법이 없었다(이렇게 발견된 뼈들은 의식적 사형 집행의 결과물일 수도 있다).

하지만 발굴된 것들 중 한두 가지는 식인주의가 실제로 있었음을 나타낸다. 바로 아나사지 인디언들의 경우이다. 이 연구는 생화학 분야를 활용한 것으로 과학자들이 그들이 먹은 음식을 알아내기 위해 신체 일부를 분석하는 것이 가능했다. 이것은 '당신이 먹은 것이 바로 당신이다'라는 오랜 슬로건에 새로운 문제 제기를 가능하게 한다.

병리학자 리처드 말러와 동료들은 과학 잡지 〈네이처Nature〉에 아나사지 식인주의 사례와 관련해 논문을 실었다. 그들은 미국 남서부 포 코너즈Four Corners 부근의 고고학 유적지를 조사했다. 이 특정한 유적지에는 AD 1150년경 갑자기 버려진 구덩이 집 몇 채가 있었다. 그 구덩이 집들 중 두 곳에서 일곱 사람의 유골과 잔해가 발굴되었는데, 다양한 연령대의 여자와 남자들이었다. 시신들은 살이 찢기거나 뜯겨 있었고 동물을 잡아 요리를 해먹은 것처럼 불을 피운 흔적이 있었다. 피가 묻은 도살 도구가 시체 근처에서 발견되었고 조리 냄비 같은 것에 일종의 인간 단백질 유전자가 들어 있었다. 하지만 이것만 가지고 인육을 먹기 위해 사람들이 이 일곱 명을 고의적으로 죽인 증거라고 하기는 무리였다.

핵심 증거는 세 번째 구덩이 집에서 나왔다. 그곳에는 불에 타다 남은 것들이 있었는데, 그 속에는 불에 타지 않고 화석으로 남은 인간 배설물이 있었다. 과학자들이 그 배설물을 분석했더니, 그 화석은 거의 완전히 고기로 이루어진 식사의 결과물이고, 인간의 내장이 아닌 곳에서만 발견되는 단백질을 포함하고 있었다. 이 화석은 인간의 살을 먹은 인간에게서 나온 것이었다.

분명히 이 일이 일어난 것은 포 코너즈의 심각한 가뭄으로 부족 간 엄청난 긴장이 있을 때였다. 몇몇 과학자들은 아나사지의 한 부족이 다른 집단을 공격해 그들을 잡아서 먹고 경멸의 제스처로 화로에 배설을 했다고 분석했다. 또 다른 의견은 아나사지 족이 다른 시기에 먹거리 공급에 긴장이 있었지만, 식인주의에 의존하지 않았고 배변 화석은 이례적인 일이라고 지적했다. 과학자들은 이 결과가 얼마나 이례적인지 앞으로 배변 화석을 계속 분석할 것이다.

자신의 종족을 먹는 것에 대한 금기는 자신의 종과 밀접한 연관이 있는 종까지 확대된다. 쥐들 역시 종이 비슷해도 함께 자란 경우에는 먹지 않는다. 인간은 함께 살거나 인간의 특성을 가지고 있다고 여길 때에도 그 종을 먹지 않는다. 미국이나 다른 서구권에서는 개나 고양이를 이런 종으로 여긴다. 자신의 종족 구성원, 혹은 혈족 구성원들을 먹는 것에 관한 흥미로운 주제에서 완전히 벗어나기 전에 채식주의에 관해 몇 가지를 언급하고 싶다.

채식주의

서구에서는 채식주의와 그것의 변형이 흔하다. 변형에는 모든 고기류 피하기, 생선을 제외한 모든 고기류 피하기, 생선과 가금류를 제외한 모든 고기류 피하기 등이 해당한다. 앞서 반채식주의가 섭식장애와 관련 있다고 언급했다. 사람들은 흔히 건강을 이유로 고기를 피한다. 고기에 함유된 식품첨가물이나 지방 때문이다.

하지만 사람들이 고기를 피하는 또 다른 이유는 먹거리로 키우는 동물에 대한 윤리적인 우려와 그 고기를 먹는 것의 역겨움 때문이다. 이런 결과와 앞의 자료들을 볼 때 고기 회피가 인육 섭취 금지의 일반화 때문일까? 혹은 확장 때문일까? 일반적으로 우리 사회에서 가장 받아들이기 쉬운 살코기는 생선이나 가금류로 인육과 가장 유사성이 떨어지는 것들이다.

다른 종과 밀접한 연관 관계를 맺고 있어 채식주의에 영향을 미치는 또 다른 사례가 있다. 사람들이 윤리적인 이유로 고기를 먹지 않은 경우, 고기를 먹는 애완동물에게 편치 않은 마음을 가진다는 것이다. 윤리적인 문제로 고기를 먹지 않는 사람들이 애완동물을 더 많이 기르는 경향이 있다. 어느 쪽이 더 문제일까? 이 모든 것이 '채식주의자 딜레마'에 빠지게 한다. 애완동물 주인인 채식주의자는 애완동물에게 고기가 포함된 식이가 최고라고 느끼지만, 그렇게 하면 다른 동물에게 해를 입히기 때문에 그것을 편치 않게 여긴다.

먹고 마시는 심리와 맥주 테이스팅

남편과 내가 대학원생이었을 때, 그리고 첫 직장을 위해 뉴욕으로 갔을 때 우리는 형편이 넉넉하지 않았다. 하지만 우리는 흥미로운 파티를 하고 싶었다. 그래서 맥주 테이스팅 파티를 몇 번 열었다(그것이 와인 테이스팅 파티보다 훨씬 더 싸다). 이 파티를 할 때 우리는 정보를 전혀 알려주지 않고 맥주를 작고 투명한 플라스틱 컵에 부어 파티에 참여한 사람들에게 나누어주고 맥주 선호에 점수를 매겨달라고 요청했다. 우리는 가장 비싼 맥주에 최고의 점수를 준 사람들과 가장 싼 맥주에 최고의 점수를 준 사람들에게 상을 주었다. 흥미롭게도 참석자들 중에 맥주를 정말 좋아하는 사람들은 가장 비싼 맥주에 가장 높은 점수를 주고, 나처럼 전혀 맥주를 좋아하지 않는 사람들은 가장 싼 맥주에 높은 점수를 주었다. 이런 현상이 나타나는 이유는 비싼 맥주일수록 강한 맛이 나기 때문이다.

나 같은 PTC/PROP 초미각자들은 미맹자들보다 맥주를 더 쓴 물질로 인식하는 경향이 있다. 말하자면 맥주를 좋아하지 않는 사람이 비싼 양조장 에일 맥주를 못 마신다는 놀림을 받으면, 맥주 애호가들이야 말로 맛에 민감하지 않기 때문에 잘 마실 수 있는 것이라고, 정말 맛에 둔감한 사람들은 에일 애호가들이라고 설명하면 된다.

먹고 마시는 심리와 와인 테이스팅

와인 테이스팅은 먹고 마시는 심리학의 근본에 있는 다양한 과학적인 접근이 어떻게 공동 작용으로 먹고 마시는 특정한 행동을 이해하는 데 도움을 주는지 보여주는 훌륭한 수단이다. 와인 테이스팅 과정은 와인이 어떻게 평가되는지, 또 먹을 것이나 마실 것이 어떻게 평가되는지 이해하는 데 도움이 된다. 그 평가에 영향을 미치는 요인들은 말할 것도 없다.

많은 사람이 공식적인 와인 테이스팅에 참여해본 적이 없다는 것을 감안하여 와인 테이스팅 절차를 짧게나마 기술하겠다. 첫 번째 단계는 그냥 와인을 바라보고, 다음 단계는 유리잔을 돌려 아로마와 향을 증가시키고, 다음 단계는 향을 맡고 마지막으로 와인을 홀짝이며 맛을 본다. 와인이 혀로 퍼져나가고, 감별자는 와인을 홀짝이는 사이에 빵과 치즈 조각을 먹는다. 어떤 와인 감별사들은 마신 와인을 삼키지 않고 뱉어낸다. 이것은 감각 민감도에 알코올이 역효과를 내는 걸 예방하는 차원이다.

이 각각의 단계는 따로따로, 조용히, 그리고 가능한 한 산만하지 않게 진행된다. 와인 테이스팅 과정에서 분리와 격리는 각 단계에 더 많은 주의를 기울이도록 만든다. 사람들은 이런 상태가 되면 약한 수준의 맛이나 냄새도 탐지하고 보고할 가능성이 높다. 이들의 맛 민감도를 높이려면 정확한 판단에 보상을 주고 와인 감별자들 간 경쟁을 유발하는 것이다.

모두의 냄새 민감도에 영향을 미치는 한 가지 요인은 와인의 온도이다. 와인이 매우 차가울 때 냄새를 맡는 것은 더 어렵다. 집중력 있게 와인을 맛보는 대다수 사람은 와인이 적절한 온도에 있을 때, 다양한 타입의 와인들을 능숙하게 감별해낸다.

와인의 향을 판단하기 위해 와인 감별사들은 와인 포도에서 발생하는 냄새로 구성된 1차적, 2차적 향(아로마)과 발효 숙성 과정에서 만들어지는 3차적 향(숙성 과정에서 생기는 향)에 주의를 집중시킨다. 다양한 향에 구체적 명칭을 붙이면 확인할 때 도움이 된다. 예를 들어 많은 사람이 '쇼비뇽 블랑 그레이프^{Sauvignon Blanc grape}'의 향을 말할 때 '그윽하다'는 표현을 사용한다. 와인 잔 모양 또한 와인 향이 어떻게 감지되는지에 영향을 미친다. 와인 맛을 판단할 때 와인은 혀의 모든 맛 수용체가 자극을 받도록 혀를 휘감아야 한다. 맥주뿐만 아니라 샴페인에 있는 탄산염화는 혀의 신맛 수용체가 자극을 받아 맛이 감지된다.

냄새와 맛 외에 비주얼(모양)과 감촉이 와인 테이스팅에 중요하다. 와인에 대한 시각적 판단에는 와인의 색과 모양 두 가지 모두 들어간다. 예를 들면 아주 투명한가 약간 탁한가 같은 것이다. 만약 와인색이 일반적인 타입이 아니고 약간 특이하면 와인 감별사가 와인의 맛 측면을 판단할 때 영향을 미친다. 색과 맛은 연관이 있다. 만약 일반적인 색이 아니면 맛을 감지하는 것이 더 어렵다. 와인 색이 약간 탁하면 감별사는 와인의 맛을 평균 이하라고 판별할 가능성이 있다. 이런 일은 이전에 감별사가 탁한 와인을 우연히 마시고 맛이 좋지 않았다고 판단한 경험에서 나온다. 하지만 비주얼과 맛이 언제나 상관관계가 있는 것은 아니라는 사실을 고려해 그런 상호작용의 효과는 미리 예방하는 것이 중요하다. 한 가지 해법은 와인이 보이지 않는 검은 잔으로 마시는 것이다. 그리고 나면 와인 맛의 가치를 와인 그 자체로 판단할 수 있다.

와인의 감촉을 평가하기 위해 와인 감별사는 와인이 진한 느낌이 드는지, 아니면 연한 느낌이 드는지뿐만 아니라 혀에 떫은맛이(혀에 있는 부드럽고 끈끈한 막이 오그라들 때 느껴지는 맛) 느껴지는지 주목한다. 와인은 알코올 함량이 낮으면 연한 느낌이 들고 알코올 함량이 높으면 진한 느낌이 든다.

와인을 감별할 때 유의해야 할 점이 있다. 한 가지는 와인 테이스팅 기간은 미각과 후각의 감각 세포가 반복적인 자극을 받을 때인데, 그때 세포는 피로해져 와인 테스팅 초기보다 반응이 약해진다. 이것이 와인 감별사가 와인을 마시는 틈틈이 빵 조각 같은 것을 먹고 천천히 맛을 보는 이유이다. 그들은 감각 세포의 민감도를 최대한 유지하도록 노력한다.

또 다른 문제는 비주얼, 냄새, 맛, 느낌을 기술할 때 사용하는 말과 관련이 있다. 보통 과일향(과일향이 많이 나는 경우)이라거나 담황색(와인 색깔에 대해)이라거나 나무향(숙성시킨 나무통 향이 배여 있을 때)이라는 말을 자주 사용한다. 하지만 다른 두 사람이 같은 말을 사용해도 뜻이 같다는 보장이 없다. 게다가 시간이 지나면 단어의 사용이 달라질 수도 있다.

와인 테이스팅에는 기억 또한 중요하다. 감별사는 와인을 이전의 경험을 통해 얻은 절대적 기준과 비교해야 한다. 게다가 정해진 시간에 감별할 와인이 많으면 중간에 맛보는 와인은 감별자의 기억에서 시련을 당할 가능성이 있다. 사람들은 일련의 와인을 감별할 때 중간에 하는 것보다 처음과 끝에 하는 것을 더 잘 기억한다. 그래서 평가서 작성은 감별자가 맛본 것을 더 잘 기억하게 하는 데 도움을 준다.

마지막으로 사람들의 예상이 와인의 실제 감각 경험에 영향을 미친다. 테이스팅 전에 와인에 긍정적이거나 부정적인 어떤 말을 듣는 것이 와인 등급을 바꾸게 할 수 있다. 사실 와인 가격이 비교적 고가라는 말을 들으면 맛 등급이 올라갈 뿐만 아니라 뇌의 쾌락 중추의 활동성이 증가한다.

주변 상황이 와인 소비에 영향을 미치는 사례는 슈퍼마켓 실험으로 입증되었다. 영국의 한 슈퍼마켓에서 독일 음악 비어켈러Bierkeller를 틀어놓자 사람들은 독일 와인을 더 많이 샀고, 프랑스의 아코디언 음악을 틀어놓자 프랑스 와인을 더 많이 샀다. 이런 모든 효과 때문에 일부 비양심적인 사람들은 라벨, 병, 그리고 내용물을 실제 정당한 기준에 미치지 못하는 와인으로 속인다.

레스토랑

지금까지 학습한 이야기는 음식점에서 먹고 마시는 것과 관련되어 있다. 음식점에서 언제, 무엇을, 어떻게 먹고 마실까? 음식점에서의 식사는 생각보다 훨씬 더 많은 심리가 작용한다. 예를 들어 짙은 과일향이 나면 우리는 뷔페에서 과일 디저트를 선택할 가능성이 높고, 접시 위에 요리가 예술적으로 배열되면 음식 맛을 더 좋게 평가한다. 반면에 어둠 속에서 음식을 먹으면 음식을 더 낮게 평가하고 보통 때보다 더 많이 먹었다. 음악의 종류에 따라 그 요리의 유쾌한 느낌이 증가하기도 했고 감소하기도 했다. 또 술집에서 술을 마시는 것과 관련 있는 노래를 들으면 그곳에서 더 오래 머물렀다. 음식점 메뉴 또한 심리적인 요소가 작용하는데, 메뉴와 관련하여 아직 진지한 연구가 많지 않지만 고객이 어떤 요리(대개 비싼 것)를 더 많이 먹도록 유혹하는 장치들이 많다.

음식 공급업자들의(음식점 주인, 매니저, 그리고 서빙하는 종업원들) 목표는 고객들이 돈을 더 많이 쓰게 하는 것이다. 그들은 온갖 전략을 사용한다. 고객들은 그런 영향을 자각하지 못할 것이다(적어도 이 책을 읽기 전까지는 말이다). 게다가 고객들의 목표는 레스토랑과 같지 않을 수 있다. 고객들이 원하는 것은 합리적인 가격으로 만족스러운 식사를 하는 것이고, 동시에 당분, 염분, 지방을 필요 이상 섭취하지 않고 체중 증가로 이어지지 않게 하는 것이다. 공급자들은 자신들의 목표 달성을 위해 이용할 수 있는 도구를 많이 가진 것처럼 보이지만, 고객들은 흔히 딜레마에 빠지고 자신의 목표와 양립하지 못하는 행동을 한다.

공중 보건 관련자들은 이 불균형을 해결하기 위해 많은 노력을 기울이고 있다. 전직 뉴욕 시장인 마이클 블룸버그가 대중음식점 요리마다 칼로리를 계산해 게시하라고 요구한 것은 이런 이유에서이다. 더 광범위하게는 뉴욕과 미국 전역의 요리사들, 선출직 관료들, 부모들처럼 서로 이질적으로 보이는 집단이 서로 힘을 합쳐 적절한 가격의 건강한 먹거리 권장을 위해 정보를 확산시키고 환경을 변화시키고 있다. 음식 점과 다른 모든 곳에서 말이다. 이 전략은 이전에 다른 무대에서 성공이 입증되었다. 현재의 이런 노력이 낙천적인 데에는 그만한 이유가 있다. 음식점은 사람들이 서로 어울리고 새로운 경험을 할 수 있는 곳이다. 그 들은 새로운 맛과 새로운 문화를 찾는다. 그곳에서 먹는 것이 건강한 것 이라고 확신하는 것은 그 경험을 훨씬 더 즐거운 것으로 만든다.

작별은 너무 달콤하고 새콤하다

이 장에서 다룬 요리와 맥주와 와인 테이스팅은 먹고 마시는 심리학을 범학문적이고 과학적으로 접근한 좋은 사례이다. 우리가 먹고 마시는 즐거움은 이런 접근으로 더 나아질 것이다. 이런 접근은 우리 동반자들 을 포함하여 우리 감각, 지난 경험, 유전자, 그리고 현재 환경 등 모든 것 을 고려한 것이다. 나는 마지막을 '먹을 것과 마실 것'의 영원한 가치를 말하는 인용구로 마감하고 싶다.

키스는 영원하지 않다.
요리는 영원하다!

-조지 메러디스, 19세기 영국 소설가이자 시인

죽도록 먹고 마시는 심리학

초판 1쇄 인쇄	2019년 6월 28일
초판 1쇄 발행	2019년 7월 5일
지은이	알렉산드라 w. 로그
옮긴이	박미경
발행인	박석형
편집인	윤수진
발행처	행복한숲
출판등록	제2016-000016호
주소	경기도 안산시 상록구 삼태기 1길 53 1층
전화	(031)399-9005
팩스	(031)399-9004
이메일	booklife05@naver.com

ISBN   979-11-958768-4-6 03180